掌尚文化

Culture is Future

尚文化·掌天下

# 路径依赖型场外期权定价方法

肖汉 著

Approach to Path-Dependent
OTC Options Pricing

经济管理出版社

ECONOMY & MANAGEMENT PUBLISHING HOUSE

**图书在版编目（CIP）数据**

路径依赖型场外期权定价方法/肖汉著．—北京：经济管理出版社，2022.10
（2023.5重印）
ISBN 978-7-5096-8745-1

Ⅰ.①路…　Ⅱ.①肖…　Ⅲ.①期权定价—研究　Ⅳ.①F830.95

中国版本图书馆 CIP 数据核字（2022）第 185357 号

策划编辑：张鹤溶
责任编辑：张鹤溶
责任印制：黄章平
责任校对：蔡晓臻

出版发行：经济管理出版社
　　　　　（北京市海淀区北蜂窝 8 号中雅大厦 A 座 11 层　100038）
网　　址：www.E-mp.com.cn
电　　话：（010）51915602
印　　刷：唐山昊达印刷有限公司
经　　销：新华书店
开　　本：720mm×1000mm/16
印　　张：15.5
字　　数：235 千字
版　　次：2023 年 1 月第 1 版　　2023 年 5 月第 2 次印刷
书　　号：ISBN 978-7-5096-8745-1
定　　价：88.00 元

# 序　言

20 世纪 70 年代初，一系列经济冲击从美国蔓延到世界各地，对全球金融产生了巨大的影响，如布雷顿森林体系的崩溃、石油危机等。随着经济活动的部分中断，美国一度出现了高失业率和两位数的通货膨胀。风险的巨大变化，带来了巨大的避险需求，以此为契机，金融衍生品逐渐从幕后走到台前，成为风险管理的重要工具。我们可以看到，金融衍生品的爆发式增长和创新加速，旨在帮助解决这些不断出现的、新的且规模巨大的风险，随后这些创新做法在世界各地被采用。金融衍生品的本质是对原生金融产品的风险收益解构、重组、定价，并在不同风险偏好的投资者之间进行交易，从而实现金融风险在市场参与主体之间的转移，满足经济主体的风险管理需求。1990 年，诺贝尔经济学奖获得者默顿·米勒有过经典的评价："金融衍生工具使企业和机构有效且经济地处理困扰其多年的风险成为了可能，世界也因之变得更加安全，而不是变得更加危险。"在过去几十年，金融衍生品一直在全球金融体系中发挥着重要的作用。

期权市场的出现为全球金融市场的风险转移提供了有序、高效、透明的市场机制，也进一步推动了全球金融市场的演化和进步。无论风险管理的工具和手段多么复杂和精细，风险管理的方法本质上都属于风险的分散和转移。投资组合理论是风险分散的典型实践应用，而期权定价理论的出现则为风险转移提供了条件和工具。从全球金融市场发展的普遍经验来看，一个稳定而富有弹性的金融市场必须以高效的风险定价和转移机制为基础，而期权市场正是这个必备基础的核心要件。与场内衍生品市场相比，场外衍生品市场立足于满足个性化的风险管理需要，其重点在于提供具体的解决方案。场外衍生品市场和场内期货市场本质相同，功能互补，制度相通，高度关联，不可分割。交易所的期货、标准化期权等场内衍生品，通过发挥其发现价格、管理风险、配置资源等重要功能，服务实体经济。实体企业面临的风险千差万别，非标准化的期权、互换、远期等场外衍生品则进一步满足了实体企业个性化、精细化的风险管理需求。两者的结合可以充分发挥市场促进竞争、深化分工等优势，在更大范围内优化配置资源，提高效率。

党的十八大以来，以习近平同志为核心的党中央高度重视金融工作，明确提出要发挥市场在资源配置中的基础性作用，健全促进宏观经济稳定、支持实体经济发展的现代金融体系，促进多层次资本市场健康发展。在这样的时代背景下，发展我国金融衍生品市场具有格外重要的意义。一方面，金融衍生品市场的发展有利于提升基础资产市场的流动性和应用空间，从而为基础资产市场的投资者进行资产配置、资产转换、风险管理提供工具，有助于提升我国金融市场的投资便利性。高质量发展多层次的资本市场体系，提高金融资源的配置效率，促进金融市场资源配置功能的发挥。另一方面，金融衍生品市场的发展有利于积极稳妥防范化解金融风险。随着我国利率、汇率市场化程度的不断提高，机构面临的利率、汇率风险逐渐增加。如果缺乏有效的风险管理工具，那么包括商业银行在内的各类市场主体将无法有效地管理风险敞口。只有在利率、汇率市场化改革过程中适时推出相应的期货、期权及其他衍生产品，才能保证利率、汇率市场化目标的实现，并做好防范化解金融风险的工作。

当前，我国金融衍生品市场还处在发展的初期，还不能充分满足市场参与者日益增加的风险管理需求。面对日新月异的金融衍生品市场，本书对普及场外期权定价知识，增强金融从业人员的衍生品业务能力，培育良好的衍生品交易文化，促进场外衍生品风险管理工作的有效开展，尤其在做好资产管理事业、拓展衍生业务方面，有重大的参考作用和借鉴意义。本书能够帮助大家认识和理解金融衍生品的内在功能、理论发展，和场外期权定价方法的独特魅力，相信这本书的出版将对我国金融衍生品市场的发展和有效监管起到积极的推动作用。

张旭阳

# 前　言

随着金融改革和创新的不断深入，我国已经具备发展场外期权的市场条件，为了更好地完善中国的金融市场体系，场外期权的定价问题成为当前金融学的重点研究方向，也是我国证券业务繁荣发展的基础。本人长期从事衍生品业务和投资工作，对国内外衍生品的发展有深入的了解。长期的工作实践有助于本人掌握行业的最新动态，积累丰富的衍生品定价、交易、风险管理，以及应对市场环境变化与处理不同业务的经验。

本书的目的在于，希望为金融专业的学生、证券领域的从业者、行业监管机构的工作人员等对金融衍生品感兴趣的读者，提供一套系统的理论框架和方法论，使其对我国场外期权的业务和发展有科学、全面和系统的认知。通过回顾期权定价理论的发展，从科学和实践的角度研究场外期权定价，为我国衍生品业务的发展提供定价理论依据，使场外期权定价不再是一个神秘的领域。

经典的期权定价理论构建了一个很好的定价方法的框架，但是在金融创新的过程中，除标准期权之外，在国际和国内市场上，还出现了由标准期权组合、改变、演化而来的场外奇异期权。其中，许多奇异期权都具有路径依赖的相关特性，即期权价值不仅取决于到期日的标的资产价格，还取决于标的资产的价格路径。路径依赖型期权在金融市场中具有重要的作用，能够满足投资者的各种需求，已经成为近年来金融市场交易中不可或缺的部分。

由于标的资产价格可以通过不同的路径到达当前的价格，且不同的路径对期权的收益函数有着不同的影响，因此，路径依赖型期权的定价问题显得非常复杂。与非路径依赖型期权相比，多种收益函数和路径相关的问题容易导致定价求解困难。期权收益函数的无限变化体现在两个方面：一方面是收益函数的自由组合衍生出各种路径依赖型期权，如障碍期权、亚式期权等；另一方面是标的维度上的扩展不仅可以是多个同类标的资产的自由组合，如多只股票资产的自由组合，还可以是不同类的标的资产的组合，如股票和外汇。对于多标的结构，解析中往往包含了高维嵌套积分，严重阻碍了收益函数各种变化和多维度路径依赖型期权在理论、方法及应用方面的创新。现阶段，我国的路径依赖型期权定价研究往往是在具体某一种收益函数的情景下寻找定价方案，对收益函数无限变化的情景缺少灵活和通用的解决方案。此外，无论是在我国的学术领域还是在实业领域，关于路径依赖型期权定价的研究往往是对单个资产标的，缺少对多维标的的研究和探讨，与成熟的多个资产的期权结构相比，尚处于相对初级的阶段。

本书的主要内容为，对路径依赖型期权定价参数的研究和探讨、对定价理论模型及方法论的比较和改进，以及对风险管理的充分研究和实验分析。本书提出的方法论和框架不仅适用于路径依赖型期权收益函数灵活多变的情况，还适用于多维标的扩展的情景，解决了奇异期权变化的两大难题。我国的场外期权市场起步较晚，目前仍处于发展初期，对期权定价的研究和探索有利于我国专业投资机构的产品和业务创新，提升我国金融机构的国际竞争力。随着我国金融市场的发展，路径依赖型期权定价研究迫切需要较科学的定量模型，从而为路径依赖型期权交易的投资者提供定价和决策支持。因此，如何采用合理的定价参数、数学模型和定价方法，如何找到路径依赖型期权定价的有效求解方法成为本书研究的重点。本书的研究对未来我国可能出现的更复杂的期权定价、交易和风险管理也具有一定的实践和参考意义。同时，本书的研究结合了汇率参数定价的方法，有利于吸引国际投资者参与中国投资。

本书的主体内容分为八章。第一章是全书的内容介绍，简单介绍场外期权的发展历程和发展背景。随着场外衍生品交易的监管机制逐步完善，越来越多的境内外金融机构参与进来，路径依赖型期权的定价问题在我国受到了越来越多学术界和实业界的关注。

第二章是基础理论与文献综述。本章全面回顾了经典期权定价理论的发展，以及不同的波动率定价参数模型和汇率参数模型，总结和分析了路径依赖型期权定价理论发展中重要的理论模型和相关文献。本书对这些内容进行了针对性评述，总结了相关研究文献中的进展和不足，在此基础上，提出了本书的研究问题和观点。本章采用蒙特卡罗模拟法（Monte Carlo Simulation）计算期权定价的敏感性，总结了不同方法的优点和不足，引入了多维标的敏感性计算的相关文章，同时，也介绍了路径依赖型期权定价的风险度量相关领域的研究思想和文献。

第三章分析了路径依赖型期权结构中变化最多的一类，即具有离散的赎回日期的自动赎回票据，以及满足投资者需求的一些变异结构，并对其特征进行了分类和总结。自 2003 年 8 月法国巴黎银行（BNP Paribas）在美国发行第一本票据以来，自动赎回结构的产品开始在场外期权交易中受到欢迎，如今，它们已成为国内金融市场中常见的投资工具。自动赎回票据可以根据基础资产的演变来支付预订的固定累积票息，该标的资产可能是一种或几种标的组成的"篮子"。在某个预先设置的观察日期某个障碍条件被触发后，即基础资产达到一定的障碍价格后，就会自动调用赎回票据。在这种情况下，自动赎回票据的买方将获得预先设定的恒定现金流收益，并且票据终止，否则该票据将一直存在，直到下一个观测日期，以此类推。本章推导了一种有效的蒙特卡罗算法用于定价，可从数值计算中稳定地确定期权的敏感性（Sensitivity）。本章分析了该类路径依赖型期权的结构特征、价值特征和风险特征。

第四章讨论了定价参数中，不同波动率模型的优点和缺点，并将其应用于路径依赖型期权定价模型。波动率参数可以帮助我们理解价格动态，是控制资产价格的随机微分方程式中的关键变量之一。波动率也是 Black-Scholes 期权定价方程中唯一无法观察到的变量，对期权定价至关重要。本章对波动率模型进行了回顾，研究了从恒定波动性到随机波动性的发展，对于波动率模型的研究在逻辑上取得了进展，弥补了先前模型的关键缺陷。经验数据和理论论证表明，恒定的波动性与观察到的市场行为不一致，这导致了动态波动率建模的发展。波动率建模可以分为四类：①恒定波动率；②时间依赖性波动；③取决于股票价格和时间的局部波动率；④由附加随机过程驱动的随机波动率。本章讨论了恒定波动率、局部波动率和随机波动率建模方法的关键属性，并解释了它们如何捕获隐含和已实现波动率的理论和经验特性，将其应用于路径依赖型期权定价，对不同模型进行实证分析和结果比较。

第五章讨论了路径依赖型期权的蒙特卡罗模拟法、敏感性计算和实验分析结果。蒙特卡罗模拟法对于路径相关的期权定价而言是非常有效的方法论，由于它生成了标的资产价格运动的路径，因此，容易度量收益函数中与路径相关的变量，特别是具有复杂收益结构的路径依赖型期权定价，可以处理涉及多种资产的高维问题。蒙特卡罗模拟法在计算价格对各种输入参数（如当前资产价格、利率和波动水平）变化的敏感性方面发挥着关键作用。一阶导数和二阶导数对于套期保值和风险分析是必不可少的，有时甚至使用更高阶的导数，它们被统称为希腊字母（Greeks）。例如，Delta 和 Gamma 是相对于当前资产价格的一阶导数和二阶导数。本章讨论了三种计算希腊字母的方法：有限差分法（Finite Difference Method，FDM）、路径敏感性法（Path Sensitivity Method，PSM）和似然比法（Likelihood Ratio Method，LRM）。

最简单的方法是有限差分法，这种方法的缺点是计算量大，且在路径依赖型期权的某些障碍价格附近，有限差分近似误差会变得很大，即如果收益函数不可微分，则方差会变得较大且计算值不收敛。路径敏感性法的计算成本与要计算的一阶导数的数量无关，但要求收益函数是连续的，因此，不满足大部分路径依赖型期权定价的条件。即使收益函数的方程式是可微分的，也很难在实践中评估非常复杂的金融产品的导数。本章采用的似然比法的最大优点是不需要区分收益函数的可微分性质，它适用于路径依赖型期权的收益不连续的情况，取得了稳定和收敛的求解效果，优势得到了明显体现。本章还进一步简化了计算过程，使其能够适用于多维标的结构的路径依赖型期权定价的情况。

第六章对路径依赖型期权的另一个定价参数，即与汇率相关的定价问题作了详尽的阐述。国际投资的增加导致诸如双币种期权的货币换算衍生品增加，这种衍生品在全球金融市场中经常交易。双币种期权是与股票挂钩的外汇期权，专为规避汇率风险的投资者设计。它们流行的原因是，该期权可以使交易对手不必承担外汇波动的风险，即可获得外汇计价资产或金融价格的敞口。另外，国际公司或境外基金可能会对我国发行的路径依赖型期权产品有一定的需求，结合具有汇率相关性考虑的外汇期权，这些路径依赖型期权产品同样具有防止外汇汇率风险的功能。本章设计了一个通用的蒙特卡罗模拟框架，可以对具有路径依赖特征的收益函数的各种外汇期权进行定价。

第七章介绍了路径依赖型期权的风险值分析方法。路径依赖型期权定价的原理复杂，风险管理是期权定价的核心问题。影响期权定价的风险可以分为多种类型，如市场风险和信用风险等，这其中每种风险的影响因素有很多。因此，期权的风险管理是一个相当复杂的系统工程。本章介绍了各类风险的成因和分类，然后重点分析了期权定价的市场风险，以及基于风险价值度理论（Value at Risk，VaR）的期权定价的市场风险度量。本章给出了一套综合的计算路径依赖型期权价值的市场风险和信用风险的设计方案，对任意一个交易对手的一组交易进行多种情景的压力测试，帮助路径依赖型期权的发行者在定价过程中量化期权定价的市场风险，从而确定该期权价值的最大损失及其可能性。

第八章介绍了境外权益类衍生品成熟的发展模式和发展经验，对我国权益类衍生品业务有着重要的启示和借鉴意义。从全球经验来看，场外衍生品市场和场内衍生品市场与一级市场、二级市场相互配合，构成了完善的资本市场体系。完善和完备的资本市场有利于更好地服务实体经济，促进资源的有效配置。衍生品市场要大力发展，就需要构建兼顾国际化和本土化的监管框架。金融市场是社会主义市场经济体系的重要组成部分，塑造金融开放发展的新体制，提高金融系统的资源配置效率，具有时代性意义。为了更好地支持实体经济发展，发挥其在资产价格中的调剂与传导作用，提升中国在国际资本市场中的议价乃至定价能力，防范系统性金融风险等，需要对我国衍生品市场的监管进行优化，进一步强化分层监管，关注客户适当性，维护市场规范，培育具有国际竞争力的核心金融机构。

肖汉

2021 年 3 月于北京

# 目　录

# 第一章 绪 论

如今有人坐在树荫下，是因为很久以前有人种了一棵树（Someone's sitting in the shade today because someone planted a tree a long time ago）。

——沃伦·巴菲特（Warren E. Buffett）

期权的不同形式在西方存在了几千年。如果我们追溯最早的历史，大约在公元前 1776 年，《汉谟拉比法典》中就有关于期权的文字。第一位被文字记录利用期权交易致富的投机者，是公元前 500 多年的古希腊著名哲学家和天文学家塔尔斯。传说中，塔尔斯擅长占星术，在尚未入冬的某天夜晚，他预测到第二年的橄榄将会大丰收。他看中了其中的商机，在冬季以低价（权利金）购买了古希腊希俄斯岛和米利塔斯地区来年春季所有橄榄压榨机的使用权（期权）。由于当时还远远未到收获季节，没有人认为有必要为了橄榄压榨机的使用权而竞价，因此，塔尔斯以很低的价格就获得了这些期权合约。第二年春季，种植橄榄的农场主获得丰收，但是却苦于缺乏加工设备，于是请求塔尔斯出售压榨机的使用权，塔尔斯开始执行他的权利（行权），并将压榨机以高价出租，获得了极为丰厚的回报。显然，期权交易早在公元前就已被社会认可，只是其概念还未被明确。

如果说公元前的期权交易还只是处于萌芽阶段，交易是出于投机目的，那么，在近代发生的期权交易就是为了规避价格波动的风险。最早利用期权进行风险管理的事件发生在 17 世纪被誉为"海上马车夫"的荷兰。当时，荷兰的全球商业贸易已经牢固建立起来，传统的贵族阶层逐渐强大，作为身份象征的郁金香受到了荷兰贵族的追捧，并成为达官显贵的标志。由于收购郁金香的成本无法事先确定，对于批发商而言，事先确定郁金香的出售价格需要承担较大的风险，因此，一些批发商从种植者处购买郁金香的期权（锁定价格），这种期权赋予购买者在未来特定时期内以约定的价格从种植者处购买郁金香的权利，这便是近代期权的典型。

现代期权的发展源于 19 世纪初期的美国，当时的金融市场出现了场外股票期权的交易。由于期权定价的困难和场外交易的隐秘，期权定价在几十年前的普及和认知程度较低，仅限于较小范围内的少数职业人士和学者。场外期权（Over the Counter Options，OTC Option）的定义是，不在集中的交易场所进行的非标准化的期权合约交易。场外期权与场内期权的区别是期权合约是否标准化。标准化的期权通常是人们普遍熟知的欧式期权（European Option）和美式期权（American Option）。

近年来，金融市场在不断发展，客户的需求也在日趋多样化，复杂程度越来越高，仅仅使用标准期权已无法满足金融市场的需求。因此，为了满足市场和某些客户的特殊需求，除了标准期权，许多金融公司设计了大量由标准期权衍生而来的通常在场外市场交易的非标准化新品种，我们称其为奇异期权（Exotic Option）。

在奇异期权中，有一些期权结构具备路径依赖（Path-Dependent）的特征。路径依赖是指期权价值不仅取决于到期日时点的标的资产价格，还取决于标的资产价格在期权有效期内变化的轨迹。随着金融创新步伐的加快，为了适应不同金融市场的情景和风险变化，各种市场风险管理工具的需求随之相应提升。基于路径依赖特征的场外奇异期权就是在这种背景下迅速发展起来的。

# 第一节　场外期权的发展背景

## 一、场外期权的发展和研究背景

### （一）境外场外期权的发展历程

1973 年，金融史上发生了三件历史性事件。一是布雷顿森林体系崩溃，全球的金融市场从固定价格体系转变为市场价格体系。全球范围内的汇率、利率、商品价格和股票价格的波动性日渐加剧，导致市场对资产避险的需求迅速增长。二是世界第一个场内期权交易所——芝加哥期权交易所（Chicago Board Options Exchange，CBOE）成立，标志着标准化期权进入了有组织、有规范的交易时代。三是在金融理论界影响深远的、著名的、被誉为"华尔街的第二次革命"的 Black-Scholes 期权定价模型出台，使期权定价在理论和业务实践两个方面得到了飞跃，全球金融创新进入飞跃发展阶段。

继美国在 1973 年建立期权交易所后，英国、澳大利亚、加拿大、新加坡和中国香港等主要发达国家和地区相继开始了期权交易，期权的普及程度得到了迅速提升。全球交易所交易的期权主要为欧式标准期权或者美式标准期权，这些标准期权的活跃交易为其他复杂期权在定价参数的选择、交易的对冲和期权运用的推广方面奠定了必要的基础。随着期权交易市场的不断发展和金融市场需求场景的增加，原有的期权工具逐渐无法满足各类交易者的需求。为了顺应金融市场发展的迫切需求，基于路径依赖特征的期权陆续在各个期权的场外交易市场和场内交易市场推出。经典的亚式期权、回望期权、障碍期权，以及这些期权的相关变种等路径依赖型期权纷纷涌现。路径依赖型期权的特点是，期权的价值与标的资产的价格变化路径有关。

进入 20 世纪 90 年代，金融市场开始呈现出难以预料的波动性。经济全球化加深了各个经济体和市场之间的相互依存程度。全球的风险资产交易总量在日趋扩大，不同机构之间的竞争间接导致了金融工具的创新。与此同时，西方国家在一定时期采取的放松管制措施也为金融衍生工具的创新提供了良好的环境。为了规避风险，金融衍生工具应用迅速发展，同时又成为金融市场风险的新来源。国际金融市场经受了很多重大的灾难，从1997年浮动汇率制引发的亚洲金融危机，到次级房屋抵押贷款引发的2008年全球金融危机，再到2009年始于希腊债务危机的欧洲债务危机，都充分说明了在金融机构中市场风险管理的重要性。金融市场的剧烈动荡和金融风险管理难度的增加，使金融风险的复杂性和防范问题引起了业界和学术界的高度重视。如何对复杂期权进行较为合理的定价、如何合理测量市场风险可能造成的损失成为学术界和监管当局面临的重大问题。在这样的背景下，以风险值（VaR）理论分析为主的现代金融市场风险测量和管理方法逐步应用和发展起来。

全球金融危机后，美国和欧洲的场外期权在结构探索和研究领域逐渐走向了顶峰，为了适应新的市场需求和风险管理，期权结构层出不穷，引起了学术界广泛的研究和金融界浓厚的兴趣，特别是期权收益函数（Payoff Funtion）中最为多变和复杂的路径依赖型期权得到了快速的发展。在过去，路径依赖型期权定价由于很难得到明确的解析式，对其定价一直是困扰学术界的难题，仅能在有限的收益函数结构中找到其解析方程式。随着蒙特卡罗模拟法的不断优化和计算机性能的提升，最具灵活性的路径依赖型期权定价在国际上的被关注度大幅提高，这其中的创新探索涉及如下几个方面：

收益函数可以无限组合的自动赎回（Autocallable）路径依赖型期权由此产生。自动赎回是指当期权的股票价格达到自动赎回的障碍价格时，期权合约将提前终止，因此，自动赎回结构不一定可以持续到合约到期，其持续时间与标的资产价格路径有关。自动赎回路径依赖型期权继承了传统障碍期权、篮子期权等奇异期权的特征，同时也具备多个离散的观察日期，在标的资产的不同价格路径中可以产生不同的收益。自动赎回路径依赖型期权研究不仅限于单一标的资产的期权研究，还出现了多个同类或者不同类标的资产组合而成的期权定价和定价参数研究。例如，标的资产组合为标准普尔 500 指数和日经指数两者之中表现最优的自动赎回结构，或者由"一篮子"股票之间的收益组合作为基础标的的期权。在过去，期权定价研究主要体现在不同收益函数的结构特征上，如单一标的障碍期权或者回望期权。标的维度的拓展极大地丰富了奇异结构的想象力，也增加了期权定价研究的难度，需要引入复杂的多重函数求解。标的维度还可以扩展到不同类型的基础资产之间，如股票、商品、外汇等，在定价的研究中引入的相关性计算。

随着经济全球化的发展，欧美市场希望投资参与其他经济体的股票标的资产，但是又不希望受到本国货币与他国股票的计价币种之间的汇率影响。这不仅是期权定价在不同标的资产维度的创新，也是对汇率相关性定价参数的探索，引发了新一轮期权定价研究，其中也包括使用场景广泛的路径依赖型期权定价的汇率相关性研究。不受汇率波动影响的双币种期权（Quanto Options）正是在这样的背景下诞生的。经济全球化促进了资本在不同经济体之间的自由流动；而汇率相关性期权定价研究和实践又加速了经济全球化发展的进程，形成了正反馈机制。20 世纪 70 年代以来，成熟的市场经济国家陆续建立了期权交易所，这不仅完善了二级市场中股票、期货和期权"三位一体"的综合交易体系，也为场外期权的参数假设和参数模型研究提供了丰富的历史数据和观察对象。在此基础上，学者们进一步验证了经典的 Black－Scholes 期权定价模型是否具有合理性，特别是标的资产的波动率这个无法直接观测到，但又对期权定价影响较大的参数。波动率模型和利率模型等不同的期权定价参数研究，正是在这样的背景下得以快速的发展。

（二）我国场外期权的发展历程

由于我国的股票市场成立的时间不长，场外期权更是起步较晚，权益类期权的发展时间较短，尚处于初级阶段。与境外成熟的市场相比，特别是在市场应用领域，仍存在比较明显的差距，主要体现在我国的场外期权无论是在学术研究领域，还是在行业应用领域，期权定价的标的资产仍以单一股票或者单一商品资产为主，缺少对多维标的组合的研究。随着合格的境外机构投资者（Qualified Foreign Institutional Investors，QFII）和沪港通①机制的陆续推出和成熟，境外投资者开始投资我国具备流动性的股票资产，这有利于加速人民币资产的国际化。但是，QFII和沪港通机制与境外成熟市场相比，仍然缺少境外灵活的场外期权等诸多工具。国际投资者对我国的期权定价和具备管理汇率风险的期权工具是实际需要的。尽管多维标的资产和控制汇率风险等期权工具尚未在我国出现或者流行，但是在不久的将来，我国的金融市场，特别是权益类市场必将更加国际化、市场化、机构化。因此，研究复杂的场外期权，特别是研究有着丰富的应用场景和无限的收益函数变化的路径依赖型期权的定价问题是必要的。

与欧美等其他市场相比我国的场内期权数量和品种还远远不够，这意味着市场对期权的理解还不够充分。同时，场内期权的历史数据和变化情况会传达出丰富的市场特征和信号，对场外期权定价的参数研究和模型验证有着实际的意义。国外学者在定价模型的参数假设研究中，基于交易所真实的股票市场数据和场内期权数据，不断观测和积累实验数据，迭代了不同的期权定价模型和理论研究。在我国，虽然场内权益类期权品种仅限于指数期权，但是也为符合我国市场特征的期权定价研究提供了宝贵的、真实的市场数据和参数特征。随着我国市场交易制度逐步走向制度平稳和体系成熟，未来中国市场的期权定价研究可采集的数据将更加丰富和多样化。

进入21世纪之后，我国经济进入"新常态"，各种未知的风险逐渐显露，与国际接轨也越来越紧密，导致金融市场的波动加大。因此，在我国市场运用场外期权等金融衍生品来规避市场风险的需求在上升，同时，场外期权产品也逐渐向理财领域进行延伸拓展。自2005年起，我国场外衍生品市场先后推出了场外利率期权等其他汇率衍生品，为市场的金融机构参与者提供了多样化的风险对冲工具。2014年，部分商业银行陆续推出含有场外期权的结构化理财产品，这些理财产品与股票或者股票指数等标的挂钩，也包含路径依赖型奇异期权的结构，除了保证投资者获得最低收益外，还可能获得超额的收益。

---

① 沪港通是指上海证券交易所和香港联合交易所允许两地投资者通过当地证券公司（或经纪商）买卖规定范围内的对方交易所上市的股票，是沪港股票市场交易互联互通机制。

我国的场外权益类期权产品始于 2013 年，当年也是场外期权交易发展的元年。证券公司成为其发展的主要推动力，沪深个股和指数是交易业务的主要资产标的。2012 年 12 月 21 日，中国期货业协会发布了《期货公司设立子公司开展以风险管理服务为主的业务试点工作指引》并启动试点工作。2013 年 3 月，中国证券业协会相继发布了《证券公司金融衍生品柜台交易业务规范》《证券公司金融衍生品柜台交易风险管理指引》和《中国证券市场金融衍生品交易主协议及其补充协议》等规范性文件，以规范场外期权交易业务的发展。2013 年 7 月，部分券商获准开展场外期权交易权益收益互换等衍生品市场创新业务，这标志着我国场外衍生品市场在参与主体和产品种类上已初步完善。

场外期权业务自 2013 年推出以来，发展较为迅速。根据中国证券业协会的统计，2013 年末，证券公司的场外期权交易规模仅为 0.73 亿元，2014 年末迅速发展到 1114.75 亿元①。2015 年，我国证券市场发生了异常波动，市场风险凸显，直接引发了市场避险的需求，推动了场外权益类期权市场的发展。2017 年，场外期权名义本金和交易笔数均呈现加速增长态势，结构性"牛市"行情激发私募基金场外个股期权的需求。2018 年 5 月，中国证券业协会出台新规，明确规定非场外期权交易商不得开展场外期权业务，同时，期权挂钩标的由中国证券业协会定期评估、调整和发布。中国证券业协会对投资者的身份和资金来源核实也提出了要求，并根据场外期权的规模按照券商自身的净资本对其进行约束。这相当于给个性化的场外期权市场套上了"缰绳"，但是也为今后的规范化发展制定了标准，扫清了障碍。

（三）我国投资者参与场外期权的形式

投资者参与场外期权的形式主要有两种：收益凭证模式和场外衍生品主协议模式。

收益凭证：收益凭证属于券商发行的债务类融资工具，在产品初期，投资者需要签署收益凭证合同、支付本金购买收益凭证；到期后，衍生品交易商返还本

---

①　薛智胜. 我国场外期权市场发展及其监管制度的完善［J］. 金融发展研究，2019（5）：58-62.

金及挂钩标的资产的浮动收益。双方涉及本金的互换，一般用于保本型或部分保本型产品，或由于投资范围限制而无法投资场外期权的投资者。如图1-1所示。

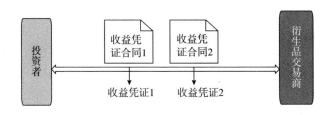

**图1-1 场外期权的收益凭证模式**

场外衍生品主协议：如果是境内机构，需要签署场外衍生品交易SAC（Securities Association of China）主协议、补充协议、履约保障协议及场外期权交易确认书。交易前，投资者支付期权费或保证金；到期后，衍生品交易商支付挂钩标的资产的浮动收益。按照场外期权投资者适当性标准，只能由法人机构或者是金融产品形式参与，且需要满足监管的资质要求。如果是境外机构，它需要在交易前与交易商签订衍生品ISDA（International Swaps and Derivatives Association）协议。国际通用的衍生品交易框架协议——ISDA协议经过几十年的补充和修改，对于各类衍生品的名称、术语、调整事件、处理方法规定得极为详细。在ISDA协议的详细约定下，各机构开展衍生品交易，不用过于担心由于法律约定不够清晰而带来的风险以及在特殊调整和处理事项上的分歧，如图1-2所示。

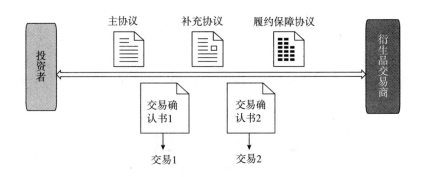

**图1-2 场外期权的主协议模式**

### 二、路径依赖型期权的发展背景

随着场外期权的发展，包括亚式期权、回望期权、自动赎回结构等在内的各种路径依赖型期权相继推出，在极大程度上完善了期权市场的不同应用场景，也满足了投资者规避风险、实现投资目的的需求。路径依赖型期权可以使风险分散和转移，对于社会资源配置的优化、整体风险的降低起到了良性作用。对于金融界的投资者而言，路径依赖型期权主要有以下三点作用和优势，这也是路径依赖型期权值得研究的原因：

第一，给投资者提供一种资金使用效率高且收益损失有限的风险管理工具。当股市按照自己预期的方向发展时，可获得较大收益；当股市向自己预期反方向发展时，投资者的最大亏损为期权费。在场外衍生品市场中，企业、对冲基金公司等机构为规避风险，对券商等中介机构提出风险管理需求。证券公司结合标的资产的特性、投资者的定制化需求、市场分析的观点等因素，为投资者设计收益函数灵活多变、标的资产可以自由组合的场外期权解决方案。这其中不乏具备路径依赖特征的期权结构，如障碍期权中的保本结构、自动赎回的收入优化结果、由多个相同或不同类型的标的资产组成的跨资产结构等。

第二，专业机构可以设计出更多风险可控、收益稳定、定制化、策略化的路径依赖型金融产品，进一步满足广大投资者的理财需求。例如，银行发行的结构化理财产品等，在实现自身结构的保本功能的同时，还可以获得股票上涨的部分收益，这个方案的实现主要是通过购买路径依赖型期权。近年来，国内理财业务蓬勃发展，路径依赖型场外期权的应用面非常广，从企业运用杠杆投资，到银行发行结构化理财产品，已有十多种路径依赖型场外期权通过挂钩理财产品中的标的资产进入我国市场，并以可观的速度在增长。随着我国金融改革创新的持续推进，对复杂的结构性理财产品的市场需求会随之增加。

第三，提供一种不受汇率变动因素影响的投资工具，从而引入更多长线国际资金参与股市。当投资者试图投资境外的标的资产时，不得不考虑境外资产的价格波动和其所在国家或地区的汇率变动的双重风险。投资者特别需要有一种能够对冲这种汇率变动的风险，同时涉及锁定两地货币汇率的期权。在这种背景下，双币种期权应运而生，受到了投资者的喜爱。投资者可以按照境外标的资产与其所在国家或地区的标的资产汇率，构造出不同的组合来满足自身投资和风险管理的需求。因此，本书也将讨论具有路径依赖特征的双币种期权，在继承路径依赖特点的基础上，同时具有投资范围广、不受汇率限制、收益函数灵活多变的优点。

场外期权市场的需求空间是巨大的（见图1-3），可以按照客户分类、客户需求和产品形式总结场外期权的多样化需求。考虑到我国经济规模、市场规模、国际市场经验以及投资者需求，我国场外期权市场规模有巨大的发展空间。衍生品本身并非市场波动产生的原因，而是有效的风险对冲工具。场外期权不但能够释放系统的风险，还能提供一定的流动性和价格稳定功能。总的来说，场外期权对资本市场的作用是多方位、深层次的。同时，更多场内期权品种推出后，A股资本市场可基本形成现货、期货、期权三位一体的市场工具和交易体系。市场运行效率更高，国际化程度更进一步深入，投资者类型更加丰富，是中国资本市场走向成熟的重要一步。

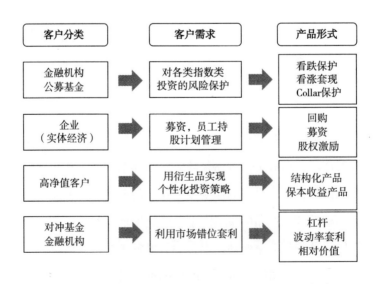

**图1-3　场外期权的多样化需求**

### 三、路径依赖型期权定价的研究意义

由于国内期权产品处于不同的金融市场环境，具有与国际成熟金融市场中期权产品不同的特点，所以，需要对中国期权市场的特性进行深入研究。对中国期权市场的数据进行统计和分析，为我国的路径依赖型期权定价研究建立合理的定价参数模型、定价模型，并提出有效定价框架和不同模型的实验数据结果对比的验证研究。

我国场外期权市场的上市时间晚于欧美国家，目前仍处于早期阶段，无论是在学术研究领域还是在业务实践领域，都需要有科学的定价模型为路径依赖型期权交易的参与者提供定价参考。发展我国场外期权市场有利于私募基金、券商行业、投资机构等产品和业务创新，提升我国投资机构的综合竞争力和国际影响力。如何采用较为合理的定价参数模型、定价理论对路径依赖型期权进行准确定价，成为学术界和实业界较为关注的问题。

此外，场外期权的定价往往来自不同的计算机构，每家交易商都拥有定价的独立解释权。目前在我国，场外期权交易商牌照是由证券市场的监管机构进行资质审核，然后授予具备开展场外期权业务资质的期权交易商，包括少部分证券公司和期货公司的风险子公司。各家计算机构的定价结果因方法论和参数选择的不同，而导致其定价结果可能有所不同。

本书的金融价值在于给出一套合理的路径依赖型场外期权的定价方法论，并在定价出现分歧时提供有效的解决框架；为我国不同的期权交易商、参与场外衍生品交易的投资者或者机构主体、我国金融监管机构提供一个合理有效且能够消除不同交易商之间潜在套利空间的公平、公允的定价体系。这为我国路径依赖型期权定价理论的发展，特别是场外衍生品行业的良性有序发展，提供了实践价值和理论方法。

本书研究的理论意义和实践意义可以总结为以下四个方面：

（一）对拓展我国期权定价理论具有一定的实践指导意义

路径依赖型期权作为一种结构多样的金融产品，可以通过多种不同的收益函

数进行自由组合的方式来改变投资收益的结构，从而为投资者提供更加丰富的风险管理或者市场投资的工具。学术界关于期权定价理论的研究，绝大部分是在单个标的资产的结构上进行研究和发展的，缺少多维标的结构的研究，而这一领域国外已经有所探索和发展。路径依赖型期权的多变和复杂不仅体现在收益函数的无穷变化方面，还体现在标的资产数量和种类的自由组合方面。其标的资产可以由同类标的（如多只股票）资产组成；也可以由不同标的资产类别（如股票、商品、外汇）组成。本书不仅探讨了路径依赖型期权定价的参数模型，还设计了一套适合多维标的扩展的定价框架。这对于我国场外期权的研究和发展，以及学术界和实业界可能出现的更复杂的期权工具的定价、对冲的交易和风险的管理等，都具有一定的理论价值和实践指导意义。

（二）丰富了路径依赖型期权定价的波动率模型的理论探讨

2015 年 2 月，上证 50ETF 期权作为中国金融市场上第一只股票型期权，在上海证券交易所上市，这意味着我国正式开始了金融衍生品场内期权的交易。2019 年 12 月，沪深 300 股指期权和沪深 300ETF 期权，分别在中国金融期货交易所（简称"中金所"）和沪深交易所被推出。场内期权是高度标准化的金融衍生品，它的推出将为未来场外衍生品市场的发展提供定价参数指引，为我国的期权学术研究提供真实和丰富的历史数据。波动率参数是期权定价最重要的参数，因为资产的价格、股票的股息率、市场的无风险利率都是可以通过直接观测得到的，唯有波动率是一个无法通过直接观测得出的变量。在经典的 Black-Scholes 期权定价理论框架中，标的资产波动率往往被认定为常数波动率模型的假设，但是大量的实证研究结果都不支持 Black-Scholes 期权定价模型中常数波动率的假设，因为其无法解释实证研究中发现的股票价格收益分布存在的"厚尾"和"尖峰"现象。

因此，采用正态分布的资产收益率建立的模型，尾部事件的概率可能会小于实际值，从而可能低估了极端事件发生的概率，导致期权定价和风险计量出现偏差。作为 Black-Scholes 期权定价模型的修正，局部波动率模型（Local Volatility）和随机波动率模型（Stochastic Volatility）在衍生品定价、资产组合的管理、投资风险控制的应用中占据着重要地位，能够更好地解释实际金融数据。本书将探索局部波动率模型和随机波动率模型，将其应用在自动赎回路径依赖型期权定价的研究中，重点研究了不同波动率模型下的期权定价、模型参数估计问题，丰富了波动率模型在路径依赖型自动赎回结构中的理论和应用研究。

（三）拓展了多币种的定价理论，促进了国内证券市场的国际化发展

随着人民币国际化和汇率市场化的推进，人民币利率和汇率的形成机制会更加符合宏观政策和市场变化。无论是人民币还是其他币种，汇率的变化都可能受到国家经济状态的变化和国际市场突发事件的影响，同时，也与股票市场的动态变化紧密相关，间接地影响与该股票资产相关的期权定价。在学术上，一般将以外国货币计价，但以本国货币支付收益的期权，即与汇率风险相关的股票期权，称为货币转换期权（Currency-Translated Option），或者双币种期权（Quanto Option）。根据期权收益形式的不同，存在不同的货币转换期权。期权的持有者可能同时面临外国股票价格波动和汇率波动两种不同的风险，所以对于具有汇率风险的外国股票的路径依赖型期权定价问题，需要构建合适的模型，并在该模型下，研究期权定价所必要的汇率、相关性等定价参数对期权价值的影响。另外，推出路径依赖型双币种期权和其他相应的外币期权，会大幅增加境外投资者参与投资中国市场的吸引力。汇率相关性的路径依赖型期权定价研究有利于为我国金融市场引进国际投资者打下坚实的基础，促进国内证券市场和人民币的国际化发展，加强与世界主要经济体的联系和投资贸易往来。

（四）有助于投资者和监管者更好地参与市场风险的管理

路径依赖型期权定价的风险值分析研究有利于投资者更好地利用相关模型，对期权进行合理定价，更有效地度量交易的风险，进而制定出合理的风险管理策略，减少交易风险带来的损失。合理有效的期权量化模型也有利于监管部门提高监管效率。随着我国金融市场的改革和金融衍生品的创新发展，金融监管者需要制定系统的规范制度来防范新的金融风险。路径依赖型期权的风险值分析研究有助于投资决策者更好地理解衍生品的市场风险，为监管者提供风险量化的参考工具，为更好地管理风险提供有效和相对科学的指导。

# 第二节　本书关注的问题

期权定价的主要决定性参数包括标的资产价格、执行价格、标的资产波动率、股息率、无风险利率等。经典的期权定价理论是建立在一些特殊要求的金融市场和参数假设上的，但是在实际观察中，现实发生的情况并不满足假设存在的条件。本书基于这样的考虑，以期权定价理论、多元函数的积分和多维矩阵向量运算以及其他现代数学理论等为基础，对路径依赖型期权定价参数的选择和定价理论模型进行探讨。

本书在波动率模型和汇率模型基础上进行比较全面和系统的分析，研究更加符合实际观察结果的参数模型和定价方法，并尽可能在期权的收益函数更复杂多变和标的维度扩展的情况下，收集样本数据进行实证研究和对比分析，以便给专业学者、机构投资者以及金融监管部门等提供理论参考依据。

由于标的资产价格可以通过不同的路径到达当前的价格，且不同的路径对期权的收益函数有着不同的影响，因此，路径依赖型相关期权的定价问题非常复杂。与非路径依赖型期权相比较，多种收益函数和路径相关的问题导致定价求解困难，仅在简单情形下可得到确定的解析解，围绕经典的 Black-Scholes 期权定价模型的研究方法论是不够的，甚至在大部分情况下，很难找到解析方程式，因此，制约了路径依赖型期权定价领域的探索。

期权收益函数的复杂性体现在两个方面：一是收益函数的自由组合衍生出各种变化的路径依赖型期权，如障碍期权、亚式期权等。现阶段，我国的路径依赖型期权定价研究往往是在某一种具体特定的收益函数的情景下寻找定价方案，具有一定的特殊情形和应用场景的局限性，面对收益函数无限变化的情景，缺少灵活和通用的解决方案。

二是在标的维度上的扩展不仅可以是多个同类标的资产（如多个股票资产的

自由组合），还可以是不同类标的资产进行的组合（如股票和外汇）。对于多标的结构，解析解中往往包含高维嵌套积分，因此，严重地阻碍了收益函数的各种变化和多维度路径依赖型期权在理论、方法及应用方面的创新。

目前，国内对于复杂的收益函数的路径依赖型期权定价和多维标的期权结构的定价方法的相关研究还不够充分，需要继续深入开展的工作还有很多。此外，无论是在我国的学术领域还是在实业领域，关于路径依赖型期权定价的研究往往是单个资产标的，缺少对多维标的的研究和探讨，与成熟的多个资产的期权结构相比，尚处于相对初级的阶段。因此，本书重点研究了如何解决自动赎回结构的复杂收益函数和多维标的路径依赖型期权的定价问题。

# 第三节　观点阐述

本书主要对路径依赖型期权的定价问题进行了全面和系统的研究。标的资产的价格随着时间的变化，其行动轨迹会出现各种可能性，也会对路径依赖型期权的定价和收益产生不同的影响。然而，经典的期权定价理论是在严格的条件假设下进行的，即假设市场没有产生摩擦，并且波动率为常数，忽略了标的资产价格的波动对期权价格的影响。近年来，路径依赖型期权在我国市场的发展满足了不同金融投资者的需求，在业界和学术界的影响也在加深，因此，路径依赖型期权的定价研究成为金融市场研究的重要部分。目前，随着金融市场微观结构理论和现代数学理论的发展，路径依赖型期权的定价问题吸引了更多学者的注意。业务实践的投资者也需要定价理论的指导，使投资和决策行为的收益尽可能地提高，风险尽可能地在可控范围之内。本书基于国内外学者已取得的研究成果，全面阐述和分析了路径依赖型期权定价理论，试图在以下几个方面有所创新：

第一，给出多变和复杂收益函数的路径依赖型期权、更具普适性的定价方法和框架。

本书重点研究路径相关期权、自动赎回结构，并用数值模拟的方法论证定价的合理性和可靠性，试图拓宽该理论模型的实践运用范围。与传统的期权相比，自动赎回是路径依赖型期权中最复杂和灵活多变的一类，具备求解路径依赖型期权定价模型的典型性。自动赎回结构的定价模型需要考虑标的价格路径的各种可能性，因此，求解方程式会出现多状态的变量，加大了求解的难度。目前，关于具有多种收益函数结构的自动赎回的路径依赖型期权定价问题的相关文献并不多见。

本书在期权定价的敏感性计算上借助了有限差分法、路径敏感性、似然比方法，并对三种方法进行了比较研究。本书在已有的似然比方法的基础上，提出了对蒙特卡罗模拟优化方法的改进，并结合自动赎回结构的路径依赖型期权的特性，给出了定价方法和模型计算的详细步骤。数值分析的实验结果表明，改进后的敏感性计算方法提高了定价求解的效率，大大减小了计算的方差，使计算结果能够较快收敛。实证研究表明，本书采用的似然比方法在路径依赖型期权定价问题的计算效率和稳定性上都取得了显著优势，解决了有限差分法的不稳定性和路径敏感性方法的收益函数不可导问题，使方法更具通用性和普适性。

第二，推导路径依赖型期权在多维标的情况下的求解方案。

路径依赖型期权定价问题仅能在简单的收益函数的情形下可以得到确定的解析式求解，而且解析式求解中往往包含着高维多重积分函数。如果得到多维标的资产结构的路径依赖型期权定价的准确解，如多个股票资产，或者不同类型的标的资产，往往会面对复杂的标的"维数灾难"，阻碍路径依赖型期权定价理论的发展和应用的创新。本书推导出多维标的资产结构下似然比方法的推导和理论证明，实验结果验证了理论模型的有效性。关于多维标的结构的路径依赖型期权定价的研究和创新在国内期权定价的论文中鲜少提及。

第三，给出路径依赖型期权的波动率参数的定价模型和求解方案。

路径依赖型期权定价的核心问题是，如何找到刻画标的资产价格的动态轨迹方程式，并通过微分方程或者数值分析工具从中求解。进一步而言，准确的波动率参数模型，是合理的期权定价方法的前提，也是度量和评估路径依赖型期权定价风险的基础。虽然经典的 Black-Scholes 期权定价模型在学术界被广泛地应用，但是仍有大量的市场数据和学术研究表明，资产价格的运动轨迹符合常数波动率的假设，并不符合现实情况。关于路径依赖型期权定价问题，本书试图在波动率模型假设中做出修正，引入局部波动率模型和随机波动率模型理论。其中，随机波动率模型能够刻画标的资产价格，因为市场突发事件会导致标的资产和期权价值跳跃；局部波动模型能够进行校准，使其完全符合经验观察到的隐含波动率表面，从而对衍生产品进行一致的定价。本书采用中国的交易所期权交易市场样本数据进行实证分析，结果表明，这两类波动率模型在路径依赖型期权应用中和实验分析结果中都优于 Black-Scholes 期权定价模型。

第四，给出路径依赖型期权的汇率相关性参数的定价模型和求解方案。

本书将汇率相关性作为一个重要的定价参数带入到路径依赖型期权的定价中，给出了具有防止外汇汇率风险功能的定价方法。对于汇率参数，也可以理解为股票之外的另一个标的资产。在全球经济紧密相关和资本自由流动的今天，双币种期权成为国际投资者参与资产投资的有效风险管理工具。为了吸引更多的境外投资者来我国参与权益类市场的投资，研究更加符合我国市场环境的双币种路径依赖型期权定价求解方案，具有实践价值和学术研究的意义。目前，具有汇率相关性参数的双币种期权定价研究大部分都是基于 Black-Scholes 期权定价模型的理论假设，而收益函数更多变化的路径依赖型期权定价理论则缺少解析方程式。因此，本书利用风险中性的定价准则，提出一种通用的路径依赖型期权的双币种定价模型框架，同时能够扩展到多维标的中，丰富了期权定价结构。本书采用我国期权交易的真实样本数据进行实验分析和研究，结果表明，本书提出的适合路径依赖型期权的双币种定价模型，较经典的双币种模型具有更多适应性，非常适用于收益函数复杂且灵活多变的路径依赖型期权，同时还可以扩展到多维标的结构。

# 第二章　期权定价的基础理论与综述

如果我能够看得更远，那仅仅是因为我站在巨人的肩膀上（If I have been able to see further, it was only because I stood on the shoulders of giants）。

——艾萨克·牛顿（Isaac Newton）

金融衍生品的定价研究是现代金融领域中的一个重要课题，路径依赖型期权作为证券衍生品的代表，其定价问题无论是在学术界还是在实践中都是人们长期研究的对象。期权定价的理论模型、定价参数的假设模型以及相对应的求解方法是金融研究的重点。本章首先针对国内外有关期权定价的经典理论和模型研究进行回顾，随后引入期权定价的参数讨论；其次总结具备解析方程式的路径依赖型期权的定价模型，对它们的求解方法展开分析和论述，为后续更复杂的路径依赖型定价研究提供必要的基础理论和方法综述；最后引入路径依赖型期权定价的风险度量方法，进行相关研究的理论介绍与文献阐述。

## 第一节　期权定价模型回顾

标准期权在我国已经广为人知，具有代表性的 50ETF 和 300ETF 期权已经在交易所交易，并且场内标准期权的交易量也在逐步增加。与此同时，金融机构开始寻求其他形式的期权来满足特别的业务需求。由标准期权变化而来的其他结构，在学术界统一称之为奇异期权（Exotic Option），有时也被称为客户定制期权（Customer-Tailored Option），或者特别用途期权（Special-Purpose Option）。20 世纪 80 年代末以来，期权不断变化和发展，在金融机构中更为流行。现实中，大部分的奇异期权是发生在场外交易的期权。期权定价理论从 1973 年取得重大突破以来，场外期权研究不断发展和完善，学者提出了众多定价模型和定价参数假设。本节对经典的期权定价模型和参数假设条件进行回顾，为后文的理论研究做铺垫。

### 一、经典的期权定价理论

标准期权（Standard Option）按照行权的时间，可分为欧式期权（European Option）和美式期权（American Option）；按照价值状况，通常分为价内期权、价外期权、平价期权。法国数学家 Louis Bachelier（1964）对期权定价问题予以阐述，Louis Bachelier 首次引入布朗运动过程来描述股票价格的变化。这也是学术研究中首次将概率论应用于证券市场的资产定价问题，首次在期权定价理论中引入数学期望的概念。标的资产的价格遵循几何布朗运动形式的随机微分方程式，方程如下：

$$\frac{dS_t}{S_t} = \alpha dt + \sigma dW_t \tag{2-1}$$

其中，$S_t$ 是好的资产在 t 时刻的价格，$\alpha$ 是资产的预期收益率，它是恒定的，$\sigma$ 是波动率，也是常数，$W_t$ 是标准布朗运动的增量。但是，Louis Bachelier 提出的理论模型存在一些明显的问题。第一点，采用布朗运动描述股票的价格过程可能造成股票价格小于零的情况。第二点不符合实际观察结果的是，随着时间的推移而逐步增大的看涨期权的价值有超过股票价值的可能性。尽管如此，这篇论文的重要意义是，引入了随机过程刻画动态变化的股票价格规律，为现代金融学的研究和期权定价理论的发展奠定了先驱地位。著名经济学家 Samuelson（1965）

受此启发修正了 Louis Bachelier 提出的理论，用期权的收益率代替原有模型中的期权价值，巧妙地回避了原有的模型中股票价格可能出现负数的现象。虽然 Paul A. Samuelson 成功得到了期权定价的偏微分方程式，但是在现实的交易中却无法客观地运用，其原因是该定价解析式依赖两个主观的参数变量。因此，在相当长的时间内，一直未出现令人满意的定价模型。

1973 年，对后世学术研究和行业应用影响深远的两位金融学家，Fischer Black 和 Myron Scholes（1973）发表了著名的论文《期权定价与公司债务》，共同提出了 Black - Scholes 期权定价模型（简称为 Black - Scholes 模型）。Fischer Black 和 Myron Scholes 假定资产价格的动态变化符合几何布朗运动刻画的连续模型。本章在无套利理论的基础上，运用 Ito 随机微分方程，把股票期权的价格过程表示为股票价格和时间变化的函数，再通过求解微分方程式，推导出不支付股票红利的欧式期权定价模型和对应的解析式。公式如下：

$$\frac{\partial V}{\partial t} + \frac{\partial V}{\partial S} rS + \frac{1}{2} \frac{\partial^2 V}{\partial S^2} \sigma^2 S^2 - rV = 0 \qquad (2-2)$$

其中，$V(S_t, t)$ 是标的资产，$S_t$ 是在时间 t 的期权价值，r 是无风险利率，欧式看涨期权 C 和欧式看跌期权 P 的定价推导方程式具体如下：

$$C = S_0 N(d_1) - Ke^{-rT} N(d_1)$$

$$P = Ke^{-rT} N(-d_2) - S_0 N(-d_1)$$

$$d_1 = \frac{\ln(S_0/K) + (r + \sigma^2/2) T}{\sigma \sqrt{T}}$$

$$d_2 = d_1 - \sigma \sqrt{T} \qquad (2-3)$$

其中，N 是标准正态累积的分布函数，$S_0$ 是 0 时刻标的资产的价格，K 是行使价。从此以后，该领域的研究大致沿着三个方向进行：该方法论在其他期权中的应用；公式的经验性检验；试图削弱条件假设。1973 年，Paul Samuelson 的学生 Robert C. Merton 在《贝尔经济学与管理科学杂志》上发表了另外一篇著名的论文《理性期权定价理论》，文章提出了与 Black-Scholes 模型相近的期权定价模型，并在此基础上作了其他的推广。三位金融学家的贡献在金融、数学领域，乃至市场经济活动中，都是一项有重大里程碑意义的突破性工作。被誉为"第二次华尔街革命"的 Black-Scholes 期权定价模型为现代金融学开创了一个新时代。

Black-Scholes 期权定价模型的重要意义在于，它针对期权定价研究提出一套框架体系和方法论，但是它的大部分假设与实际情况并不相同，这其实包括无风险利率是常数，股息率和波动率也都是常数的假设。真实的市场利率受到诸多因素的影响，并且会随时间的推移发生动态变化。标的资产的价格由于某些内部原因或外部事件的影响，价格可能发生跳跃，这存在着多种随机因素。Robert C. Merton（1976）指出，股票价格的行动路径应该是一个跳跃扩散的过程（Jump-Diftusion Process），这个观点是对期权定价理论重要的方法论突破。由于股票的真实价格可能存在大幅度震荡，Robert C. Merton 认为，股票的价格应该受连续变化的过程和 Poisson 跳跃过程的共同影响。这种模型在股票的价格变化过程中引入 Poisson 跳跃扩散，相比 Black-Scholes 期权定价模型描述的过程更加符合真实的市场情况，体现了股票价格可能出现的大幅跳跃状态和市场的波动性。但这并不意味着 Robert C. Merton 的改进是完美的，因为 Black-Scholes 期权定价模型和 Jump-Diftusion 模型的基础假设是，标的资产的对数收益率是正态函数，这与现实的市场数据的实证研究并不相同。研究和统计发现，标的资产的对数收益率分布呈现"尖峰"和"厚尾"的现象，并不服从正态分布。

因此，国内外众多学者从不同的角度研究推广 Black-Scholes 期权定价模型，提出了多种更加符合现实情况的金融市场的期权定价模型。其中，经典又简易的定价方法是二叉树算法，由 Cox 和 Ross（1979）等提出和证明，其方法论是用离散的随机模型来模拟资产价格的可能运动轨迹。Cox 和 Ross 把期权的时间期限分为无数个较小的时间间隔，假设在每个间隔内资产价格只存在两种可能的轨迹。该方法清晰刻画了股票价格路径的每种可能性，其中的额外优势有利于寻找路径依赖型期权定价的求解方法。国内学者对期权定价方法进行了研究和实证效果分析，对各种方法的条件和特点进行了比较。详尽的分类总结来自刘海龙和吴冲锋（2002）的期权方法综述。他们给出了同时适用于完全金融市场和非完全金融市场两种情况的期权定价的确定性套利方法和区间定价方法。张彩玉（2003）把博弈思想引入了期权定价，将期权的交易过程类比为博弈过程。股票价格的变化是随机的，通过计算随机过程的分布密度函数来计算股票的收益期望值。从随机偏微分方程与概率论这两个角度出发，陈占锋和章珂（2001）描述期权定价的方法以此为思路，在定价方法论中采用数理逻辑等手段进行总结和研究。陈万义（2004）在 Black-Scholes 期权定价模型的基础上，叠加了相对简单的数学推导，证明了非风险中性情况下，欧式股票期权的定价求解过程。王峰、徐小平、赵炜（2004）利用 Ito 公式和随机积分工具，把股票价格的运动过程看成是布朗运动和泊松过程的共同驱动，得到两个过程互相影响下的欧式期权定价的随机微分方程式。

## 二、其他的奇异期权

给奇异期权分类并非易事，场外交易市场中还存在着一部分其他期权。数字期权（Digital Options）由于收益模式简单、特性独特，对许多场外交易市场参与者而言非常具有吸引力。数字期权的收益特点是"非有即无"，可以是固定数量的现金、资产，也可以是标的资产价格与一个不同于行权价格的特定价格之间的差额。数字期权用于捕捉投资者对市场走向的判断，它们很受欢迎主要是因为使用起来非常便捷。

任选期权（Chooser Option）是指在期权有效期内允许持有者在某个特定时间选择该期权是看涨期权还是看跌期权。Rubinstein（1991）指出，购买者只需支付一定金额的期权费，而无须确定是看涨还是看跌的普通期权，只要在约定的时间购买者选择是看涨期权或看跌期权即可。Nelken（1993）指出了 Rubinstein 方法的局限性，提出了数值积分直接计算的方法。任选期权也被称为先买后选择期权。显然，这类期权可以降低客户因市场判断失误而产生的损失。非线性收益期权（Nonlinear Payoff Option）的收益是非线性的，最常见的是幂期权，其收益表现为标的资产的幂函数表达式，可以是凹函数或凸函数。

中大西洋期权（Mid-Atlantic Option）也叫作百慕大期权（Bermuda Option）。中大西洋位于美国和欧洲之间，故中大西洋期权被视为美式期权和欧式期权的结合物。不同于标准美式期权可以在到期日之前的任何时间行权，百慕大期权只能在到期日之前规定的几个分隔的时间点行权。达成百慕大期权交易时，除了要约定普通期权的常规要素，行权的各个时间点也必须予以明确。由于百慕大期权同时拥有美式期权和欧式期权的属性，因此，其期权费也介于美式期权和欧式期权之间。

相关期权（Correlation Options）的回报取决于一种以上的标的资产，这些资产既可以是相同种类的资产，也可以是不同种类的资产，如股票、债券、货币、商品的混合产品。如果标的资产是不同种类的资产，则称为跨资产期权。随着国际金融的发展，跨市场产品不断发展，加速了跨境投资，使跨市场产品日益重要。纽约证券交易所允许不同币种买卖外国股票，以保持其在全球市场的地位和声望。按照相关性影响期权收益的路径，可以分为第一顺序相关期权和第二顺序相关期权。如果相关性直接影响期权收益，这类相关性叫第一顺序，如价差期权和优异表现期权。双币种期权的相关性具有第二顺序，因为相关性仅修正期权回报。

价差期权（Spread Options）以两种指数、价格或者利率之差为标的，如成品油和原油的价格之差，会随着全球经济和金融市场信息的变化而变化，炼油商可以以此为标的期权对总利润进行套期保值。另一种常见的价差期权涉及长期利率和短期利率的差额。在价差期权使用早期，价差被假想成单一的资产价格，并用Black-Scholes模型定价。Garman（1992）指出了单因素模型的局限性和问题，并提出用双因素模型对价差期权进行定价。Ravindran（1993）试图根据统计程序和数理分析，使用双因素模型对价差期权进行定价，该方法虽然有效，但计算价差需要高斯积分等进行辅助运算，应用并不方便。后来，Pearson（1995）给出的有效方法可以近似估计其价格。

优异表现期权（Out-Performance Option）是一种特殊形式的看涨期权，允许投资者利用两种标的资产或指数相对表现的预期。Gastineau（1993）对优异表现期权的到期收益进行讨论，将一项金融工具的表现减去另一项金融工具的表现再乘以固定的名义本金或票面金额。金融工具的表现通常以回报率来衡量，可以是股票、债券、货币、商品或指数的任意组合。一个常见的优异表现工具是债券指数与股票指数的差额，反之亦然。优异表现期权常常用于捕捉两个股票市场的相对表现，如标准普尔 500 指数和日经 225 指数。

资产交换期权是将一种标的资产交换成另一种资产的期权。Margrabe（1993）于 1978 年率先对这类期权进行了研究，分别在业绩激励费用、交易收购、保证金账户和备用承诺方面进行应用。资产交换期权有两种理解方式，既可以视为资产 A 的看涨期权，执行价格是资产 B 在到期时的远期价格；又可以视为资产 B 的看跌期权，执行价格是资产 A 在到期时的远期价格。资产交换期权可以构造彩虹期权，其收益取决于两种标的资产或多种标的资产中的最好表现或最差表现。所谓彩虹期权就是在以横轴、纵轴分别表示两项资产价格的二维图形中，两项资产的最高价格和最低价格的形状类似彩虹。它们在很多金融应用领域发挥着重要作用，如外国货币债券的定价、补偿计划和风险分担合同。本书也将在后续研究介绍结合多标的构成的路径依赖型彩虹期权的定价方法和实验分析。

### 三、定价参数理论和模型

#### （一）波动率参数模型

在期权定价中，波动率参数的估计是一个重要的问题。用标的资产历史收益的标准差来计算波动率，被称为历史波动率（Historical Volatility）。为了证实 Black-Scholes 模型的理论假设，Galai（1977）收集交易所真实记录的期权交易数据来计算标的资产的波动率，研究发现，当标的资产的历史波动率处于高点时，Black-Scholes 模型的理论价值会高于实际交易所的期权价值；相反地，当标的资产的历史波动率处于低点时，模型的理论的价值会低于交易所该标的资产期权的实际价格。Galai 的研究证明，标的资产波动率这个无法直接观测的参数是时间变化的函数，所以，历史波动率不能有效预测波动率在未来的变化。Boyle（1977）、Levy 和 Yoder（1996）等同样发现，基于历史波动率计算出的期权价格会出现系统性的误差。Black-Scholes 期权定价模型在定价理论和业务实践方面取得了巨大的成功，是期权定价和风险管理较为有效的工具之一。但是在过去几十年的历史数据采集中，大量学者的研究结果证明，Black-Scholes 期权定价模型中关于标的资产价格运动过程和参数定义的假设所得出的定价结果与历史真实的期权价格存在差异。早期，Mandelbrot（1963）的研究也证明，绝大多数不同资产价格的时间序列数据的统计分布普遍存在"尖峰"现象，与 Black-Scholes 期权定价模型提出的资产价格服从正态分布的假设是矛盾的。

隐含波动率（Implied Volatility）是将市场交易所的真实期权价值代入期权理论模型后，反推计算的标的资产波动率的数值。隐含波动率应该是一个常数，可以反映出 Black-Scholes 模型的定价结果与真实结果的差异，公式如下：

$$C_{BS}(X, \ t, \ T, \ r, \ \sigma, \ K) = C^{obs} \tag{2-4}$$

其中，$C^{obs}$ 是从市场中观察到的场内期权价格，X 是标的资产价格，t 是当前的时间，T 是到期日期，r 是无风险利率，$\sigma$ 是隐含波动率定义，K 是执行价格。Rubinstein（1985）的研究证明，由真实市场的期权价值反推计算的隐含波动率并非一个常数。波动率与期权合约的执行价格有关系，两者存在系统性的变化，这种现象被称为隐含波动率的微笑曲线。Brenner 和 Subrahmanyam（1988）、Beckers（1981）的研究表明，用市场的隐含波动率来预测资产未来的波动率的定价结果会好于采用历史波动率预测的定价结果。Corrado（2005）采用 1995 年以来的数据对芝加哥期权交易所中标准普尔 500 指数和纳斯达克 100 指数期货的隐含波动率进行研究，结果表明隐含波动率的预测效果优势明显。

如何实证研究期权的隐含波动率微笑曲线现象，成为不少学者的研究方向。Hurst（1999）等采用统计数据的计量模型，将隐含波动率作为不同合约期限和不同执行价格的函数，研究和建立符合真实市场的标的资产运动轨迹模型。常数波动率的假设不符合真实市场，这可以从 Harvey 和 Whaley（1992）的研究中得到证明，他们发现，隐含波动率会随着时间的推移出现随机扰动的现象。隐含波动率曲面（Implied Volatility Surface）是把标的资产隐含波动率、真实期权的到期期限和执行价格三者之间的关系绘制在三维空间的图形中。但在现实情况中，很多标的资产在金融市场上可交易的期权品种较少甚至没有，能够获得可参考的看涨期权和看跌期权的不同合约期限和不同执行价格的数据有限。所以，Cont 和 Tankov（2002）、Lee（2004）通过其他方法来刻画隐含波动率曲面，试图去解决由于缺少市场数据导致难以确定完整的隐含波动率曲面的困难。Taylor、Xu（1993）通过研究市场交易的期权合约的隐含波动率与执行价格的关系，提出隐含波动率的形状存在偏斜（Skew）的现象。Bakshi、Kapadia、Madan（2003）通过隐含波动率的角度来定量计算偏斜的数值，给出风险中性分布下的指标，即风险中性偏度（Risk-Neutral Skewness）。Barberis、Huang（2008）则选择从标的资产的历史收益率角度，给出真实概率分布下的指标，即历史的偏斜（Historical Skewnes）。

Day 和 Lewis（1992）、Lamoureux 和 Lastrapes（1993）提出，隐含波动率与真实波动率没有相关性。类似的研究分析了期货价格和期权价值的历史数据，这是因为期货期权在市场交易的成本相对较小，比其他资产的期权在价值变化中的反应会更有效率。Szakmary（2003）等认为，期权标的资产为期货时，隐含波动率比历史波动率对真实波动率的预测更加适准确。Jorion（1995）的假设和数据研究同样证实了 Szakmary 的观点。关于交易成本对隐含波动率的影响，Jarrow 和 O'Hara（1989）的研究认为，标的资产的隐含波动率与历史波动率的差异，体现了期权动态交易策略的成本。Blattberg 和 Gonedes（1974）认为，股票的收益率服从对数正态分布的假设是不充分的。Christie（1982）研究发现，股票收益率和波动率变化之间存在逆相关性，这是把股票价格的运动轨迹和波动率参数单独作为一个随机过程的假设的重要依据。Kon（1984）同样发现，股票收益率的混合正态分布和随机性质能够更加准确地描述"尖峰"的特点。

以上股票收益率的实证研究为股票资产的随机波动率模型假设提供了有力依据，引发了学者们对连续时间框架下的常数波动率假设作了进一步的修正，引入了与资产价格相关或者其他的随机因素的概念。学者们对波动率参数模型的后续研究分为两个方向：第一个方向是确定波动率模型（Deterministic Volatility Model），假设波动率是一个标的资产价格的函数；第二个方向是随机波动率模型（Stochastic Volatility Model），假设波动率是一个独立的随机过程。

关于确定波动率模型的研究，Dupire（1994）、Derman 等（1996）提出了局部波动率模型（Local Volatility Model）。该模型的特点是，能够精确拟合市场波动率的数据，在风险中性测度下得到唯一期权价格，保留 Black-Scholes 期权定价模型下的市场完备性。这里，波动率是价格的函数，其中，局部波动率为 $\sigma = f$ (X，t)，公式如下：

$$dX/X = \mu dt + \sigma(X, t) dW \tag{2-5}$$

其中，$\mu$ 是资产的预期收益率，W 是标准布朗运动的增量。

Derman 和 Kani 让每个节点有着不同波动率来改进早期的二叉树模型，并引入局部波动率模型，通过使用真实的市场数据来校准二叉树模型。在此基础上，Rubinstein（2002）和 Rossi（2002）进一步分析了离散时间框架下的局部波动率模型。Berestycki、Busca 和 Florent（2000）的研究体现了隐含局部波动率函数与隐含波动率曲面之间的关系，由于局部波动率模型的完备性质，他们认为，确定的标的资产和无风险利率可以从模型中推导出唯一的定价和敏感性。Cox、Ross 和 Rubinstein（1979）推导出了最著名的 CEV 模型，同样也是 Black-Scholes 期权定价模型的推广。这种局部波动率模型先给定了波动率函数的形式，具体如下：

$$\frac{dX}{X} = \mu dt + \sigma(X) dW$$

$$\sigma(X) = aX^{n-1} \tag{2-6}$$

其中，$0 \leqslant n \leqslant 1$，$a > 0$ 为常数。当 $n = 0$，我们获得 Bachelier 模型；当 $n = 1$，则给出几何布朗运动模型。因此，n 可以看作是两个极端模型之间直观选择的参数。此外，由于波动率随股票价格的下跌而增长，因此，n 捕获了杠杆效应的水平。Dias 等（2019）认为，CEV 模型不仅标的资产收益率和波动率之间存在负相关性，还证实了真实市场波动率微笑曲线的性质。证实了该理论模型可以拟合市场真实的隐含波动率曲面和波动率微笑曲线，具备很好的校验效果，局部波动率模型的研究得到了很多学者的认可。同时在应用领域，相比随机波动率理论，局部波动率模型没有引入新随机源，因此，模型推导的计算过程相对简便。

局部波动率模型的缺点也是明显的。局部波动率模型计算出的波动率数值并不稳定，具有一定的随机性质，在不同时间拟合的结果有时差异较大。另外，局部波动率还需要有较多的不同合约期限和执行价格的期权价值的真实市场数据，然而在现实中，很多标的资产可能并没有足够的期权交易数据，甚至没有改标的资产的场内期权。Dumas、Fleming 和 Whaley（1998）通过插值法来解决局部波动率的这个问题。他们的实证研究发现，将利用标准普尔 500 指数期货的价格计算得出的隐含波动率函数代入期权定价模型得到的理论价格与真实的市场价格差异较大。Dumas、Fleming 和 Whaley 认为，插值的过程和市场的数据对局部波动率模型函数的计算结果影响较大，说明局部波动率模型还需要进一步改进和修正。

Renault 和 Touzi（1996）得出的结论是，标的资产价格和波动率两者的布朗运动是相互独立的，随机波动率会影响隐含波动率的曲面。如果 $\sigma$（$\omega$）受一个相关的随机过程的影响。可能是一个维纳过程（$dW_2$），则波动率是随机驱动的过程。概率空间（$\Omega$，$\mathcal{F}$，$\mathbb{P}$）是 $\Omega = \mathcal{C}$（$[0, \infty)$：$\mathbb{R}^2$），$\{\mathcal{F}_t\}_{t \geqslant 0}$ 表示两个维纳过程（$W_1$，$W_2$）的信息。要确保 $\sigma$（$\omega$）的过程，所有值都必须始终为正，因为波动率只能为正数。维纳过程的瞬时相关性 $\rho \in [-1, 1]$，定义如下：

$$dX/X = \mu dt + \sigma(\omega) dW_1$$
$$corr(dW_1(t), dW_2(t)) = \rho dt \tag{2-7}$$

Sircar 和 Papanicolaou（1999）的研究结论与 Renault 和 Touzi 的研究结论相同，随机波动率模型会对隐含波动率曲面造成影响，并且当标的资产价格和波动率的布朗运动具有一定相关性时，在某些情况下，利用标的资产的远期价格可计算得出隐含波动率的局部最小值。Heston（1993）在股价和具备随机性质的波动率互相存在相关性的假设下，给出欧式期权定价模型的解析方程式，并且给出了隐含波动率的偏斜特征。通过求解偏微分方程，可以得到期权定价的方程式，公式如下：

$$dX/X = \mu dt + \sigma dW_1$$
$$d\sigma^2 = \alpha(m - \sigma^2) dt + \beta \sigma dW_2 \tag{2-8}$$

其中，$\beta \geqslant 0$，且 $\beta$ 是一个常数，m 是 $\sigma$ 的长期平均值，$\alpha$ 是均值回复率。

Heston 还将随机波动率模型的理论推广到债券和外汇等其他标的资产期权的定价研究中。Lee（2001）认为，局部波动率和隐含波动率是期权不同执行价格的对数函数，他假设标的资产价格和波动率的运动轨迹是相互独立的布朗运动，并且随机波动率模型对波动率微笑曲线的形状有影响。随机波动率理论模型的优点是，与其他波动率模型相比，它们捕获了更丰富的经验特征集。随机波动率模型产生的收益分布与观察到的更接近。例如，与正态分布相比，收益率分布具备"厚尾""尖峰"的特征。同时，历史波动率的波动性明显高于局部波动率和时间波动率，这可以用随机过程更好地解释其原因。随机波动率模型说明了波动率对所测量的时间尺度的经验依赖，这在局部波动率或与时间相关的波动率下是不会发生的。

随机波动率模型也不是完美的。随机波动率模型引入了不可交易的随机性来源，具有标的资产和波动率两个随机源，这导致计算理论模型的困难度增加了很多。标的资产能够被对冲，但是具备随机性质的波动率风险无法被完全对冲，因此，无法再进行独特的价格选择或完全套期保值，会造成市场的不完备性。随机波动率模型在方程式的分析上往往较难处理，但实际上，随机波动率模型很少有期权定价的解析式，期权定价只能通过模拟计算。Romano 和 Touzi（1997）在后来的改进中认为，增加可交易资产的种类能够在一定程度上解决随机波动率模型自身的不完备性。为了解决随机波动率模型的不完备性，Davis（2004）提出一种新方法，他假定期权具有充足的流动性，在这个情况下，可推导出有限的完备随机波动率模型。Gatheral（2012）等提到，隐含波动率曲面在到期时间较短期权位置时，拟合效果不尽如人意。Fouque 和 Lorig（2011）进一步丰富了多时间尺度的随机波动率模型，主要是因为单时间尺度的随机波动率不能充分刻画波动率的运动轨迹。

（二）汇率参数模型

Zhang（1996）提出，期权的创新和发展有两个主要方向：一个方向是把两种或多种基本类型的奇异期权的收益函数进行组合，形成更具有扩展性的期权种类。例如，后文将提到的路径依赖型自动赎回期权、新合成的奇异期权具有更大的灵活性，能够满足期权投资者某些特定的投资或对冲需求。另一个方向是在标的资产的维度上创造新的奇异期权，标的可以由同类资产组成，也可以由不同类资产构成。例如，相关期权的回报取决于一种以上标的资产，包括股票、债券、货币、商品的混合产品。如果标的资产是不同种类的资产，则称为跨资产期权。

按照相关性影响期权收益的路径，可以分为第一顺序相关期权和第二顺序相关期权。如果相关性直接影响期权收益，这类相关性叫第一顺序，如价差期权（Spread Option）和优异表现期权（Out-Performance Option）。双币种期权的相关性具有第二顺序，因为相关性仅修正期权回报。它的收益函数如下：

$$Quanto = Fmax[wS_T - wK_f, 0] \tag{2-9}$$

其中，F 是预先定义的汇率，$S_T$ 是以外汇币种计价的到期日股票的价格，$K_f$ 是以外汇币种计价的执行价格，w 是股票的数量。

双币种期权的定价需要引入汇率和相关性参数，它是一种投资外国资产的期权工具，投资的收益取决于外国资产的变化，但不受不同货币之间汇率波动的影响。随着全球金融市场的不断发展，管理汇率造成的境外投资风险需求日益增强，我国在经济全球化中扮演着越来越重要的角色，因此，探讨符合中国市场环境变化下的路径依赖型双币种期权定价问题具备重要的研究和实践意义。Reiner（1992）最早分析了四种情况，均涉及证券和货币双重风险。Huang 等（1996）对美式货币转换期权做了定价。最常见的双币种期权是指以固定汇率兑换本国货币的外国证券期权。投资者可以通过双币种期权捕捉外国证券投资的上升机会，同时利用固定的汇率对冲期权的货币风险。在后来的研究中，学者们为刻画外国标的资产价格和汇率的运动轨迹，引入随机波动率模型、GARCH 模型、跳跃—扩散模型、缓增稳定过程等更加符合市场实际变化的过程，进而推导出双币种期权的定价模型，具体研究可见 Xu 和 Wu（2011）、Chen 等（2014）、Kim 和 Mittnik（2015）、Ulyah 和 Lin 等（2018）的研究。把双币种期权的优势与路径依赖型期权的特点相结合，不仅具有路径依赖型期权收益函数的多样变化，满足了对冲和投资需要的优点，还具备双币种期权跨币种投资和投资范围广泛的特点。Kwok 和 Wong（2000）提供了一个系统的框架，推导出了路径依赖型收益函数的不同欧式双币种期权的定价公式。路径相关的特征可以是与基础资产价格变动相关的障碍特征，也可以是期权在整个存续期内的汇率平均特征。后来，Dai 等（2004）讨论了多种路径依赖的双币种期权，还考虑将定价公式扩展到具有双币种功能的多个资产的极值期权。

部分国内学者对双币种期权的定价进行了研究。李亚琼（2009）建立了固定汇率和浮动汇率两种不同汇率制度下的双币种期权定价的研究框架，并得到了不同的双币种期权定价的解析式。黄国安和邓国和（2011）定义了两类双币种的重置期权，假设国内外利率为 Hull-White 模型，利用多维联合正态分布和鞅方法，推导了双币种重置型欧式看涨期权的定价模型。柳士峰（2010）在 Black-Scholes 理论的假设下，利用期权无套利的对冲原理、计价单位转换、随机微分等工具，对具有交易费用的双币种期权进行了定价研究。郭建果（2010）基于固定汇率制度，为了体现不同标的资产的不同波动率，他引入了新的摩擦系数概念，利用计价单位变化和风险中性概率进行测度，推导出了固定汇率制度下的双币种交换期权定价的解析式。关于双币种的路径依赖型期权研究，郭培栋和张寄洲（2006）提出使本国或本地区的利率模型遵循短期利率的假设，利用偏微分方程等工具推出三种亚式双币种期权的定价方程式。孙秀明和王玉文（2014）给出几何平均的亚式数字期权定价的解析式，这是双币种期权和亚式期权的结合。王雄（2004）在利率为常数的假设下，利用鞅方法推导出四种双币种障碍期权的解析方程式，这是双币种期权和障碍期权的结合研究。周媛（2010）在固定汇率制度下，把 VaR 方法作为风险度量工具，研究双币种期权对冲的风险管理。

# 第二节　路径依赖型期权定价模型

普通期权的收益取决于标的资产到期日价格和行权价格之间的相对大小，与到期日之前标的资产价格和波动毫无关系。标的资产价格的变动路径和期权价值有重要关系，而普通期权在这方面具有局限性，无法捕捉资产价格的变动。因此，路径依赖型期权（Path-Dependent Option）应运而生。捕捉标的资产价格变动的路径依赖型期权主要包括四类：障碍期权（Barrier Option）、亚式期权（Asian Option）、回望期权（Lookback Option）和远期起点期权（Forward Start Option)。郑小迎和陈金贤（2000）对路径依赖型期权进行了主要类型的总结，分析了不同类型的特征和定价机制。路径依赖型期权可以分为强路径依赖型期权和弱路径依赖型期权。如果期权定价的偏微分方程中需要添加新的独立路径依赖的变量，则属于强路径依赖型期权；如果不需要添加新的独立变量，则属于弱路径依赖型期权。

亚式期权的收益函数与期权在到期日之前的一段时间内的标的资产价格的平均值有关系，因此，在学术上也被称为平均价格期权。亚式期权在结算时不易受到可能的价格操纵，而且其收益通常比普通期权的波动性小。亚式期权的平均值可以通过多种方式定义：可以是算术或几何的，可以加权或不加权的，也可以通过连续或离散观测来计算。几何亚式期权的收益函数如下：

$$GeomOp = \max[wG(n) - wK, \ 0] \tag{2-10}$$

其中，$G(n) = (\prod_{i=1}^{n} P_i)^{\frac{1}{n}}$，代表观察价格的几何平均值；K 是执行价格。对于算术亚式期权，其公式如下：

$$ArithDp = \max[wA(n) - wK, \ 0] \tag{2-11}$$

其中，$A(n) = \frac{1}{n} \sum_{i=1}^{n} P_i$，代表观察价格的算术平均值。

Fouque 和 Han（2004）使用快速均值回归随机波动率模型，通过 Kolmogorov 方程推导出单参数亚式期权定价模型所要求的倒向抛物型偏微分方程，并给出相应的亚式期权定价解析式。Fouque 等（2003）、Vecer 和 Xu（2004）、Firth 等（2004）在他们的研究基础上，进一步修正标的资产的快速均值回归随机波动率模型，在应用 Feynman-Kac 公式的同时，加入一个相对慢时间尺度的变化因子，推导出 Black-Scholes 模型框架下的亚式期权定价解析式。

障碍期权于 1967 年开始在美国市场上交易，可能是最早的路径依赖型期权。Donaldson、Lufkin 和 Jenrette 在 20 世纪 70 年代早期引入了向下敲出期权的概念。Hudson（1991）对如何使用障碍期权进行了讨论，他提出，障碍期权有敲入和敲出结构，根据结算价格从障碍价格的上方还是下方突破都会有所不同，结合看涨属性和看跌属性，共有八种障碍期权。Benson 和 Daniel（1991）认为，障碍期权为投资者提供了难以得到的两点优势。第一个优势是它们比普通期权便宜，这是因为敲入结构及其相应的敲出结构的期权费用之和与相应的普通期权相同。第二个优势是在股票期权交易量较低的时候增加了便利性，提供了更便宜的风险敞口的对冲方法，而无须支付他们认为不太可能发生的价格范围。

在障碍期权的定价研究中，Reine（2000）创造了快速傅里叶变换法，优化了障碍期权复杂的解析公式，但是在大部分情况下，找到合适的解析式依然有着较大的计算难度。Ndogmo 和 Ntwiga（2011）推导出更快、更准确的方法，该方法使用概率论对期权边界条件进行最优确定，推导出高阶隐式的有限差分法用于障碍期权的定价研究。Mazzoni（2014）的方法有了进一步完善，比传统的计算效率和准确率更高，他推导出了具有分布式逼近特征的 Feynman-Kac 公式，解决了复杂障碍特征的期权定价问题。随着障碍期权的收益函数越来越复杂，找到精确的解析式的计算过程变得更加困难，运用数值方法寻找求解过程成为学者们新的研究方向。在 Milev、Tagliani（2010）的研究中，假设函数积分的维数等于期权的观察日数量，把离散的双障碍期权定价简化为多维积分的估计函数。当标的资产价格位于障碍价格附近时，采用数值算法的思想快速计算结果，实验证明该方法有着较高的准确率。Shevchenko 和 Dec Moral（2017）也使用了数值算法，把蒙特卡罗模拟方法应用到离散障碍期权的定价研究中。

回望期权的收益函数不仅与结算的价格相关，还与期权在一定时期内标的资产最高或最低的价格有关。回望期权可以分类两类：浮动回望期权和固定回望期权。由于浮动回望期权的收益最高，也称之为"不后悔期权"。具体来说，浮动式行权价的回望看涨期权的收益函数是在期权定价期间结算价与标的资产最低价格的差额。浮动式行权价的回望看跌期权的收益函数是在期权定价期间最高价格与相关资产的结算价格之间的差额。因此，这类看涨期权和看跌期权的收益等于它们可能实现的最大收益。公式如下：

$$\text{Float Call} = \max[S_T - m_t^T, \ 0]$$

$$\text{Float Put} = \max[M_t^T - S_T, \ 0] \tag{2-12}$$

其中，$S_T$ 是股票的到期价格，$m_t^T$ 是股票观察期内最低的价格，$M_t^T$ 是股票观察期内最高的价格。固定式行权价的回望看涨期权或看跌期权的收益函数是在有效期内期权标的资产的最高价格与固定执行价格的差额，或者是固定执行价格和标的资产的最低价格的差额。公式如下：

$$FxCall = max\left[ M_t^T - K,\ 0 \right]$$

$$FxPut = max\left[ K - m_t^T,\ 0 \right] \tag{2-13}$$

正如 Goldman、Sosin 和 Gatto（1979）所指出的，回望期权可以用某种方式吸引投资者进行低价买入和高价卖出，以最大程度地降低错失最佳投资时点的后悔可能性。但是，"没有免费午餐"的原则保证了这些期权的价格十分昂贵。回望期权的高溢价阻止了它们在实际投资中的广泛使用。部分回望期权（Partial Lookback Options）的出现正是为了解决回望期权费用过高的问题。和标准回望期权不同的是，部分回望期权只有部分极值有效，或者在期权生命周期的子集中监视极值，使其扩展性降低。Conze（1991）研究了如何定价欧式和美式的部分回望期权。Heynen 和 Kat（1995）在后续的研究中给出了部分回望期权的定价解析式。Goldman、Sosin 和 Gatto（1979）在假设连续时间的框架下，基于 Black-Scholes 模型的条件假设推导出了欧式期权情形下，浮动执行价的回望期权定价方程式。Broadie（1999）进一步完善了离散时间框架下的解析式，对前者工作的推广研究形成了很好的补充。关于离散时间框架下的研究工作，Babbs（2000）等提出了基于二叉树模型的定价方案。

前文也提到了 Black-Scholes 期权定价模型框架的假设存在不足的地方，后续的研究重点集中在有些假设条件的改进和完善方面。Walsh（1999）从波动率模型出发，利用 GARCH 模型讨论了波动率的非对称性。Forsyth 等（1999）和 Wilmott（1994）在 Walsh 的研究基础上加入随机波动率模型相同的偏微分解析式。Wong 和 Chan（2007）的观点是波动率可能由两个随机过程驱动，他以此为假设分析回望期权的动态套期保值问题。Ballestra 等（2007）参考 Heston 关于随机波动率的思想，得出路径依赖型期权基于数值方法的定价方案。Khaliq、Voss 和 Yousuf（2007）认为，Ballestra 等采用的数值方法是创新的，但是可能存在一定问题。这是因为路径依赖型期权的收益函数并不连续，不平滑的收益使数值方法对计算精度影响较大，而且计算方差的收敛效果不尽如人意。Lai 和 Lim（2004）使用数值方法提出美式期权的浮动执行价的回望期权的定价方案，通过计价单位的变换，使期权定价只与单一变量相关，从而简便求解过程。Wilmott（2013）认为，在 Black-Scholes 期权定价模型框架下，标的资产的最高价格或最低价格以参数形式在改变边界条件的情况下，可以推导出回望期权定价的解析式。

在路径依赖型期权中，在场外非常流行的是一种自动赎回票据，也称为自动触发结构。近年来，它们占据了我国场外期权交易市场的很大份额。在其标准格式中，自动赎回票据是与基础风险资产（通常是单只股票、一篮子股票或股票指数）挂钩的票据，并且没有固定期限。所谓的自动赎回票据的到期日实际上是该产品可以存活的最长持续时间，在美国通常为 2~5 年，在中国通常为半年到两年。合同中预先规定了产品周期内的几个观察日期。在每个观察日期，如果标的资产价格等于或高于预定水平（通常称为自动敲出障碍价格），则发行人将本金连同息票一起返还给票据持有人。如果没有提前赎回，则票据继续进行至下一个观察日，在该日期内也可以提前赎回。一些自动赎回票据内嵌了存储收益的功能，也称为"雪球"效果。收益具有记忆累计功能，如果满足所有先决条件，则该产品将支付在先前观察日期尚未支付的所有票息。

假设单一标的变量的情况，$S_t$ 为描述标的价格的演变，令 $(S_1, \cdots, S_m)$ 为在观察日期 $(t_1, \cdots, t_m)$ 内按时间顺序的价格序列。如果仅考虑 Black-Scholes 期权定价模型，即假定 $S_t$ 遵循几何布朗运动，其中，$\mu = r-b$，$r$ 是无风险利率，$b$ 是股利收益率，$\sigma > 0$ 是恒定波动率，$W_t$ 是标准的布朗运动。公式如下：

$$S_{j+1} = S_j \exp\left(\left(\mu - \frac{\sigma^2}{2}\right)(t_{j+1}-t_j) + \sigma\sqrt{t_{j+1}-t_j}\, Z_j\right) \quad (j=0, \cdots, m-1) \tag{2-14}$$

其中，$Z_j$ 具有独立标准正态分布，$t_0$ 和 $S_0 = s_0$ 是当前时间和标的价格。单变量自动赎回结构的折现收益为：

$$Q(S_1, \cdots, S_m) = \begin{cases} e^{-r(t_j-t_0)} Q_j & \text{if} \quad S_i/S_{ref} < B \leq S_j/S_{ref} \quad \forall i<j \\ e^{-r(t_m-t_0)} q(S_m/S_{ref}) & \text{if} \quad S_j/S_{ref} < B \quad \forall j=1, \cdots, m, \end{cases} \tag{2-15}$$

其中，$Q_j$ 表示如果标的资产价格在时间 $t_j$ 的表现 $S_j/S_{ref}$ 首次大于观察日期的障碍价值 B，则支付的一个固定收益。参考值 $S_{ref}$ 可以是自动赎回结构在发行日的标的价格。如果标的资产价格在所有观察日的表现 $S_j/S_{ref}$ 都保持在障碍价格以下，那么期权的持有者将根据最终表现 $S_m/S_{ref}$ 获得赎回收益 q。注意，如果障碍水平取决于观察日期，则以下所有条件均成立。在当前时间 $t_0$ 处，此类自动赎回期权的期权价值 $PV_{t_0}$ 可以由其期望值的折现收益得出，公式如下：

$$PV_{t_0} = E[Q(S_1, \cdots, S_m)] \qquad (2-16)$$

$PV_{t_0}$ 是蒙特卡罗计算的期望值，通过对随机变量 $(S_1, \cdots, S_m)$ 中一系列可能的实现路径 $(s_{1,n}, \cdots, s_{m,n})$ 进行采样，$n = 1, \cdots, N$，并通过计算全部采样结果的平均收益 $PV_{t_0}$，

$$\frac{1}{N} \sum_{n=1}^{N} Q(s_{1,n}, \cdots, s_{m,n}) \qquad (2-17)$$

尽管它们在市场上得到了广泛的使用，但是关于自动赎回票据的学术研究并不多。对于特定类型的自动赎回票据，Reder（2005）在标准假设下，即期权价格由几何布朗运动作为标的资产的随机过程的折现预期收益来描述，给出了已解决的解析式方案。但是，这些解决方案需要评估多元累积正态分布，其维数取决于标的数量和观察日期数量的乘积。Fries 和 Joshi（2008）为了计算具有不连续支出的自动赎回票据的价格，介绍了某些基本理论。Brandimarte（2001）的研究得出，在绝大部分情况下，不存在可解决的解析解方案，因此，这些自动赎回票据与其他路径依赖型期权的定价方案不同。

Bouzoubaa 和 Osseiran（2010）提出，自动赎回票据可能是涉及各种收益的路径依赖型期权，描述了各种收益并分析了风险管理问题，因此，建议使用蒙特卡罗模拟作为定价的通用方法。Deng、Mallett 和 Mccann（2016）提出，可以通过使用有限差分法把 Black-Scholes 期权定价模型改写成一个灵活的偏微分方程，以计算具有离散日期的自动赎回结构。这个方法的思想非常有效，因为可以使用众所周知的方法来解决自动赎回结构的定价问题，而无须模拟任何情况即可确定此类产品的预期价格。该方法不足的地方是只能解决单一标的结构，这种具有单一标的资产的产品仅占自动赎回结构市场的少部分，方法论的可扩展性不足。但

该方法值得一提的是，即使仅在某些特殊情况下存在封闭形式的解决方案，也可以作为改进蒙特卡罗模拟的有效输入。自动赎回结构引起的定价问题的分析解决方案并不多见，随着计算机容量的增加，蒙特卡罗模拟在定价期权中变得越来越流行，因为该方法直观反映了可能的最终结果。Alm 等（2013）结合 Glasserman 和 Staum（2001）所做的工作，使用了蒙特卡罗模拟来计算自动赎回结构的价值。本节受此启发，给出在路径依赖型期权中十分活跃的，具有离散观测日期的，收益函数十分灵活的自动赎回结构的定价方法和敏感性分析方案，以解决其定价问题。

# 第三节　期权定价方法综述

学术上寻找期权定价方法通常有两个大方向，早期主要是通过解析式的工具找到期权定价的封闭表达式（Closed Form），后期开始进行数值方法（Numerical Methods）领域的研究。在第一个方向中，期权定价的解析解方案主要有 Black-Scholes 期权定价模型和求解偏微分方程两种定价工具。解析解方案的推导过程主要有两种思路和方法，分别是无套利定价和风险中性定价。有时在简单的情况下可以明确得出偏微分方程。例如，基于 Black-Scholes 期权定价模型的随机微分方差，几何布朗运动表达式为：

$$dS(t) = rSdt + \sigma SdW(t) \tag{2-18}$$

其中，r 是恒定的无风险利率，$\sigma$ 是恒定的波动率。根据 Kloeden 和 Platen（2013）的研究中提到的 Ito 公式，$X \equiv \log S$ 相应的随机微分方程式为：

$$dX(t) = \left(r - \frac{1}{2}\sigma^2\right)dt + \sigma dW(t) \tag{2-19}$$

根据初始条件 $X(0) = X_0 = \log S_0$，可以积分得到如下结果：

$$X(T) = X_0 + \left(r - \frac{1}{2}\sigma^2\right)T + \sigma W(T)$$

$$S(T) = S_0 \exp\left(\left(r - \frac{1}{2}\sigma^2\right)T + \sigma W(T)\right) \tag{2-20}$$

在这种情况下，某些收益函数的期望值 P = f（S（T）） 可以表示为：

$$V \equiv \mathbb{E}[f(S(T))] = \int f(S(T))p_W(W)dW$$

$$p_W(W) = \frac{1}{\sqrt{2\pi T}}\exp\left(-\frac{W^2}{2T}\right) \tag{2-21}$$

其中，$p_W$（W） 是 W（T） 的概率密度函数。通过变量的更改，期望值也可以表示为：

$$V \equiv \mathbb{E}[f(S(T))] = \int f(S)p_S(S)dS$$

$$p_S(S) = \left(\frac{\partial S}{\partial W}\right)^{-1}p_W = \frac{1}{S\sigma\sqrt{2\pi T}}\exp\left(-\frac{1}{2}\left(\frac{\log(S/S_0) - \left(r - \frac{1}{2}\sigma^2\right)T}{\sigma\sqrt{T}}\right)^2\right) \tag{2-22}$$

其中，$p_S$（S） 是 S（T） 的对数正态概率密度函数。这两种形式之间的重要区别在于参数 $S_0$、r 和 σ 通过 S（T） 的定义进行积分，而后他们通过概率密度函数 $p_S$（S） 的定义进行区分。

蒙特卡罗模拟是常见的数值方法，路径依赖型期权的收益函数与标的资产价格的行动路径有关。因此，在复杂的情况下，很难从 Black-Schole 模型中找到定价的解决方案。蒙特卡罗模拟的思想是，假定样本空间符合随机分布的性质，对样本进行随机抽样并计算平均值，来近似代替整个随机分布空间的期望值。相比二叉树模型，蒙特卡罗模拟的优势体现在它的有效性和灵活性上，兼顾处理多个标的资产的情况，或者具有多个风险因子的路径依赖型期权的定价问题。最早在期权定价的解决方案中引入蒙特卡罗模拟思想的是 Boyle 和 Ananthanarayanan（1977），他还利用了方差缩减技术提高定价的效率，综合了对偶变量方法和控制变量两种手段来减少定价的方差，并应用在有股息的欧式看涨期权的定价中。令 I 定义为域 Ω 的积分方程式 f（S），具体如下：

$$I = \int_{\Omega} f(S)DS \tag{2-23}$$

这里，假定 f（S）是平方可积分的，蒙特卡罗的期望值的积分形式可以表达为：

$$I_N = \frac{1}{N} \sum_{i=1}^{N} f(S_i) \tag{2-24}$$

其中，$S_i$ 是分布在域 $\Omega$ 中的独立样本，在这里，域 $\Omega$ 可以是多维的。因此，对 $I_N$ 的期望是：

$$\mathbb{E}[I_N] = \mathbb{E}\left[\frac{1}{N}\sum_{i=1}^{N} f(S_i)\right] \tag{2-25}$$

由大数定律（Law of Large Numbers）可以确保蒙特卡罗的期望值收敛到积分的真实值，对于有限的 N，期望值的误差可以表示为期望值 $I_N$ 的方差，即：

$$\lim_{N \to \infty} I_N = I$$

$$\mathrm{Var}[I_N] = \mathbb{E}[(I_N - \mathbb{E}[I_N])^2] = \mathbb{E}\left[\left(\frac{1}{N}\sum_{i=1}^{N} f(S_i)\right) - I^2\right] = \frac{\sigma^2(I)}{N} \tag{2-26}$$

其中，$\sigma^2(I)$ 是 I 的标准偏差，N 是样本数，$\mathrm{Var}[I_N]$ 是 $I_N$ 的标准差为 $\frac{\sigma^2(I)}{N}$。

Brennan 和 Schwartz（1978）在美式期权定价时使用了有限差分方法。有限差分方法是数值方法中最为直接和简单的方法，其目的是为了避免直接求解微分方程的困难处。不幸的是，这可能导致蒙特卡罗算法给出不稳定或不准确的模拟结果。蒙特卡罗模拟自身的不足是向前模拟，如果遇到具有向后迭代特征一类的美式期权定价问题，就会受到制约。Tilley（1993）初步解决了这个问题，他给出具有提前执行特征的美式期权定价方案。此后，陆续有更多的解决方法被提出。Barraquand 和 Martinean（1995）分隔了标的资产价格的状态空间，目的类似于二叉树模型的思想，计算不同区域内每条运动轨迹的概率，然后采用逆推求解定价。Raymar 和 Zwecher（1997）在 Barraquand 和 Martinean 的思想上进一步改进，对定价的准确度进行了不错的完善。

在计算金融中，蒙特卡罗模拟更重要的是能够计算所谓的希腊字母（Greeks），即相对于输入参数（如当前资产价格、利率和波动水平），期权价格的一阶导数和二阶导数。数学模型是根据市场上观察到的实际价格校准的，所以说期权定价很大程度上取决于大量频繁交易的市场价格。蒙特卡罗模拟起的至关重要作用的是，期权价值对各种输入参数变化的敏感性（Sensitivity）。例如，Delta 和 Gamma 是相对于当前资产价格的一阶导数和二阶导数，对于对冲套利和风险分析都是必不可少的，有时甚至使用更高阶的导数。本书简要介绍了蒙特卡罗模拟和随机微分方程，提出了三种计算希腊字母的主要方法：有限差分方法、路径敏感性方法和似然比法。路径敏感性方法可以以非常低的成本计算大量输入参数的敏感性，Giles 和 Glasserman（2006）的研究首次在蒙特卡罗模拟中引入了这种技术，引起了金融业的极大兴趣。

下面简述几种方法的计算过程，将时间间隔 [0，T] 分为大小为 h = T/N 的 N 个时间步长。在下面等式中，用近似值 $\hat{S}_N^{(j)}$ 替换 $S^{(j)}$ 在随机微分方程的近似值中第 N 个时间步长结束时的价格。最简单的近似方法是欧拉离散化（Euler Discretisation），公式如下：

$$S^{(m)} = S_0 \exp\left(\left(r - \frac{1}{2}\sigma^2\right)T + \sigma W^{(m)}\right)$$

$$\hat{S}_{n+1} = \hat{S}_n + a(\hat{S}_n, t_n)h + b(\hat{S}_n, t_n)\Delta W_n \tag{2-27}$$

其中，Brownian 增量 $\Delta W_n$ 是均值为零且方差为 h 的独立正态变量。因此，每个路径涉及 N 个随机输入 $W_n$，以产生一个随机路径的输出 $\hat{S}_n$。如果把 V（θ）定义为一个特定的输入参数，在收益函数中，f（S（T））的期望值出于对冲的目的和风险分析，经常要给出合理的价值 $\partial V/\partial\theta$ 和 $\partial^2 V/\partial\theta^2$。最简单的方法是使用有限差分近似法，公式如下：

$$\frac{\partial V}{\partial \theta} \approx \frac{V(\theta + \Delta\theta) - V(\theta - \Delta\theta)}{2\Delta\theta}$$

$$\frac{\partial^2 V}{\partial \theta^2} \approx \frac{V(\theta + \Delta\theta) - 2V(\theta) + V(\theta - \Delta\theta)}{(\Delta\theta)^2} \tag{2-28}$$

这种方法的缺点是计算量大，对于每个输入参数 θ，都需要两组额外的蒙特卡罗模拟，并且在选择 Δθ 时必须小心。如果太大，则有限差分近似误差会变得很大，并且有可能导致收益函数 f（S（T））不可微分，方差会变得非常大。似然比法可以通过微分方程计算最终概率分布，公式如下：

$$\frac{\partial V}{\partial \theta} = \int f \frac{\partial p_s}{\partial \theta} dS = \int f \frac{\partial (\log p_s)}{\partial \theta} p_s dS = \mathbb{E}\left[ f \frac{\partial (\log p_s)}{\partial \theta} \right] \qquad (2-29)$$

该方法的最大优点是不需要区分 f（S（T）），它适用于收益不连续的情况，并且还简化了实际实施步骤。也可以使用似然比方法计算二阶导数通过，两次微分计算得出：

$$\frac{\partial^2 V}{\partial \theta^2} = \int f \frac{\partial^2 p_s}{\partial \theta^2} dS = \mathbb{E}[ fg ] \qquad (2-30)$$

定义所谓的"分数"（Score）g 为：

$$g = p_s^{-1} \frac{\partial^2 p_s}{\partial \theta^2} = \frac{\partial^2 \log p_s}{\partial \theta^2} + \left( \frac{\partial \log p_s}{\partial \theta} \right)^2 \qquad (2-31)$$

似然比方法的一个缺点是，它要求 $\partial S / \partial W$ 不为零，并且在多维度情况下，它是一个可逆矩阵。在随机微分方程式具有最终概率分布的情况下，路径敏感性方法将式（2-21）进行微分，得到：

$$\frac{\partial V}{\partial \theta} = \int \frac{\partial f}{\partial S} \frac{\partial S(T)}{\partial \theta} p_W dW = \mathbb{E}\left[ \frac{\partial f}{\partial S} \frac{\partial S(T)}{\partial \theta} \right] \qquad (2-32)$$

这里，偏导数 $\partial S（T）/ \partial \theta$ 是在固定的 W 下求值。与 LRM 不同，此方法非常自然地推广到路径计算中，将欧拉离散化与固定的 Wiener 路径增量按时间步长进行微分，以计算灵敏度。更改输入参数 $\theta$ 用以计算敏感性，对方程式（2-27）进行微分，得到：

$$\frac{\partial \hat{S}_{n+1}}{\partial \theta} = \left( 1 + \frac{\partial a}{\partial S}h + \frac{\partial b}{\partial S}\Delta W_n \right) \frac{\partial \hat{S}_n}{\partial \theta} + \frac{\partial a}{\partial \theta}h + \frac{\partial b}{\partial \theta}\Delta W_n \qquad (2-33)$$

通过计算得到的 $\partial \hat{S}_n / \partial \theta$，从中我们也得到了一阶导数灵敏度的蒙特卡罗估计，即作为 M 条独立的路径灵敏度计算的平均值，公式如下：

$$\frac{\partial \hat{V}}{\partial \theta} = M^{-1} \sum_m \frac{\partial f}{\partial S}( \hat{S}_N^{(m)} ) \frac{\partial \hat{S}_N^{(m)}}{\partial \theta} \qquad (2-34)$$

通过二次微分可以获得二阶导数的灵敏度。路径敏感性方法的关键局限是漂移和波动率函数以及收益函数 f（S）所需的微分性。漂移和波动率函数通常可以二次微分。但是，收益函数通常是不连续的，因此，不满足敏感性的一阶导数的连续性和局部有分段收益函数的可微性。路径敏感性方法计算的估计值的方差比似然比法估计值低得多，因此，计算效率更高。

在大多数金融机构和学术界，多个状态变量的情景很常见，如具有随机利率或随机波动率的期权，或具有多个资产的期权。多维模型是普遍使用的模型，但是只有在一些特殊情况下才能找到此类问题的解析解，因此，数值方法具有很大的优势，具体见 Jäckel（2002）的研究，尤其是在各种因素之间存在相互依赖关系时。相关性矩阵的问题也出现在金融的几个重要领域。但是在通常情况下，数值技术会遭受"维数诅咒"。经典积分规则被认为是一维积分的迭代，因此，存在对维数的依赖，误差界限被确定为 O（$N^{-1/d}$），这意味着增加维数 d 所需的计算量将成倍增加。多维积分的低效率始终是一个缺点。蒙特卡罗的误差标准为 $1/\sqrt{N}$，它不受"维数诅咒"的困扰，这使蒙特卡罗积分成为高维积分的首选方法，请参阅 Oosterlee（2003）的研究。对于具有相关性的高维模型，蒙特卡罗方法相对简单。对于需要多个随机因子的模型，下面演示根据标准布朗运动生成相关随机过程的情景。对标的资产的独立路径 $\epsilon_i \sim N$（0，1）进行采样，它是一系列独立的标准正态分布的变量，可以用生成相关随机变量的办法来简化生成相关随机过程的问题。假设在给定相关系数的情况下生成具有相关性矩阵 C 的随机变量（$Z_i$，i=1，…，n），其中，$c_{ij}=c_{ji}$ 和 $c_{ii}=1$。

由于 C 是一个正对称矩阵，因此，始终存在一个带有 $AA^T=C$ 的下三角矩阵 A，其中，$A^T$ 是 A 的转置，选择独立随机变量（$\epsilon_i$，i=1，…，n），使得 $A\epsilon$。很容易证明，$Z=A\epsilon$。Charles 和 Van（1997）指出，获得 A 的过程称为 Cholesky 分解。Cholesky 因式分解基本上将正定矩阵分解为上下三角矩阵，即 $C=AA^T$，A 是具有正对角线的下部三角矩阵的元素，也被称为 Cholesky 三角形。为推导出 $C=AA^T$，我们只需等式两边的系数相等，如下：

$$\begin{pmatrix} c_{11} & c_{12} & \cdots & c_{1n} \\ c_{21} & c_{12} & \cdots & c_{1n} \\ \vdots & \vdots & \ddots & \vdots \\ c_{n1} & c_{n2} & \cdots & c_{nn} \end{pmatrix} = \begin{pmatrix} a_{11} & 0 & \cdots & 0 \\ a_{21} & a_{12} & \cdots & 0 \\ \vdots & \vdots & \ddots & \vdots \\ a_{n1} & a_{n2} & \cdots & a_{nn} \end{pmatrix} \begin{pmatrix} a_{11} & a_{21} & \cdots & a_{n1} \\ 0 & a_{12} & \cdots & a_{n2} \\ \vdots & \vdots & \ddots & \vdots \\ 0 & 0 & \cdots & a_{nn} \end{pmatrix} \quad (12-35)$$

为了解决这些不等于零的不确定变量，对于 j=1，…，n 和 i=j+1，…，n，我们得到：

$$a_{jj} = \sqrt{\left(c_{jj} - \sum_{k=1}^{j-1} a_{jk}^2\right)} ，\ a_{ij} = \left(c_{ij} - \sum_{k=1}^{j-1} a_{ik}a_{jk}\right) / a_{jj} \qquad (2-36)$$

例如，利率可以与标的资产一样是随机的，其过程通过模拟利率过程来获得，给出假设：

$$dr(t) = \mu(t,\ r(t))dt + \sigma(t,\ r(t))dZ_t \qquad (2-37)$$

其中，$Z_t$ 是一个标准布朗运动的增量，$\mu(t,\ r(t))$ 和 $\sigma(t,\ r(t))$ 是关于 $r(t)$ 的函数，标的资产的随机微分方程为：

$$dS(t) = a(S(t),\ t)dt + \sigma(S(t),\ t)AdW_t \qquad (2-38)$$

其中，$dW_t$ 是标准布朗运动的增量，$dW_t$ 和 $dZ_t$ 与 $E[dW_t dZ_t] = \rho dt$ 相关。使用 Cholesky 分解，方程式可写为：

$$r_k(t_{i+1}) = r_k(t_i) + \mu(r_k(t_i),\ t)\Delta t + \sigma(r_k(t_i),\ t)\sqrt{\Delta t}\left(\rho\epsilon_i + \sqrt{1-\rho^2}\,\epsilon'_i\right) \qquad (2-39)$$

其中，$\epsilon_i$ 和 $\epsilon'_i$ 是独立的标准正态变量。可以将更多随机因素添加到模型中，当多个随机因素相关时，使用 Cholesky 分解的概念可以容易地处理更复杂的模型。

Longstaff 和 Schwartz（2001）的研究首次提到最小二乘蒙特卡罗法（Least-Square Monte Carlo，LSM），它是具有后向迭代搜索特征的期权定价方法。该方法不但可以为美式期权定价，还可以为障碍期权、回望期权、亚式期权等路径依赖型期权定价。"最小二乘"来自平方偏差的概念，目的是找到参数的数值，在给定的一组数据中，计算最小化参数与模型之间的平方偏差之和。Draper 和 Smith（1998）证明，基于最小二乘的估计是最大似然估计，也是最小方差无偏估计。假设 N 个样本数据 $\{(x_k,\ y_k),\ k=1,\ 2,\ \cdots,\ N\}$ 需要拟合执行价格边界的线性（或非线性）函数，选择 J 个线性独立的函数 $L_i(X)$，$i=1,\ 2,\ \cdots,\ J$，然后将 $L(X)$ 的线性组合定义为：

$$f(X) = \sum_{i=1}^{J} a_i L_i(X) \qquad (2-40)$$

其中，$X = (X_1,\ X_2,\ \cdots,\ X_N)$，$a_i$ 是可调系数，最小二乘拟合是在 N 个样

本数据中，对每一个评估函数 f（X）进行误差最小化，公式如下：

$$\sum_{k=1}^{N} (y_k - f(x_k))^2 \tag{2-41}$$

请注意，这种最小化会同等地对待所有 $x_k$，并且会极大地惩罚较大的偏差。通过最小二乘拟合，在时间 t 处针对给定信息的连续值可以很好地进行预估，这是蒙特卡罗方法克服早期行权问题的关键。

自从 Longstaff 和 Schwartz 提出 LSM 方法后，越来越多的学者开始对这一方法加以研究或改进。Clément、Lamberton 和 Protter（2002）重点分析了 LSM 算法的收敛速度。Rasmussen（2002）在蒙特卡罗模拟的过程中加入了欧式期权的贴现值，把模拟方差当作控制的参数变量，目的是优化策略的执行。Moreno Navas（2003）使用 Rasmussen 提出的方法研究了美式看跌期权的定价方案，得到的数值分析结果证明了在基础函数的选择上，采用最小二乘蒙特卡罗法得到定价结果的稳健性效果更好。

# 第四节　期权定价的风险度量

风险价值或风险度量的概念 VaR（Value at Risk）来自基于统计分析的风险测度，它的思想是把不同市场因素和不同资产组合的风险进行汇总，通过不同风险来源之间可能存在的相互作用，利用概率论和统计工具，用具体的数值来度量风险的大小和发生的概率。由于 VaR 的度量可以得到相对准确的风险暴露，并且可以用一个简单的数量值来反映金融市场投资组合之间不同风险资产彼此动态的影响，因此，VaR 的概念自提出以来一直受到学术界和应用领域的认可。1952年，Markowitz 提出均值方差投资组合模型，他的思想是将投资组合的方差作为度量风险的指标来代替主观推断可能造成的误差，被认为是最早 VaR 思想的来源。1994 年 12 月，Till Goldimann 正式提出 VaR 的概念。摩根大通银行于 1996

年正式发表正态分布假设下基于 VaR 的风险度量模型和相关计算过程的技术文件。国际金融监管机构，如国际清算银行和巴塞尔银行监管委员会、国际互换与衍生品协会（International Swap and Derivatives Association，ISDA），都支持使用 VaR 工具来测量和评估金融市场各种投资组合的风险。

从此，国外学者对 VaR 的研究提出了不同的方法，Butler（1996）在历史模拟法的基础上，提出基于核估计（Kernal Estimation）的风险测度工具。随后，Hull 和 White（1998）对历史模拟法进行修正，他们的想法是比较风险资产在当前的波动率数值和历史上的波动率数值，从而通过修正历史数据来体现当前市场的变化。Dowd（1998）的工作是研究处于长时期内的风险资产 VaR 的计算方法，他希望减少平方根法对长期限投资组合风险值的预测依赖。因此，他侧重于数据的优化，选择收益率的尾部超过某个阈值的数据进行建模，而不是对整个资产组合的全部收益率数据进行统计分析和计算。

在风险值的业务实践中，Campbell 等（2001）将风险度量的计算工具运用到资产配置的应用的和投资组合的定价问题上。Frey 和 Mcneil（2002）提出基于 VaR 的组合信用风险模型，将风险价值和期望损失（Expected Shortfall，ES）的工具应用到投资组合的信用风险上。在股市投资和基金等投资领域，也开展了风险值 VaR 的应用研究。Bacmann 和 Gawron（2004）通过使用 VaR 和 ES 定量分析工具并结合极值理论，研究混合投资组合的风险，包括中性套利基金、股票和债券的混合基金，实验结果证明了中性策略的基金风险，由于多空是匹配的，当市场发生极端情况时，受到的损失和影响是最小的。

风险价值度量的方法在金融衍生工具，特别是期权风险的应用方面，不少学者给出很有参考意义的研究。Penza 和 Bansal（2001）对 VaR 的各种模型计算进行了全面综述，包括 VaR 模型在度量市场风险方面的应用，以及在评估和度量期权等金融衍生品风险方面的应用。关于 VaR 模型在计算准确度和时间效率方面的研究，Castellacci 和 Sicalri（2003）提出的 Delta-Gamma 方法推导出了二次组合模型。关于 VaR 模型在极端条件下的研究，Gencay 和 Selcuk（2003）提出的 VaR 极值模型方法引入了极值理论计算风险度量值，在准确度上有一定的保证。在期权定价的风险管理中，如何选择期权的执行价格成为一些学者的研究课题。Ahn 和 Boudoukh（1999）在 Black-Scholes 期权定价模型的假设下，讨论了如何通过购买看跌期权来控制风险值最小化的管理方法。Ahn 和 Boudoukh 运用参数法、历史模拟法、蒙特卡罗模拟等风险值计算工具分离期权定价的参数，研究不同因素对期权定价的风险度量的影响。Deelstra 等（2007）在 Ahn 的研究基础上，在购买看跌期权和确定对冲成本假设下，转换风险度量值在尾部的风险，以此来最小化零息债券的风险值，并得到最佳的对冲模型。关于风险值度量在期权风险管理中的分类，Jorion（2000）将其归为两大类，一类是包括 Delta-Normal、Delta-Gamma、Linear VAR、方差—协方差法（Variance-Covariance Method，VAR）等在内的局部评价法（Local Valuation Methods），另一类是完全评价法（Full Valuation Methods）。

国内学者对于期权定价模型的修正和风险价值模型的构建也有相关的研究。关于金融监管中风险价值的应用，刘宇飞（1999）给出风险值分析的三种方法的介绍和应用的前景。关于风险价值的综述，王春峰等（2000）从风险管理的角度介绍了风险值模型的理论推导和模型计算，为国内其他学者研究风险值模型的最新理论和应用进展提供了宝贵建议。关于我国投资银行和证券市场的风险价值度量的实证研究，朱立芬（2006）提出用风险价值模型来度量金融市场投资组合的风险，并以此为标准分析风险价值理论和模型在未来市场风险管理中的应用前景。

# 第五节　本章小结

本章首先对国内外有关期权定价理论的研究进行了综述，回顾了经典期权定价理论的发展历史和学者对定价模型假设的不断修正，对定价参数的相关研究进行了总结。在定价参数的研究中，本章分析了 Black-Scholes 期权定价模型理论中常数波动率假设的不足，分析了有关局部波动率模型和随机波动率模型等其他波动率模型的研究文献。另外，介绍了双币种期权诞生的背景，引入了汇率和相关性定价参数研究，以及和路径依赖型期权相结合的研究。

在期权定价模型中，标的资产的分布和标的资产波动率的估计是一个重要的问题。本章参考的众多文献都有证据表明标的资产价格的时间序列，在分布的形态上存在"尖峰"和"厚尾"的特点，或者波动率存在聚类现象，这与 Black-Scholes 期权定价模型理论存在矛盾。另外，研究发现，通过期权真实交易的市场数据反推得到的隐含波动率，会随着期权的到期日期和合约的执行价格发生系统性的曲面变化，呈现波动率微笑曲线和"偏斜"现象。由此，学者们开始在波动率模型的假设上寻找更加符合真实市场的理论模型。模型分析框架可以分为连续时间模型和离散时间模型；改进波动率参数模型的研究也有两大类，一类是包括 CEV 模型、局部波动率模型等在内的确定波动率模型，另一类是包括 Heston 模型在内的随机波动率模型。波动率参数是唯一无法直接观测得到的定价因素，所以如何选择合适的波动率模型为路径依赖型期权定价是本章的研究问题之一。

本章对具有代表特征的、不同的路径依赖型期权定价模型进行总结，并对其收益函数的不同特征和演变进行综述。本章也回顾了期权定价的方法论，学者在定价模型的探索中运用了 Black-Scholes 期权定价模型的扩展、随机分析的重要定理、微分方程式在解析式的应用，以及数值分析的基本原理等。由于路径依赖型期权的收益函数具备丰富变化和无限组合的特点，因此，定价模型具备很高的复杂性，在很多情况下很难找到具备解析式的定价方案，特别是在离散观察日期和多维标的出现多维积分的情况下。数值方法的出现在一定程度上解决了该问题的困难，但是数值方法本身也存在准确度不足或者收敛速度的问题。在国内学者的研究中，真正考虑路径依赖型期权定价的研究还不多见。因此，有必要结合我国的市场情况，研究符合我国市场特征的路径依赖型期权的定价模型和定价参数的修正，并对定价模型的计算结果进行比较和实证分析，这也是本书的重点研究工作之一。

风险值理论可以很好地为金融资产的投资组合进行风险的评估和度量。本章总结和分析了风险值理论的发展历史，同时对风险价值工具在金融领域的学术研究进行了综述。国外学者的研究证明，在极端条件下，用极值理论方法计算风险值具有很高的准确性。但是，应用风险值理论对路径依赖型期权定价的风险进行评估、建模和研究的文章并不多。如何有效度量路径依赖型期权定价的风险，本章力求寻找到适合评估收益函数复杂的路径依赖型期权的风险测量方法，这是本章的另外一个研究重点。

# 第三章 自动赎回结构的
# 路径依赖型期权

利用衍生品，你可以得到几乎所有你想要的回报方式。只要你能够将其写在在纸上或用文字描述，那么有人可以根据你的回报方式设计出一种衍生品（With derivatives you can have almost any payoff pattern you want. If you can draw it on paper, or describe it in words, someone can design a derivative that gives you that payoff）。

——费舍尔·布莱克（Fischer Black）

近年来，路径依赖型期权在我国的衍生品市场中越来越常见。这个名称的由来是因为它们的收益结构，与整个或部分生命周期内的潜在资产价格的路径历史有关。路径依赖型期权的成功是因为它们的收益函数在灵活性方面几乎是无限变化的，可以满足交易者的各类诉求。这些期权起着重要的对冲作用，它们以具有成本效益的方式满足了套期保值者的需求。这些策略是基于路径依赖型期权的选择，通常比标准工具便宜且效率更高。场外期权往往是具有吸引力的投资工具，具备多样化的交易机会。

因此，可以通过使用某些路径依赖型场外期权来适应对资产演变的看法，以此来应对时间范围内的各种偏好和一些意外情况。同时，还会采取非常有力的杠杆交易，这在现货或标准期权市场上是无法实现的。本章重点介绍了路径依赖型期权中定价最复杂的一种结构具备自动赎回结构的路径依赖型期权，总结和分析了其价值特征和风险特征，并以此出发寻找通用性的定价方案。

# 第一节　自动赎回的结构特征

自动赎回结构也称自动触发结构。在中国的场外期权交易中，是除香草期权之外最受欢迎的场外期权，在场外期权交易主协议和收益凭证两种交易模式中大量存在。本节研究标准的自动赎回结构化产品和它们的若干变体。本节讨论基于单一资产的自动赎回结构，定义它们的特征，并解释其收益机制，然后阐述带有红利附息的自动赎回结构，它们都是具有路径依赖、向下敲入看跌期权特征的自动赎回结构化产品的特征。

## 一、单一资产的自动赎回结构

考虑一个基于单一资产 S 的自动赎回票据，如某个收益凭证的合约。这个结构化产品根据标的资产价格是否达到两个触发障碍水平 H 和 B 而支付利息，它的收益结构定义如下，在每个观察日 $t_i$（$i=1$，2，…，n），Coupon（$t_i$）在 $t_i$ 的票息，Notional 是名义本金的金额，我们有：

$$\text{Coupon}(t_i) = \text{Notional} \times C \times 1_{[\text{Ret}_i \geq B]} \times 1_{\{\max\limits_{j=1,\cdots,i}(\text{Ret}(t_j)) < H\}} \qquad (3-1)$$

其中，C 是预先确定的利息，Ret（$t_i$）= S（$t_i$）/S（0），是相对初始水平 S（0）在时间 $t_i$ 的收益。由于产品的表面是一张票据，除非支付时间是不固定的，否则持有人可以收回 100% 的本金。本金的赎回可以是在任何观察日，而不一定要在到期日。

$$\text{Redemption}(t_i) = \text{Notional} \times 1_{\{\text{Ret}(t_i) \geq H\}} \times 1_{\{\max\limits_{j=1,\cdots,i-1}(\text{Ret}(t_j)) < H\}} \qquad (3-2)$$

从上述收益结构来看，如果价格在其中一个观察日突破 H，那么合约提前结束，票据的持有人将不会得到进一步的支付。自动赎回结构化产品并没有固定的到期日，这里的到期日是指这个产品可保持有效的最长存续时间。

H 被称为自动赎回触发水平或阈值。这是一个预先设定的障碍水平，标的资产价格在这个水平之上，自动赎回结构化产品会终止。当结构化产品是票据的时候，投资者将获得所投资的本金。在期权有效期内，阈值水平可以是固定的，也可以是变化的。在某些情况下，阈值可以随着时间的推移而增加或减少。B 是票息触发水平，也称为票息水平。它是一个预先设定的水平，在这个水平之上投资者将得到周期性利息。一些自动赎回结构具有票息触发水平等于自动赎回触发水平的特征。事实上，当支付票息的时候，由于价格也突破了自动赎回触发水平，所以产品同时进行自动赎回。因此，在票息触发水平与自动赎回触发水平不同的情况下，收益具有相似的情况。

为了对自动赎回数字期权进行有效的定价，我们可以计算获得票息的未贴现的条件概率。在计算出概率之后，应当将它们进行贴现，并乘以得到的票息，这也为我们提供了自动赎回数字期权的价格。随着时间的推移，支付票息的概率会逐渐降低，由于执行的条件概率会很低，因此，最后的路径依赖型数字期权的价值可能会非常小。单一资产自动赎回结构的相关风险也与单一资产数字期权的相关风险十分相似。从定价的角度来看，自动赎回结构或者在第一年自动赎回，或者倾向于存续到到期日。这意味着如果标的资产在第一年没有达到自动赎回触发价格，它在第二年执行的可能性就更小了，这与自动赎回条件概率的降低是一致的。

## 二、自动赎回参与票据

自动赎回参与票据（Autocallable Participating Note，APN）是一种有趣的路径依赖型产品，它提供 100% 的本金保障，并且可以在"牛市"行情中使用。让我们考虑一只价格接近历史最高水平的股票——中国平安。一名投资者可能考虑将一部分中国平安股票的投资组合转化成一种自动赎回参与票据（见表 3-1），可以锁定当前的收益（由于票据提供 100% 的本金保障）。同时通过具有 250% 参与率的自动赎回结构来避免票据不能自动赎回，投资者也保留了从股票继续升值中获利的能力。表3-1中介绍的票据具有如下支付结构：

$$APN_{payoff}(t_1) = 110\% \times Notional \times 1_{|Ret(t_1) \geq 110\%|}$$

$$APN_{payoff}(t_2) = 110\% \times Notional \times 1_{|Ret(t_2) \geq 120\%|} \times 1_{|Ret(t_1) < 110\%|}$$

$$APN_{payoff}(T) = Notional \times [1 + Participation \times max(0, Ret(T) - 1)] \times 1_{|Ret(t_1) < 110\%|} \times$$

$$1_{|Ret(t_2) < 120\%|} \tag{3-3}$$

其中，T是到期日（第3年底），$t_1$、$t_2$分别是在第一年和第二年末的观察日。$Ret(t_i) = S(t_i)/S(0)$，是相对初始水平$S(0)$在时间$t_i$的收益。这个票据的价格等于票面金额的98%，意味着持有人将得到100%的票面金额，无论标的资产表现如何，都将比所投入的资金要多。自动赎回参与票据提供100%的本金保障，再乘以锁定的利润水平，在不自动赎回情况下，获得中国平安股票上涨参与率250%的收益。与完全持有这些股票相比，投资者将会失去其股息，不过他也获得了100%本金保障和自动赎回票息，以及在不自动赎回情况下股票价格上涨的250%的参与率。

表3-1 三年期自动赎回参与票据的合约

| 标的资产 | 中国平安股票 | 票面金额 | 1000万元 |
|---|---|---|---|
| 到期时间 | 3年 | 货币 | 人民币 |
| 自动赎回水平 | 110%，120% | 自动赎回频率 | 每年 |
| 票息水平 | 110%，120% | 票息频率 | 每年 |
| 票息率 | 每年10% | 参与率 | 250% |
| 票据价格 | 98% | 本金保障 | 是 |

第一种情景是中国平安股票价格在第一年末突破第一水平的情况。此时，自动赎回参与票据将在第一年末支付给票据持有人10%的利息，加上票面金额的100%，票据终止。第二种情景是没有突破第一个触发水平，此时并没有支付票息；在观察日2，中国平安股票的收益高于第二个触发水平120%，因此，持有人得到10%的票息，加上100%的票面金额，票据终止。第三种情景是自动赎回

参与票据最终并没有自动赎回，连续低于触发水平，因此，没有支付票息。中国平安股票在到期日的收益等于参与率乘以股票在第三年末的上涨收益和全部本金。由于票息触发水平递增，因此，支付票息的概率降低，这也降低了和自动赎回数值期权的价格。自动赎回参与票据包含一系列路径依赖型数字期权和路径依赖型欧式看涨期权。此外，逐步提升的触发水平降低了自动赎回结构的数字期权价格。

### 三、具有向下看跌期权的自动赎回结构

如果投资者认为标的资产价格在到期日不会低于一个特定水平，那么他可以在自动赎回结构中加入一个看跌期权特征，以此来提高他所能得到的潜在票息。这意味着持有人在到期日持有看跌期权的空头，所以，本金不再是有保障的。看跌期权可以是普通平值欧式看跌期权，它的到期日就是自动赎回结构产品的到期日。这里的障碍水平根据投资者对标的资产预期表现所持有的观点来决定。

当交易者在到期日出售一个具有看跌期权特征的自动赎回结构化产品，表明他持有自动赎回数字期权的空头，并持有路径依赖型看跌期权的多头。然而，他在波动率的总头寸并不会明朗，这是因为这两个组成资产之间具有潜在的抵消效应。由于在大多数具有看跌期权特征的自动赎回结构中票息触发水平低于初始价格，所以，卖出自动赎回结构化产品的交易者通常持有数字期权波动率的多头，并且持有看跌期权波动率的多头。不过即使这是普遍的情况，也应当经常保持谨慎，并检查整个结构化产品的 Vega 值是否为负。本章随后将举例从本质上讨论具有看跌性质的这些路径依赖型自动赎回期权。

### 四、多资产的自动赎回结构

介绍一种简单的多资产的自动赎回结构，我们称之为最差选择（Worst of Options）自动赎回结构化产品。假设我们开始时有一个包含 n 项资产的篮子 $S_1$，$S_2$，…，$S_n$，那么基于这个篮子的一个最差选择自动赎回票据在每个观察日 $t_i$ 具有如下收益结构：

$$\text{Coupon}(t_i) = \text{Notional} \times C \times 1_{|\text{WRet}(t_i) \geq B|} \times 1_{|(\max_{j=1,\cdots,i-1}(\text{WRet}(t_j))) < H|} \tag{3-4}$$

其中，H 和 B 分别是自动赎回触发水平和票息触发水平。

$$\text{WRet}(t_i) = \min_{k=1,\cdots,n} \left( \frac{S_k(t_i)}{S_k(0)} \right) \tag{3-5}$$

由于产品的表面是一张票据，所以无论什么时候产品自动赎回持有人都将收回 100% 的票面金额；否则，票面金额将在到期日进行支付。

$$\text{Redemption}(t_i) = \text{Notional} \times 1_{|\text{WRet}(t_i) \geq H|} \times 1_{|(\max_{j=1,\cdots,i-1}(\text{WRet}(t_j))) < H|} \tag{3-6}$$

与单一资产自动赎回结构的情况一样，票息支付的概率随着时间的推移而减小，并且由于执行的条件概率会很低，所以，最后路径依赖型数字期权的价值可能会相当小。关于多个资产标的结构的自动赎回期权，需要引入资产标的之间的相关性，在后续的章节，会进一步给出定价方法和研究结果。

# 第二节　自动赎回结构的价值特征分析

场外期权如果以票据形式交易，则被称为结构票据，收益凭证就是其中一种，其本质是单一期权或者多个期权的组合。在境外成熟的金融市场中，很多投资者希望通过设计路径依赖型期权结构，达到降低风险、提高收益的目的，这其中包含大量的自动赎回结构，如收益优化结构，雪球型自动赎回结构和凤凰型自动赎回结构等。这种追求稳定收益的投资需求，在国内主要通过银行、信托等理财产品的形式来实现。然而，这种投资方式也有相当多的缺点，如投资方式不透明、流动性缺失等。雪球型自动赎回结构和凤凰型自动赎回结构的设计不仅能成功解决这些问题，还能为投资者提供丰富的标的股票选择和灵活的结构选择。

收取全部名义本金，其实质类似于境外的结构化票据，或者境内股票和指数挂钩的收益凭证。从投资者的角度来说，支付 100% 保证金提高了整体结构收益率，免除了追加保证金等烦琐操作。从场外期权发行者的角度来说，投资者违约的信用风险也基本消除。但是为了增加自动赎回结构的杠杆属性，也可以采用保证金交易的模式。为了预防股票下跌导致的投资者产生损失而无法对交易商履约的情况，可通过保证金的收取来降低或者消除信用风险。例如，设置初始保证金为名义本金的30%，如果标的股票下跌一定幅度，需追加保证金。关于自动赎回结构等路径依赖型结构的风险值分析和保证金规则的方法论，将在随后的章节作详细阐述。

## 一、雪球型自动赎回结构

雪球型自动赎回结构是一种十分受欢迎的路径依赖型期权，它合理利用标的资产波动，不仅可以在震荡市中获得便宜的下跌保护，还可以将波动率变现，增强投资收益（见表3-2）。它的防御性强，可以提供下跌保护，在市场不佳的情况下，增加投资者安全边际；同时期限灵活，每月观察一次产品的标的资产价格是否超过障碍价格，如果超过则产品提前结束，投资者可收回资金做下一笔投资安排。但是，它的缺点也是明显的。非本金保障若出现极端情况，标的下跌幅度较大，投资者需要承担亏损；收益是有限的，若标的短期内大幅上涨，获得的收益可能较直接持有标的低。

表3-2　一年期雪球型自动赎回参与票据的合约

| 标的资产 | 保利发展 | 票面金额 | 1000万元 |
|---|---|---|---|
| 到期时间 | 1年 | 货币 | 人民币 |
| 自动赎回水平 | 103% | 自动赎回频率 | 每月 |
| 票息水平 | 103% | 票息频率 | 每月 |
| 敲入水平 | 70% | 敲入频率 | 每日 |
| 票息率 | 33.2%年化 | 本金保障 | 否 |

它的收益结构如下：

情景一（提前敲出）：在任何一个敲出观察日敲出，标的收盘价格大于或等于敲出障碍价，交易提前终止，投资者拿回本金，同时获得 33.2% 的年化收益。例如，第一个月敲出，取得 2.77% 的非年化收益（见图 3-1）。

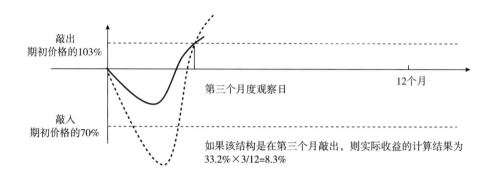

**图 3-1 雪球型自动赎回参与票据情景分析一**

情景二（从未敲入敲出）：若该结构在观察期内从未敲出，且任何一个交易日标的股票收盘价格从未低于敲入价格，则到期日投资者拿回本金，同时获得 32.3% 的收益（见图 3-2）。

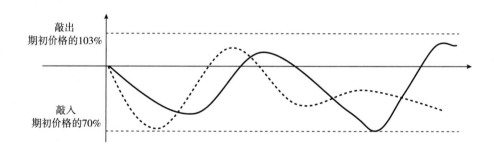

**图 3-2 雪球型自动赎回参与票据情景分析二**

情景三（敲入未敲出，到期股价下跌）：若该结构在观察期内从未敲出，标的股票收盘价格曾经低于敲入价格，且产品到期时标的股票股价下跌，则投资者承担股价跌幅的损失（唯一可能亏损的情况）（见图 3-3）。

情景四（敲入未敲出，到期股价上涨）：若该结构在观察期内从未敲出，标的股票收盘价格曾经低于敲入价格，且产品到期时标的股票股价上涨，涨幅不超过3%，则投资者收益率为0%，仅仅保住本金。注意，一旦发生敲入，即使到期后标的收盘价大于期初价格，只要未达到敲出价，投资者无法获得涨幅收益，只能拿回全部本金（见图3-4）。

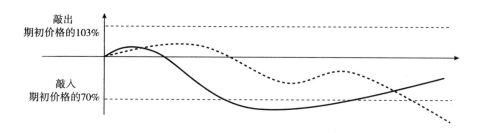

图 3-3　雪球型自动赎回参与票据情景分析三

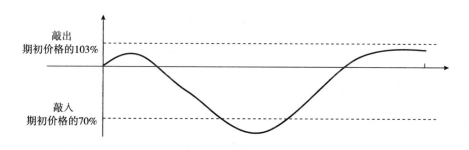

图 3-4　雪球型自动赎回参与票据情景分析四

对雪球型自动赎回结构提前终止时的价值与持有该标的股票的情况进行收益的对比。期权结构如表3-2所示，一年期雪球型自动赎回参与票据，标的资产为保利发展。我们假设在观察期内，保利发展的股票价格从未有过敲入的情况下，价格在-25%~20%区间内是线性变化的（见表3-3）。我们发现，在一年的时间期内，在绝大多数情况下，雪球型自动赎回结构的收益表现，即期权价值，都要好于持有股票资产的表现。关于雪球型路径依赖结构的定价方法，会在随后的第四章和第五章详尽介绍。

表 3-3　观察期内价格从未跌破过 30%

| 价格<br>已过期限 | −25% | −10% | −5% | 0% | 2% | 5% | 20% |
|---|---|---|---|---|---|---|---|
| 1.5 个月 | −22.25% | −7.91% | −4.13% | −0.97% | 0.09% | 1.52% | 4.86% |
| 3.5 个月 | −21.01% | −4.48% | −0.13% | 3.63% | 4.79% | 6.43% | 10.27% |
| 5.5 个月 | −19.63% | −0.29% | 4.66% | 8.69% | 9.95% | 11.74% | 15.77% |
| 7.5 个月 | −17.76% | 5.46% | 10.68% | 14.76% | 15.99% | 17.71% | 21.37% |
| 9.5 个月 | −13.37% | 15.59% | 20.63% | 23.85% | 24.66% | 25.70% | 27.32% |
| 11.5 个月 | 6.13% | 32.34% | 32.81% | 32.90% | 32.91% | 32.92% | 32.92% |

在类似的情况下，在观察期一年之内，价格曾经有过敲入的情况会得出相同的结论，即在绝大多数情况下，股票价格介于−25%～20%，雪球型自动赎回结构的收益表现都要好于持有股票资产的表现（见表 3-4）。

表 3-4　观察期内价格曾经跌破过 30%

| 价格<br>已过期限 | −25% | −10% | −5% | 0% | 2% | 5% | 20% |
|---|---|---|---|---|---|---|---|
| 1.5 个月 | −22.60% | −8.68% | −4.78% | −1.45% | −0.35% | 1.13% | 4.79% |
| 3.5 个月 | −21.87% | −6.17% | −1.59% | 2.42% | 3.76% | 5.58% | 10.14% |
| 5.5 个月 | −21.52% | −4.23% | 1.19% | 5.95% | 7.62% | 9.91% | 15.49% |
| 7.5 个月 | −22.05% | −3.13% | 3.10% | 8.81% | 10.89% | 13.63% | 20.74% |
| 9.5 个月 | −23.38% | −3.55% | 3.67% | 10.63% | 13.20% | 16.67% | 25.96% |
| 11.5 个月 | −24.98% | −7.85% | −0.15% | 8.19% | 11.53% | 16.30% | 30.34% |

由表 3-5 可知：

（1）对于从未敲入且提前终止结算价格高于期初价格的情况，期权价值大概率为正收益，持有时间越长，上涨越多，距离观察日越近，期权价值越接近于最近一个观察日敲出的收益。

（2）对于从未敲入且提前终止结算价格低于期初价格的情况，期权价值损失会小于直接持股的情况，下跌幅度越小，持有时间越长，期权价值较直接持股的优势越明显。

（3）对于曾经敲入且提前终止结算价格高于期初价格的情况，期权价值大概率为正收益，上涨越多，持有时间越长，距离观察日越近，期权价值越接近于在最近一个观察日敲出的收益情况。

（4）对于曾经敲入且提前终止结算价格低于期初价格的情况，期权价值损失会略小于直接持股的情况，且下跌幅度越大，持有时间越长，期权价值越接近直接持股。

由此可以得出的结论是，若股票价格在期初大幅上涨，可提前终止，但会损失一部分收益；若股票价格在期末大幅上涨，提前终止可获得比实际涨幅更高的收益。现在，综合对比雪球型自动赎回结构与持有股票的区别，雪球型自动赎回结构优于持有股票的情况较多，这也是此类路径依赖型自动赎回结构在场外期权交易市场中普遍受欢迎的原因（见图3-5）。

表3-5 雪球型自动赎回结构与持有股票的区别（持有至到期）

| 股票价格表现 | | 雪球结构 | VS | 持有或买入股票 |
| --- | --- | --- | --- | --- |
|  −30% | 下跌未超过30% | 33.2%年化收益 | 优于 | 承担部分下跌损失，平仓 |
| −30% | 震荡，基本无涨跌 | 33.2%年化收益 | 优于 | 无收益 |
| 32.3% −30% | 上涨，但是年化涨幅小于33.2% | 33.2%年化收益 | 优于 | 股价上涨收益 |
| 3% −30% | 先跌再涨，跌幅未超过30% | 敲出，获得33.2%年化收益 | 优于 | 下跌止损平仓，反弹重新参与 |

| 股票价格表现 | | 雪球结构 | VS | 持有或买入股票 |
|---|---|---|---|---|
| 32.3%<br>−30% | 快速上涨，超过年化 33.2% | 敲出，获得 33.2% 年化收益 | 弱于 | 股价上涨收益 |
| −30% | 跌幅超过 30% 且未能涨回期初 | 下跌损失，投资者易于赌不会跌穿敲入 | 等于或弱于 | 下跌损失（可能及时止损） |
| −30% | 跌幅超过 30%，再反弹超过期初 | 敲出，获得 33.2% 年化收益 | 不确定 | 承担部分损失平仓，反弹时加仓 |

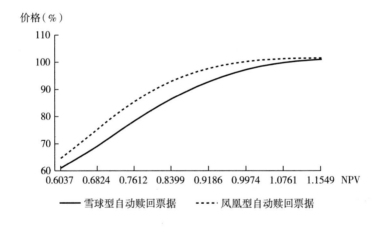

图 3-5　自动赎回票据标的价格与 NPV 关系图

## 二、凤凰型自动赎回结构

凤凰型自动赎回结构是雪球型自动赎回结构的变种，区别在于雪球型自动赎回结构的票息支付只有在发生敲出或产品到期情况后才会支付，而凤凰型自动赎回结构是每月支付的。同样标的、同样期限的雪球型期权票息要高于凤凰型期权。它的票息判断条件为，若任何一个月度观察日的标的价格不低于票息障碍价格，则当月取得 24.0%年化收益，即当月取得名义本金的 2.0%。其赔付结构可以从两个维度进行观察，独立进行，互不影响。对于票息观察：交易起始后每个月度观察日，若股票价格低于票息水平，本月无收益；若股票价格高于票息水平，低于自动赎回水平，本月获得当月的收益；若股票价格高于自动赎回价格，本月获得收益，同时交易提前自动赎回。对于敲入观察：若存续期内收盘价没有低于过敲入价格，无论交易到期或提前自动赎回，无论股价高低，本金没有损失；若收盘价曾低于过敲入价格，且产品到期时股价仍低于期初价格，投资者承担等同于股价跌幅的损失（见表 3-6）。

表 3-6　一年期凤凰型自动赎回票据的合约

| 标的资产 | 华泰证券 | 票面金额 | 1000 万元 |
|---|---|---|---|
| 到期时间 | 1 年 | 货币 | 人民币 |
| 自动赎回水平 | 103% | 自动赎回频率 | 每月 |
| 票息水平 | 100% | 票息频率 | 每月 |
| 敲入水平 | 70% | 敲入频率 | 每日 |
| 票息率 | 24.0%年化 | 本金保障 | 否 |

凤凰型自动赎回结构是由多个期权组成的，包含投资者卖出路径依赖的敲入型看跌期权，愿意承担跌穿敲入价格后的市场风险；投资者买入多个月度观察的路径依赖型数字期权，以期获得（或有）较高的稳定收益；自动赎回的设置使其在月度观察日股票价格高于自动赎回价格，该结构敲出终止。凤凰型自动赎回结构改变了正常金融工具需要在大涨或大跌中才能获利的特性，使投资者可以在震荡的股票行情中获得相对稳定的收益。预期震荡行情或温和看好后市的稳健投资者，通过严格股票筛选认为，其所选择的股票大概率不会跌穿敲入价格（例子中的 70%），适合投资凤凰型自动赎回结构。在该结构中，投资者买入数字期权以获得（或有）稳定收益，同时卖出敲入型看跌期权，在没有跌穿敲入价格时没有资本损失，敲入后承担股票下跌损失。

对比一年期凤凰型自动赎回参与票据和一年期雪球型自动赎回参与票据的合约，分别计算标的价格与对应的期权净现值（Net Present Value，NPV），得到图3-5。其中，纵轴是票面价值的百分比，横轴是标的价格与标的期初价格的比例。可以发现，随着价格的增长，期权价值随之增加，但两者都没有超过自动赎回的比例。另外，凤凰型自动赎回票据各个标的价格对应的期权价值都要高于雪球型自动赎回票据，这是因为凤凰型自动赎回票据前期在票息障碍水平之上即会支付票息，意味着更早地拿到票据带来的观察收益。雪球型自动赎回票据面临着始终没有敲出，但是在观察期内有过敲入的情况，最后没有得到任何票息。但是在这种情况下，凤凰型自动赎回票据会在早期的票息观察日当标的价格在票息障碍之上时得到票息。所以，在完全相同的结构要素下，凤凰型自动赎回结构更加值钱。

图3-6反映了波动率参数和自动赎回票据的关系，其中，纵轴是票面价值的百分比，横轴是常数波动率的数值。可以发现，随着波动率的增加，雪球型自动赎回票据和凤凰型自动赎回票据的期权净现值会随之减少。这是因为波动率越大，敲入的可能性越大，即票据的持有者发生较大亏损的可能性增加。同理，敲出的可能性也有所增大，但是亏损造成的额外损失期望值高于敲出带来的收益，因此，整体期权价值呈下降趋势。同样地，相同波动率参数的凤凰型自动赎回期权的票面价值依然大于雪球型自动赎回期权。

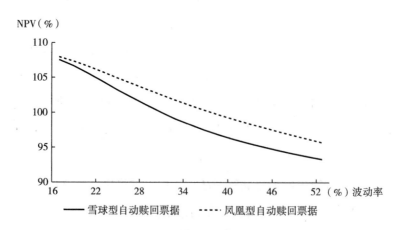

**图3-6 自动赎回票据波动率与 NPV 关系图**

股息率是路径依赖型期权定价的重要参数，其作用相当于标的资产的远期价格。股息的数额越大，意味着股票持有者拿到票息之后股价的跌幅越大。图 3-7 反映了股息率参数和自动赎回票据的关系，其中，纵轴是票面价值的百分比，横轴是常数股息率的数值。股息率越大，雪球型自动赎回票据和凤凰型自动赎回票据的期权净现值会随之减少。这是因为股息率越大，标的价格在未来下降的幅度越大，敲入的可能性越大，即票据的持有者发生较大亏损的可能性增加，因此，整体期权价值呈下降趋势。同样地，相同波动率参数的凤凰型自动赎回期权的票面价值依然大于雪球型自动赎回期权。

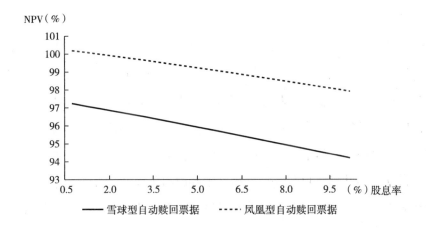

图 3-7　自动赎回票据股息率与 NPV 关系图

　　由于自动赎回结构的各种变形中包含较多没有解析解的奇异期权，尤其是自动赎回条款，导致无法直接应用 Black-Scholes 期权定价模型，因此，在定价时，我们采用在自然科学、工程学以及金融工程领域广泛应用的蒙特卡罗模拟。关于路径依赖型自动赎回结构的定价方法，本书在后续章节会做详尽介绍。与 Black-Scholes 模型相同，蒙特卡罗模拟定价的最大难点在于波动率（即股票价格走势的概率分布）的确定。对于雪球型自动赎回结构和凤凰型自动赎回结构来说，标的股票预期波动率越大，标的股票跌穿敲入价格的可能性就越大，潜在下跌幅度就越大，因而，投资者的潜在风险损失就越高。关于路径依赖型自动赎回结构的波动率模型选择，本书在后续章节会做详尽介绍。

# 第三节　梯度下降法求解自动赎回结构的票息

对于自动赎回结构，我们可以根据票据的合约信息，结合当前的市场参数，如股票价格、波动率、无风险利率、股息等，得出当前的期权价值。但现实往往是相反的过程，从票据的发行商角度来考虑，我们已经得知全部的标的市场参数和想要设置的票据公允价值，想计算出该票据一定的公允价值，如在98%的情况下，可以推算出票息率（Coupon Rate）是多少。一个直接的办法是，把票息率从小到大依次代入期权价值的计算中，得出该票息率对应的期权价值与预期的公允面值。通过逐步调整票息率，得出的期权价值或大或小。与公允面值相差的误差在合理的范围之内，此时，试算出来的票息率是在该公允面值下的票息率。可以想象的是，该方法简单、烦琐，需要大量的重复性计算，在自动赎回结构变化多端且市场参数随时可能调整的情况下，该方法不具备可操作性。本节将通过介绍梯度下降法（Gradient Descent）来解决这个问题。

## 一、模型的构建

关于梯度下降法在期权定价领域中的应用，有学者吸取了机器学习领域的经验。Chen 和 Magdon-Ismail（2006）提供了一个通过学习风险中性度量来为复杂期权定价的框架。在框架中放宽一些假设，提出一个适当的风险中性方法和一种通过多项式定价树反向传播梯度的有效算法，使用特定股票上的所有期权合约进行学习，然后在历史数据上展示这些模型的性能，基于这些定价方法证明这套方法论的功能性。Barty 等（2008）提出一种基于随机逼近算法的美式期权定价算法，引入一种更为通用的摄动梯度投影算法的应用，它包括通过内核的线性组合在每个时间逼近经典动态规划方程的值函数。所谓的基于核（Kernel-Based）的随机梯度算法，除了时间离散之外，还避免了任何先验离散，因此，它趋向于非离散的百慕大期权定价问题的最优解。

Tadjouddine 和 Cao（2011）研究了基于梯度的优化方法在期权定价的随机波动率模型中的应用，推导并分析了使用有限差分和微分来计算特定收益函数梯度的蒙特卡罗的期望值。这篇文章评估了这两种方法的准确性和效率，以及它们对优化算法的影响，并讨论了数值结果，使金融产品的投资者能够更加快速、更精确地预测未来市场数据。

梯度下降法是一种常见的一阶（First Order）优化方法，是求解无约束优化问题的经典方法。所谓的一阶方法，就是仅使用目标函数的一阶导数，不利用其高阶导数。例如，在一元函数 $f(x)$ 的图像中求无约束最优化问题，即在不对定义域或值域做任何限制的情况下，求解函数 $f(x)$ 的最小值。我们来考虑一个无约束优化问题，公式如下：

$$\min_{x} f(x) \tag{3-7}$$

其中，$f(x)$ 是连续可微函数。如果能够构造一个序列 $x^0$，$x^1$，$x^2$，$\cdots$，并能够满足 $f(x^{t+1}) < f(x^t)$，$t = 0, 1, 2, \cdots$，就能够不断执行该过程，即可收敛到局部极小点。问题转换为如何找到下一个点 $x^{t+1}$，并保证 $f(x^{t+1}) < f(x^t)$。随机设置一个初始的点 $x^1$，对于一元函数来说，函数值只会随着 $x$ 的变化而变化，那么设计下一个 $x^{t+1}$ 是从上一个 $x^t$ 沿着某一方向得到的。

对于一元函数来说，$x$ 会存在两个方向：要么是正方向 $\Delta x > 0$，要么是负方向 $\Delta x < 0$，如何选择每一步的方向，需要用到泰勒公式。由泰勒展开公式得到：

$$f(x) = \sum_{n=0}^{\infty} \frac{f^{(n)}(x_0)}{n!}(x - x_0)^n \tag{3-8}$$

假设 $x^t = x^{t-1} + \Delta x$，将 $f(x^t)$ 置于 $x^{t-1}$ 处，进行泰勒展开得出：

$$f(x^t) = f(x^{t-1} + \Delta x) \approx f(x^{t-1}) + f'(x^{t-1})\Delta x + f''(x^{t-1})\frac{\Delta x^2}{2}$$

$$f(x + \Delta x) \approx f(x) + \Delta x f'(x) \tag{3-9}$$

左边是当前的 x 移动一小步 $\Delta x$ 之后的下一个点位，它近似等于右边。关键问题是找到一个方向，使 $f(x+\Delta x) < f(x)$，那么根据上面的泰勒展开公式，显然，我们需要保证 $\Delta x \nabla f(x) < 0$，令 $\Delta x = -\alpha f'(x)$ $(\alpha > 0)$，其中，步长 $\alpha$ 是一个较小的正数，从而使：

$$\Delta x \nabla f(x) = -\alpha (f'(x))^2 \tag{3-10}$$

设定 $f(x+\Delta x) = f(x-\alpha f'(x))$，可保证 $f(x+\Delta x) < f(x)$。更新 x 的计算方式会得到简化，可按如下公式更新 x：

$$x' \leftarrow x - \alpha f'(x) \tag{3-11}$$

这就是沿着负的梯度方向走一小步，即梯度下降的原理。

代入自动赎回票息结构的具体情况中，得到：

$$\Delta x = \frac{f(x+\Delta x)-f(x)}{f'(x)} = \frac{\text{TNPV}-\text{NPV}_t}{\text{NPV}'} \tag{3-12}$$

其中，TNPV 是目标得到的公允面值，$\text{NPV}_t$ 是当前试算得到的期权价值，变化率的一阶导数如下：

$$\text{NPV}' = \frac{\text{TNPV}-\text{NPV}_t}{\Delta x} \tag{3-13}$$

由此，我们得到 $\text{Coupon}_t = \text{Coupon}_{t-1} + \Delta x$。通过不断改变 $\Delta x$，最终使 $\text{Coupon}_{t-1}$ 和目标公允面值 TNPV 对应的 $\text{Coupon}_t$ 在一个极小的误差之内，如 $5 \times 10^{-5}$ 的误差之内。

## 二、数值的分析

图3-8为梯度下降法的示意过程。图3-9是利用梯度下降法求解自动赎回结构在票息计算中求解次数优化的结果。控制精度误差在 $10^{-8}$ 之内，我们发现，无论初始票息值的设定值为多少，只需要三次反解即可找到公允面值下对应的票息值，可见梯度下降法可以迅速找到目标票息值。同时，一个重要的发现是，无论初始值设置为多少票息率，对于寻找最优解的迭代次数是没有影响的，这也是梯度下降求解法的另一个显著优点。

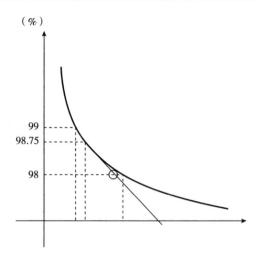

**图 3-8 梯度下降法示意**

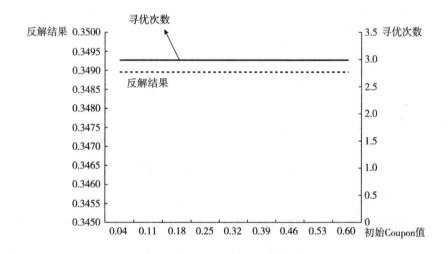

**图 3-9 初始 Coupon 值对反解结果的影响**

在图 3-10 中，我们给出了在固定票据价值的前提下，标的资产的常数波动率与票据的票息之间的关系，分别计算了在敲出障碍水平为 103%，敲入障碍水平为 70%，时间长度为 6 个月和 12 个月情况下，每月观察的雪球型自动赎回票据和凤凰型自动赎回票据。对于凤凰型自动赎回结构，不同期限在不同波动率下的票息相差不大，这是因为票息每月支付，票据的收益在每月的观察日得到了释放，但并不会累计，因此，长期限和短期限的影响较小。凤凰型自动赎回结构的票息，在相同常数波动率情况下，票息值通常是小于雪球型自动赎回结构的，如果雪球型自动赎回结构从未敲出过，但曾经敲入过，那么票据持有者发生亏损后得不到任何的收益。对于票据持有者，持有雪球型自动赎回结构的亏损的可能性大，在取得相同收益期望的情况下，自然需要获得更多收益，即更大的票息收益率。

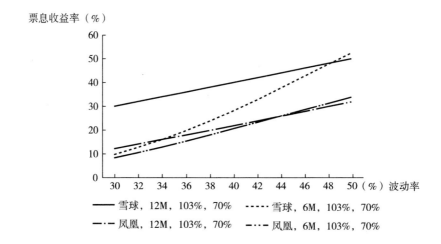

图3-10　票息收益率与波动率的关系

一个有趣的现象是，在固定相同的票面价值的情况，对于长期限的雪球型自动赎回结构，在大部分常数波动率的范围内，其对应的票据自动赎回收益率要高于短期限结构的。这个现象的合理解释是，随着时间的推移，自动赎回票据发生敲出而终止的概率在下降，发生敲入的可能性在增加。换言之，对于长期限结构，如果票据生存得更久，雪球型票据持有者敲出获得收益的可能性减少，而敲入产生亏损的可能性增加。因此，在固定票面价值的情况下，长期限的亏损可能性需要由更大收益值来填补，从而取得确定不变的期权价值的期望值，这也是境外雪球型自动赎回结构往往是多年的长期限的原因。

# 第四节　自动赎回结构的风险特征

## 一、对冲交易的风险特征研究

在与交易对手进行自动赎回结构交易后，需要利用蒙特卡罗模拟以及风险度量方法对风险进行拆分，即使用希腊字母进行风险管理，以实现风险中性目标，其中，最直接的是针对股票价格变动风险敞口的对冲（Delta 对冲）。以上述挂钩华泰证券的雪球型自动赎回结构和凤凰型自动赎回结构为例，雪球型自动赎回结构化票据的发行者在期初会购买 20%~40% 的名义本金的股票进行对冲。当股价下跌时，股票在月度观察日敲出提前结束的概率降低，跌穿敲入价格的概率提升，投资者承担标的价格下跌损失的概率升高，所以，发行者需要买入更多股票进行对冲；相反，当标的价格上升时，股票月度敲出提前结束的概率提升，跌穿敲入价格的概率降低，所以，发行者需要卖出更多股票进行对冲。当标的价格明显低于敲入障碍价格时，会进一步减持股票的多头头寸，这时的 Delta 变化趋势主要以向下敲入看跌期权的 Delta，或者看跌期权的 Delta 影响为主。

图 3-11 反映了在标的资产未敲入的情况下，标的价格和自动赎回票据 Delta 数值的关系，其中，纵轴是 Delta Cash 数值相对于名义本金的百分比，横轴是标的价格。当下跌接近敲入价格之上的某个值时，Delta 数值会快速增大，此时，卖出自动赎回票据的交易商在对冲端的股票多头的仓位可能会超过 100%。当股价进一步下跌时，模型判断可能会敲入，并开始逐步减仓。到非常接近敲入价时，自动赎回票据的 Delta 值处于最高的位置，这里也是 Delta 值计算误差最大的位置，这一点在随后的章节会有介绍。如果标的价格的上涨超过敲出障碍水平的20% 以上，Delta 数值接近于 0，即对冲端的股票多头基本没有仓位。

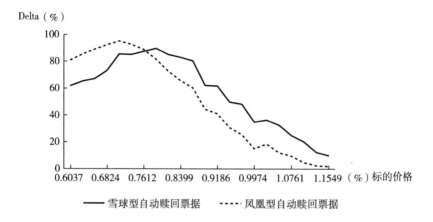

图 3-11　自动赎回票据标的价格与 Delta 关系 （未敲入）

图 3-12 反映了标的资产在发生历史敲入过的情况下，标的价格和自动赎回票据 Delta 数值的关系。对于凤凰型自动赎回结构，可以发现，标的价格在期初价格之下的时候，Delta 数值非常接近线性。此时，如果标的价格的上涨超过敲出障碍水平的20%以上时，Delta 数值接近于 0。但是对于雪球型自动赎回结构，在敲入障碍水平附近时，Delta 数值迅速增大，Delta Cash 明显超过名义本金。这是因为两者的付息不同，凤凰型自动赎回票据在早期可能已经支付了少量票息，

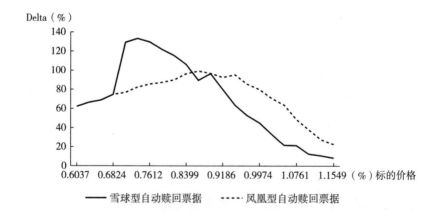

图 3-12　自动赎回票据标的价格与 Delta 关系 （发生过敲入）

Delta 数值得到了一定释放，然而雪球型自动赎回票据一旦敲出，历史所积累的票息需要一次性计提。后者需要在对冲端继续积累收益，因此，Delta 数值反映了对未来支付票息的负担，雪球型自动赎回结构在敲入后的对冲难度也相对加大。下面我们考虑标的波动率参数和自动赎回票据 Delta 数值的关系（见图 3-13）。

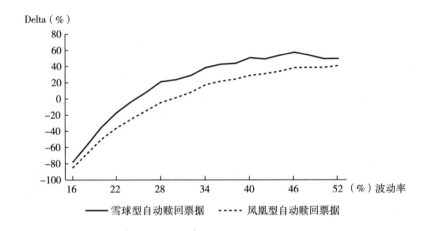

**图 3-13  自动赎回票据波动率与 Delta 关系**

图 3-13 中，纵轴是 Delta Cash 数值相对于名义本金的百分比，横轴是常数波动率。可见，只有当波动率在一定数值之上，自动赎回结构才能做到有效对冲，过低的波动率会导致 Cash Delta 迅速小于 0，这意味着需要融券参与对冲，这样的操作在实际中的风险不确定性过大。因此，仅当标的资产的波动率数值在一定数值之上，自动赎回票据才具备可定价和交易的基础。

自动赎回票据是一种稳健的投资工具。如果投资者选出的标的资产价格最终没有因敲入而产生损失，那么投资者在交易存续期间可以获得较高且稳定的（或有）收益，因而，该类型的投资在一定程度上可以替代固定收益类投资。同时，票据的发行者在风险中性的操作中不断高价卖出、低价买入，可以获得一定利润，从而实现与投资者双赢的局面。

### 二、市场波动的风险特征研究

在标准的 Delta 对冲之外，交易者也会对波动率风险进行管理和控制。以雪球型自动赎回结构和凤凰型自动赎回结构为例，标的资产的波动率越高，作为票据发行的对冲方，通过低买高卖获得的潜在收益就越高。相反，对于香草型看涨期权，标的资产的波动率越高，交易者作为对冲方，通过高买低卖承担的潜在损失也就越高。因此，雪球型自动赎回结构与香草型看涨期权在波动率方面互为对冲。尽管两个交易结构的标的或者期限可能有所不同，但通过对历史波动率的分析可以看出，不同标的股票的波动率之间存在着比较显著的正相关关系，尤其是当股票市场整体波动率上升或下降的时候，不同的标的股票可以实现部分对冲的效果。

图 3-14 反映了标的资产波动率与 Vega 数值的关系，其中，纵轴是 Vega 数值相对于名义本金的百分比，横轴是常数波动率。对于自动赎回结构，发行者总体是处于波动率多头头寸。当然，这是固定标的资产价格的结果，真实的 Vega 数值受到股价和波动率参数的交互影响。图 3-15 反映了标的资产价格与 Vega 数值之间的关系。Vega 数值在敲出障碍水平和敲入障碍水平中间的位置附近取得了最大值，此时，波动率参数的改变对自动赎回结构的定价影响是最大的。

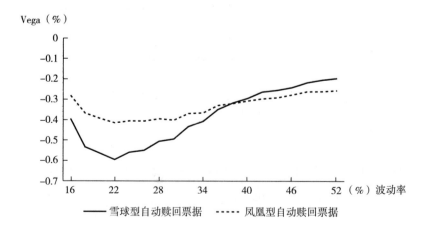

**图 3-14　自动赎回票据波动率与 Vega 数值的关系**

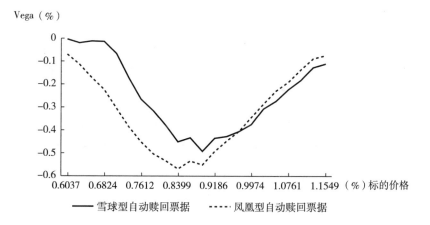

图 3-15　自动赎回票据标的价格与 Vega 关系

　　雪球型自动赎回结构和凤凰型自动赎回结构在波动率方面与卖出香草型看涨期权的 Vega 数值相反，构成部分对冲，能有效地降低当前中国场外期权市场上以卖出香草型看涨期权为主的交易合约带来的 Vega 风险积累。在中国场内个股期权工具尚未推出的情况下，两者是很好的彼此抵消市场波动的风险工具。然而，要做到看涨期权和自动赎回结构标的股票一一对应几乎不可能，所以，应尽量放宽标的股票范围，以便投资者可以更多地选择股票，增加标的多样性的分布。同时，这也有利于证券公司根据自身风险积累，灵活调整期权结构、期权报价，以降低组合风险。

# 第五节　本章小结

　　自动赎回的路径依赖型期权具备无限变化的灵活性，是定价研究的重点方向和具备代表性的结构。自动赎回结构是指在任何预定的观察日期，当基础资产价格可能高于触发水平时，将息票和名义价值偿还给投资者，同时所有未来的现金流取消。本章研究和总结了标准的自动赎回结构化产品和它们的若干变体，其中包括单一资产的自动赎回结构，带有红利票息的自动赎回结构，具有向下敲入看跌特征的自动赎回结构，多个资产构成的自动赎回结构。

路径依赖型产品可被视为零息债券的混合物，但其具有随机到期日，以及产生可累计票息的特征；加入看跌期权的性质，可以获得更大的票息收益。从某种意义上说，这种构成使它们受到了一定程度的下跌保护。产品可能会被提前自动赎回，这意味着投资者将在到期日之前获得其名义本金以及累计票息。这些路径依赖型期权结构为投资者提供了相对持有标的资产本身更有吸引力的低风险水平，以及相对较高的回报。不利的一面是卖出的看跌期权部分，当该资产在到期日的交易价格低于预定的敲入障碍价格时，其支付效果将如同投资者在最初投资了名义金额一样表现的资产。

本章进一步给出具有向下敲入看跌期权特征的雪球型自动赎回结构和凤凰型自动赎回结构。实验对比发现，无论股票价格是否有过敲入，在期权周期内的绝大多数情况下，雪球型自动赎回结构的收益表现要好于持有股票资产的表现。在价值特征上，随着价格的增长，雪球型自动赎回结构和凤凰型自动赎回结构，期权价值随之增加，但都没有超过自动赎回的比例；同时波动率增加，期权的价值会下跌，两者是负相关关系。在对冲交易的风险特征上，股价下跌时，股票在月度观察日敲出提前结束的概率降低、跌穿敲入价格的概率提升，投资者承担标的价格下跌损失的概率升高，发行者需要买入更多股票进行对冲；相反，当股价上升时，发行者需要卖出更多的股票进行对冲。在市场波动的风险特征上，雪球型自动赎回结构与香草型看涨期权在波动率方面互为对冲，发行者总体是处于波动率多头头寸。

本章引用梯度下降法，求解自动赎回结构票息中的应用，使其在给定公允面值和已经确定的定价参数的情况下能够快速求解票息率。我们发现，无论初始票息值的设定值为多少，只需要三次反解即可找到公允面值下对应的票息值。无论初始值设置为多少票息率，对于寻找最优解的迭代次数是没有影响的，这也是梯度下降求解法的另一个显著优点。

# 第四章 路径依赖型期权的波动率模型

如果一个理论满足两个条件，它就是一个好理论：它仅需要包含在任意几个元素的模型基础上准确地描述一类观测值，并且必须对未来的观测结果做出确定性的预测（A theory is a good theory if it satisfies two requirements: it must accurately describe a large class of observations on the basis of a model that contains only a few arbitrary elements, and it must make definite predictions about the results of future observations）。

——史蒂芬·威廉·霍金（Stephen William Hawking）

路径依赖型期权定价当设定具体模型的时候，会面临衍生品的模型风险，这其中包括需要选择正确的定价参数以及正确的衍生品定价模型。由于涉及的更多路径依赖型期权大多缺乏流动性和市场数据，所以必要尽可能地减少这两种形式的模型风险。Black-Scholes 模型对欧式期权的分析为期权定价提供了一种封闭形式的解决方案，只需要可观察的变量即可，但是波动率是唯一无法通过直接观测得出的参数变量，也是期权定价最重要的参数。本章将研究不同波动率参数模型的概念、计量标准、作用以及限制，特别是局部波动率（Local Volatility）和随机波动率（Stochastic Volatility）的作用及其在路径依赖型期权中的应用价值。

通过隐含波动率可以计算局部波动率，也可以通过局部波动率来得到隐含波动率，这是两者之间的关系。Berestycki、Busca、Florent（2000）在到期时间趋于零的情况下，由局部波动率模型推出了隐含波动率的表达式。局部方差是瞬时方差的条件期望，利用这个结论也可以估算一个给定的随机波动率模型产生的局部波动率，随后，用这个模型进一步推导出隐含波动率。根据给定的随机波动率模型，可以知道它生成的隐含波动率曲面的形状。相反，给定一个实际的隐含波动率曲面的形状，可以推断出标的资产动态过程的某些特征。

在局部波动率模型下，求解欧式期权价格往往需要用到数值算法。Brigo 和 Mercurio（2002）通过对局部波动率进行参数化解决了这个问题。参数化后的模型有欧式期权的显式定价公式，这个公式是一些类似于 Black-Scholes 模型的函数的叠加。如 Derman 等（1996）所述，可以用三叉树模型解决欧式期权定价的问题，或者像 Avellaneda 等（1997）采取相对熵最大的方法。这些方法都是非参数化的方法，假设我们采用期权的实际价格数据，没有插值，这些方法有可能会因为实际价格数据中噪声过大或者存在买卖价差而失效。因此，本章对风险中性分布进行参数化，如 Rubinstein（1998）的研究；或者直接对隐含波动率曲面进行参数化，如 Shimko（1993）和 Gatheral 等（2012）的研究。

尽管已经具备了从隐含波动率得到局部波动率的公式，这些模型看起来比较直观，但是在实践中这些模型不太好用。其问题在于，并没有整个隐含波动率曲面的数据。市场上，每个到期日只存在几个离散点的买价和卖价。如果使用参数化方法，我们需要对已知的隐含波动率模型数据进行内部插值和外部插值，插值的时候很难做到排除套利机会。因此，讨论如何用随机波动率模型构建隐含波动率曲面是必要的，这样就不用担心套利机会的存在，因为套利机会从开始就被排除了。

如果一个模型想应用于实践，那么该模型得到的欧式期权价格应该与市场上的欧式期权价格接近。这意味着，需要对模型，无论是随机波动率模型还是局部波动率模型进行参数校正，使模型波动率尽量接近市场上的隐含波动率。如果一个模型能够快速精准地计算欧式期权的价格，它的参数矫正会比较简便。当我们得到用局部波动率来表示的隐含波动率公式时，原则上就有了这个公式，就可以观察任何随机波动率模型和局部波动率模型的隐含波动率曲面形状。因为在任何一个随机波动率模型下，可以从随机波动率模型的瞬时方差得到局部方差。对于随机波动率模型来说，由于 Heston 模型具有这样的半显式解，因此很受欢迎。Mikhailov 和 Nogel（2004）展示了如何使用市场数据矫正 Heston 模型的参数。本章着重比较定价参数中不同波动率模型对路径依赖型期权的定价效果。

# 第一节　引入隐含波动率理论

## 一、已实现波动率的局限性

引入资产的已实现波动率（Realized Volatility）和隐含波动率（Implied Volatility）的概念，两者都给出了资产的信息，尽管两者之间存在着联系，但它们却是不同的概念，一项资产的已实现波动率被称作标准差的统计指标。同一资产的隐含波动率是可以通过这一资产的期权交易价格推断出波动率参数的。已实现波动率又被称为统计波动率，或者历史波动率，它是一种衡量一段时间内资产价格变化的方法。通常情况下，波动率被认为是价格变动的标准差。假设一系列价格的 N 个观察值 $S(t_1)$，$S(t_2)$，…，$S(t_N)$ 可以将时间 $t_{i-1}$ 和 $t_i$ 之间的连续复合收益定义为：

$$r_i = \ln\left(\frac{S(t_i)}{S(t_{i-1})}\right) \tag{4-1}$$

由此得出，第 $t_N$ 天的价格收益方差的无偏估计为：

$$\sigma_{t_N}^2 = \frac{1}{N-1} \sum_{i=1}^{N} (r_{N-i} - \bar{r})^2 \tag{4-2}$$

其中，$\bar{r}$ 是收益 $r_i$ 的平均值，公式为：

$$\bar{r} = \frac{1}{N} \sum_{i=1}^{N} r_{N-i} \tag{4-3}$$

已实现波动率越高，资产风险越大，这是因为较高的波动率意味着资产在最近一段时间具有较大幅度的价格波动。波动率越高，资产波动规模的不确定性越大。从这一方面看，它被认为是不确定性的衡量指标。波动率是动态的，会随着时间的推移而发生很大改变，但是也具有一个自身可以恢复到的长期平均值。另一个特征是，当股票市场大幅下跌时，波动率会迅速上升。因此，资产价格与它们的波动率之间存在负相关关系。由于已实现波动率取自一系列的价格数据，因此必须确保计算波动率的这一时间区间不会偏重某个状态或其他状态。与此同时，尽管研究过去数据可以让我们了解资产价格如何表现，但总有许多因素在同时起作用。由此可知，由过去数据得到的结果并不一定是未来价格波动的精确衡量指标。资产的已实现波动率是衡量资产价格在某一具体时间区间内如何波动的一种指标，反映的是过去，并不一定包含与当前市场形势有关的信息。因此，这里需要引入隐含波动率的概念。

图 4-1 显示了沪深 300 指数的历史波动率在两年内的变化趋势分别给出了 30 天、60 天、90 天和 180 天的波动率。可见，同一时间不同天数的历史波动率可能存在很大差异，对于沪深 300 指数来说，180 天和 30 天已实现波动率差异可

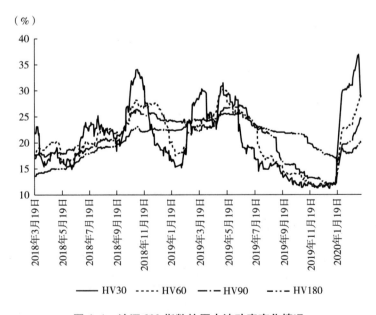

**图 4-1　沪深 300 指数的历史波动率变化情况**

资料来源：Wind 金融数据库。

能在10%或10%以上。在历史不同时期，相同天数的波动率数值本身也差异巨大，且天数越短，极大值和极小值之间的差异越大。波动率未来预测的不确定性和历史波动率不同时期不同统计方法的差异性对于波动率参数的估计和建模是有挑战的，这也是路径依赖型期权定价的困难之处。

## 二、隐含波动率模型的建立与分析

隐含波动率，顾名思义，是指市场所隐含的信息的代表指标。如果研究具有流动性的市场交易工具的价格（如普通期权的价格），我们可以得到隐含波动率，即与这些价格相对应的波动率。任何给定的价格都对应着一个且只有一个波动率参数，它和确定的价格在本质上具有相同的信息。研究一项资产的看涨和看跌期权的市场价格，可以知道对应各个期权价格的波动率，即隐含波动率。通过资产可计算出已实现波动率，也可以研究相同标的资产在未来到期日的具有流动性市场交易的期权价格，并推断出它的隐含波动率。这些工具以市场对它们真实价值的判断为基础，但是这两种波动率并不一定相同。但在它们有可能会比较接近，但在更多情况下两者是不相等的。

期权的流动性，即供给与需求预示它们的价格是市场对正确价格的共识，是市场对资产波动率远期展望的共识。隐含波动率包含了所有市场参与者对资产波动率的远期观点。使用一项资产的正确隐含波动率，我们就可以对资产的其他衍生品，特别是那些缺乏流动性的路径依赖型奇异期权进行定价。为了对路径依赖型期权进行定价，使用的波动率必须能够反映市场当前对资产波动率的观点，特别是使用欧式期权作为一种更奇异的路径依赖型期权对冲工具时，它的相关隐含波动率与这些路径依赖型期权的定价和对冲将紧密相关。当一项资产的隐含波动率无法从交易工具中得出时，可能转而使用已实现波动率作为隐含波动率的替代品。资产的已实现波动率也可以用于完整性检查，确保所使用的隐含波动率是有意义的。两种波动率是不同的，隐含波动率一般高于已实现波动率。但是两者之间太大的价差可能意味着存在错误，或者说如果价差没有错误，就意味着存在套利机会。

隐含波动率曲面是人们描绘具有不同执行价格和不同到期期限的欧式期权的市场隐含波动率而得到的三维曲面。通过固定一个到期期限，研究相同标的资产不同执行价格的欧式期权的隐含波动率，我们可以得到隐含波动率偏斜或者隐含波动率微笑曲线，这取决于它的形状，特别是其具体的资产类别。固定一个相同标的资产期权的执行价格，可以看到波动率的期限结构情况。隐含波动率偏斜的存在具有许多原因。看跌期权在价格下跌时进行支付的，因此，它是对冲市场暴跌风险的良好工具。如果一项资产价格的下跌伴随波动率的上升，在这种情况下，由于不确定性增加，相关风险出现，市场的恐慌性会进行自我强化。由于看跌期权是在价格下跌时进行支付的，所以，此时会表现出虚值的看跌期权的隐含波动率高于虚值的看涨期权的隐含波动率的情况。市场倾向于认为，资产价格的大规模向下变动比大规模向上变动更有可能发生，因此，执行价格低于当前水平的期权将有更高的隐含波动率。一个向下的跳跃也会增加另一个此类变动发生的可能，而这同样会通过更高的波动率反映出来。

对于指定的执行价格、平值或其他情形，隐含波动率将根据期权到期期限的变化而发生变化。研究平值期权波动率要考虑平值期权隐含波动率的期限结构。在大多数情况下，期限结构是到期期限的递增函数，即较长的到期期限相比较短的到期期限具有更高的隐含波动率。这种情况一般发生在平静时期，短期期限的波动率相对较低。如果市场动荡不定，而且短期波动率异常高，那么这条曲线有可能是递减的。期限结构也可以反映出市场预期的近期事件在波动率方面将会产生的影响。此外，期限结构也可以反映出波动率向均值回归的特点。研究各种不同到期期限的隐含波动率偏斜会注意到，短期偏斜比长期偏斜要陡峭得多，并且一般会随着到期期限的增加而变得更加平坦。各个偏斜所处的水平由平值期权波动率的期限结构所给定，因此，较长到期期限的偏斜水平会高于较短到期期限的偏斜水平，不过短期期限的偏斜会更加显著。

Gatheral 等（2012）给出了隐含波动率微笑的一种参数化形式，可称之为"随机波动率激发"（Stochastic Volatility Inspired，SVI）的参数化形式。SVI 参数化最初是在 1999 年由美林公司设计的，随后在学术界公开发布。对于每个到期日，我们将不同的对数价格对应的隐含方差表示为：

$$\sigma_{BS}^2(k) = a+b\left\{\rho(k-m)+\sqrt{(k-m)^2+\sigma^2}\right\} \tag{4-4}$$

其中，参数 a、b、ρ、σ 和 m 都依赖于到期日。这个参数化形式有一些吸引人的性质，其中一点是，这种参数化形式相对来说比较容易消除垂直价差套利。SVI 波动率曲面具有简单的封闭形式，可以保证没有静态套利。Cox 和 Hobson（2005）定义的静态套利可以在风险中性度量下将欧式看涨期权价格写成最终收益的期望值。该定义还暗示，相应的总方差必须是到期日的递增函数（无垂直价差套利）。Gatheral 等（2012）展示了如何通过给定 SVI 参数集消除任何的日历套利，还给出了一组相应的密度为非负的必要条件，即没有蝶式套利。在消除两种套利的情况下，我们得到的波动率表面通常可以很好地校准给定的隐含波动率数据，并保证没有静态套利。

因此，在使用 SVI 进行数据拟合时，所有到期日对应的数据都在一个排除不同期限之间存在套利机会的限制条件下同时进行拟合。随后，再对不同期限的总隐含方差进行插值，得到一张光滑的曲面。对时间方向进行插值时，我们会用到 Stineman（1980）的单调样条插值法。根据 SVI 参数化形式对市场数据的拟合结果，本节归纳出沪深 300 指数期权的不同到期日、对应的隐含波动率曲线上在值状态的远期方差水平和倾斜程度（见表 4-1）。选取 2020 年五个不同到期日的场内沪深 300 指数期权的价格，所有实证样本数据都来自万得金融数据库。

表 4-1　沪深 300 指数期权的在值方差和在值波动率倾斜

| 时间 | 偏斜 | 最小方差（%） |
| --- | --- | --- |
| 2020 年 4 月 17 日 | -0.091 | 5.8082 |
| 2020 年 5 月 15 日 | -0.058 | 5.7356 |
| 2020 年 6 月 19 日 | -0.031 | 6.0932 |
| 2020 年 9 月 18 日 | -0.019 | 6.0773 |
| 2020 年 12 月 18 日 | -0.028 | 5.9931 |

对于是否很好地描述了隐含波动率曲面真实的形态，图4-2给出了SVI参数化形式对沪深300指数期权的四个期限的隐含波动率的拟合情况。其中，横轴代表行权价，纵轴代表隐含波动率，实线是SVI拟合的波动率曲线，上方的断点线代表买价波动率，下方的断点线代表卖价波动率。可以看出，不同到期日的波动率曲线在相同的到期日期下均表现出隐含波动率微笑曲线，会随着执行价格的变化而变化。同时，SVI参数化形式较好地拟合出了场内沪深300指数期权的买价和卖价波动率，通过修改参数、调整倾斜数值、方差数值和其他参数也可以修改和预先设定曲面的样子。

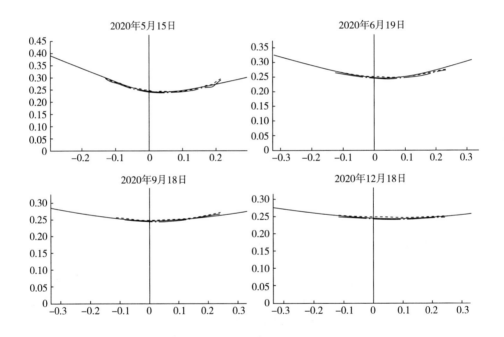

**图4-2　到期日对应的沪深300指数期权的隐含波动率**

根据不同到期日的沪深300指数期权的SVI参数化拟合曲线图，按照到期日的顺序和执行价格的顺序，构造成出场内指数期权生成的立体曲面图，纵轴代表隐含波动率数值（见图4-3）。

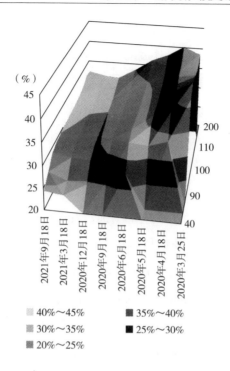

图 4-3　沪深 300 指数期权的隐含波动率曲面

# 第二节　局部波动率模型理论

　　将波动率在不同到期期限固定不变的例子推广到另一种情况中，与时间相关的波动率允许波动率期限结构的存在。在不同执行价格和不同时间维度上做扩展，获得 Black-Scholes 期权定价模型所不能捕捉的某些效应信息。局部波动率模型提供了一种可以不引入额外随机来源而获得隐含偏度的方法，这一模型的唯一来源是作为随机变量建模的标的资产价格。正态分布适用于 Black-Scholes 期权定价模型中的普通公式，它显然不是市场的现实表现。由于偏斜的存在，不同执行价格的波动率不是固定不变的。这意味着，市场告诉我们资产的对数收益，满足一个不是正态分布的隐含分布，从而违背了 Black-Scholes 模型的假定。绕过这个问题的一个方法是，通过让波动率本身成为随机变量来接受额外的随机可能性。但是，额外随机因素的引入会大幅增加解决问题的复杂性。局部波动率仍是一个单因子模型，且允许风险中性的动态情况。局部波动率模型是考虑偏斜的直接有效模型，并且它也为路径依赖型期权定价提供了一个保持一致性的结构。

市场表明，收益的对数不是正态分布。因此，如果我们得到固定到期期限的普通期权在不同执行价格上的一系列期权价格，或者等价地得到它们的隐含波动率，我们需要发现对应这些价格的分布。通过资产价格的分布来为资产的普通期权进行定价，能够给出与市场期权价格一样的价格。在 Breeden 和 Litzenberger（1978）发表文章之前，场内交易员就已经知道如何利用欧式期权的市场价格生出风险中性密度函数了。Dupire（1994）和 Derman 等（1996）的研究指出问题的答案是肯定的，理论上存在一种方法可以从偏斜中得到所有普通期权价格精确对应的分布，即局部波动率模型。Dupire 的研究成果是基于连续时间理论的，Derman 等给出了离散时间二叉树的版本。他们的研究是一个重大的突破，他们注意到，在风险中性测度下，存在唯一的与这个风险中性密度函数一致的扩散过程。这个唯一的且与现在的欧式期权价格是一致的，状态依赖的分散项系数 $\sigma$（$S_t$，t）就是局部波动率方程。

实际上，Dupire（1994）和 Derman 等（1996）并不认为，局部波动率代表了波动率的实际运动情况。相反，他们认为局部波动率代表了随机波动率世界所有可能的瞬时波动率的某种形式的平均值。局部波动率模型并不代表一类独立的模型，这个模型的主要目的是为了简化假设条件，便于业界工作者在保证与现在的香草期权价格一致的情况下给奇异期权定价。Dumas、Fleming 和 Whaley（1998）做了一个经验分析，证实了波动率曲面的动态与常数局部波动率的假设不符。事实上，局部波动率的扩展超越了偏斜，也能够获得期限结构。因此，理论上，它可以给出从整个隐含波动率曲面得到的普通期权完全相同的价格。在局部波动率模型中，标的资产价格的波动率是资产价格的确定函数。它不只是Black-Scholes 期权定价模型中的一个常数波动率，也不是随机波动率中的一个随

机变量 $\sigma = \sigma(t)$，它随时间推移而变化。

## 一、理论机制和模型概述

局部波动率模型是一个资产价格与确定的非随机方式表示的时间变量的函数 $\sigma = \sigma(S_t, t)$。资产价格在任意时间点 t 的演变是那个时间资产价格 S(t) 的函数值，同时也是时间 t 本身的函数。求取函数 $\sigma(S_t, t)$ 是一个被称作校准的过程。这些模型的输入参数，不仅包括资产的当前价格水平、无风险利率曲线，以及即将实现的已知股息的大小和时间，还包括隐含波动率偏斜。给定一系列普通期权的隐含波动率，校准过程就是寻找这些波动率 $\sigma(S_t, t)$，使模型匹配这些价格。假定这一应用是合理的，一旦经过校准，在已知模型对流动性普通期权正确定价的情况下，这些模型就可以用来给更多路径依赖型期权结构定价。

给定到期时间 T，已知现在的股票价格为 $S_0$。通过下面的关系式，可以通过不同敲定价格对应的、离散的期权价格数据集 $\{C(S_0, K, T)\}$ 推导出，到期时刻的股票价格 $S_T$ 的风险中性密度函数 $\varphi$ 为：

$$C(S_0, K, T) = \int_K^\infty dS_T \varphi(S_T, T; S_0)(S_T - K) \tag{4-5}$$

对式（4-5）求两次关于 K 的导数，可以得到：

$$\varphi(K, T; S_0) = \frac{\partial^2 C}{\partial K^2} \tag{4-6}$$

Dupire 的研究成果告诉我们，已知到期时刻的股票价格 $S_T$ 的条件密度函数有唯一的风险中性分散过程与之对应。也就是说，给定所有期权价格的数据，我们可以推导出与这组价格数据对应的、唯一的风险中性分散过程的分散项的函数形式。我们知道，局部波动率实际上是关于股票现价 $S_0$ 的函数，所以，我们将局部波动率模型的股价过程写为：

$$\frac{dS}{S} = \mu_t dt + \sigma(S_t, t; S_0) dZ \tag{4-7}$$

通过应用伊藤引理和风险中性理论，可以得到一个关于股票价格函数的偏微分方程，这个方程实际上是一个一般化的 Black-Scholes 模型。伪概率密度函

数 $\varphi$（K，T；$S_0$）必须满足 Fokker-Planck 方程。这样就得到了未贴现的期权价格 C 关于执行价格 K 的方程，公式如下：

$$\frac{\partial C}{\partial T} = \frac{\sigma^2 K^2}{2} \frac{\partial^2 C}{\partial K^2} + (r_t - D_t)\left(C - K \frac{\partial C}{\partial K}\right) \tag{4-8}$$

其中，$r_t$ 是无风险利率，$D_t$ 是红利率，C 是 C（$S_0$，K，T）的缩写。假设股票价格过程的风险中性漂移项为 $\mu_t$（$= r_t - D_t$），局部波动率为 $\sigma$（$S_t$，t），即股票价格过程服从下式：

$$\frac{dS}{S} = \mu_t dt + \sigma(S_t, t) dZ \tag{4-9}$$

T 是给定到期时间，K 是执行价格，C（$S_0$，K，T）是未贴现的欧式看涨期权风险中性价格，公式如下：

$$C(S_0, K, T) = \int_K^\infty dS_T \varphi(S_T, T; S_0)(S_T - K) \tag{4-10}$$

其中，$\varphi$（$S_T$，T；$S_0$）是到期时刻的股票价格 $S_T$ 的伪概率密度函数。它满足 Fokker-Planck 方程，如下：

$$\frac{1}{2} \frac{\partial^2}{\partial S_T^2}(\sigma^2 S_T^2 \varphi) - S \frac{\partial}{\partial S_T}(\mu S_T \varphi) = \frac{\partial \varphi}{\partial T} \tag{4-11}$$

对期权价格求 K 的导数，公式如下：

$$\frac{\partial C}{\partial K} = -\int_K^\infty dS_T \varphi(S_T, T; S_0)$$

$$\frac{\partial^2 C}{\partial K^2} = \varphi(K, T; S_0) \tag{4-12}$$

现在对式（4-10）求 T 的导数，得到：

$$\frac{\partial C}{\partial T} = \int_K^\infty dS_T \left\{ \frac{\partial}{\partial T} \varphi(S_T, T; S_0) \right\}(S_T - K) = \int_K^\infty dS_T \left\{ \frac{1}{2} \frac{\partial^2}{\partial S_T^2}(\sigma^2 S_T^2 \varphi) - \right.$$

$$\left. \frac{\partial}{\partial S_T}(\mu S_T \varphi) \right\}(S_T - K) \tag{4-13}$$

经过两次分部积分，得到标的资产动态过程的漂移项为 $u_T$ 时的 Dupire 公式，如下：

$$\frac{\partial C}{\partial T} = \frac{\sigma^2 K^2}{2}\varphi + \int_K^\infty dS_T \mu S_T \varphi = \frac{\sigma^2 K^2}{2}\frac{\partial^2 C}{\partial K^2} + \mu(T)\left(-K\frac{\partial C}{\partial K}\right) \qquad (4-14)$$

我们知道，股票价格关于 T 时刻的远期价格可以为：

$$F_T = S_0 \exp\left\{\int_0^T dt \mu_t\right\} \qquad (4-15)$$

如果写成类似于远期价格 $F_T = S_0 \exp\left\{\int_0^T \mu(t)dt\right\}$ 的函数，Dupire 公式变成如下形式：

$$\frac{\partial C}{\partial T} = \frac{1}{2}\sigma^2 K^2 \frac{\partial^2 C}{\partial K^2} \qquad (4-16)$$

由式（4-16），我们可以得到：

$$\sigma^2(K,\ T,\ S_0) = \frac{\dfrac{\partial C}{\partial T}}{\dfrac{1}{2}K^2 \dfrac{\partial^2 C}{\partial K^2}} \qquad (4-17)$$

式（4-17）的右端可以通过欧式期权的市场数据计算出来。所以，如果我们得到所有到期日和执行价格的欧式期权价格，就可以通过式（4-17）唯一确定局部波动率。式（4-17）是局部波动率的一种定义式，它与实际驱动波动率的动态过程，即波动率服从某一个随机波动率模型无关。由此，我们得到场内沪深 300 指数期权在 2020 年 3 月 18 日的所有到期日和执行价格的欧式期权价格，由此，得出沪深 300 指数期权的局部波动率曲面（见图 4-4）。其中，平面坐标轴分别是到期时间和价值状态（Moneyness），即平值、实值和虚值的状态转变。

## 二、局部波动率与隐含波动率的关系

我们已经建立好局部波动率函数与无贴现期权价格的关系，只要通过无贴现期权价格与隐含波动率的关系，就可以得到局部波动率与隐含波动率的关系。期权的市场价格是按照 Black-Scholes 期权定价模型的隐含波动率 $\sigma_{BS}(K,\ T,\ S_0)$ 进行报价的。也就是说，可以将期权价格表示成：

$$C(S_0,\ K,\ T) = C_{BS}(S_0,\ K,\ \sigma_{BS}(S_0,\ K,\ T),\ T) \qquad (4-18)$$

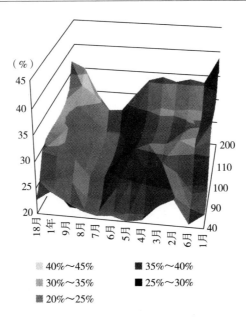

**图 4-4　沪深 300 指数期权局部波动率曲面**

为了使计算更加方便，下面进行变量替换，用另外两个变量来表示期权价格函数。一个变量是 Black-Scholes 期权定价模型的总体隐含方差，w 定义如下：

$$w(S_0, K, T) = \sigma_{BS}^2(S_0, K, T)T \tag{4-19}$$

另一个变量是对数执行价格（log-strike），y 定义如下：

$$y = \log\left(\frac{K}{F_T}\right) \tag{4-20}$$

其中，$F_T = S_0\exp\left\{\int_0^T dt\mu(t)\right\}$ 是股票价格在 0 时刻关于 T 时刻的远期价格。期权价格的 Black-Scholes 期权定价模型可以用这些变量表示成如下形式：

$$C_{BS}(F_T, y, w) = F_T\{N(d_1) - e^yN(d_2)\} = F_T\left\{N\left(-\frac{y}{\sqrt{w}} + \frac{\sqrt{w}}{2}\right) - e^yN\left(-\frac{y}{\sqrt{w}} - \frac{\sqrt{w}}{2}\right)\right\} \tag{4-21}$$

Dupire 公式变成：

$$\frac{\partial C}{\partial T} = \frac{v_L}{2}\left\{\frac{\partial^2 C}{\partial y^2} - \frac{\partial C}{\partial y}\right\} + \mu(T)C \tag{4-22}$$

其中，$v_L = \sigma^2 (S_0, K, T)$ 代表局部方差，并将推导过程代入方程（4-17）中，具体计算过程见 Gatheral（2006）的研究，变换公式为：

$$v_L = \frac{\dfrac{\partial w}{\partial T}}{1 - \dfrac{y}{w}\dfrac{\partial w}{\partial y} + \dfrac{1}{4}\left(-\dfrac{1}{4} - \dfrac{1}{w} + \dfrac{y^2}{w^2}\right)\left(\dfrac{\partial w}{\partial y}\right)^2 + \dfrac{1}{2}\dfrac{\partial^2 w}{\partial y^2}} \qquad (4-23)$$

根据给定局部波动率函数的具体形式，可以推导其隐含波动率的近似公式。基于局部波动率和隐含波动率两者的联系，要让模型的隐含波动率与市场隐含波动率相一致，需将市场波动率的数据代入式（4-23），可以唯一的确定局部波动率函数。由于式（4-23）右边涉及偏导数，这要求隐含波动率曲面具有连续二阶可导性质。但实际的隐含波动率曲面是离散的点，因此，有必要对市场隐含波动率曲面进行光滑化，并且是无套利的，然后根据式（4-23）对光滑后的隐含波动率曲面进行操作，得到相应的局部波动率函数。

### 三、数据选择与实验分析

对于大量的路径依赖型衍生品，如向上敲出看涨期权，除非资产价格高于障碍条件，否则它如同一份看涨期权一样，对于高出的部分不进行支付。障碍条件的敲出在每天都可能发生，如果高于障碍水平，那么期权将立即失去价值。在这种情况下，实际上不能找到所有日期的流动性普通期权，因此，我们不得不利用有限的、能校准的到期期限集合来进行计算。仅需要那些期限在我们定价的敲出看涨期权到期日之前的普通期权，因为这些期权可以作为 Vega 风险或者 Gamma 风险的对冲工具，因此，必须在模型中进行正确定价。局部波动率模型暗示了，在我们取得普通期权数据期间的合理波动率。也就是说，随着时间的推移，校准过程变得平滑，从而使我们知道模型自始至终隐含着合理的动态结构。我们也想要确保执行价格能尽可能好地进行校准，但是我们必须在这些执行价格与平滑校准中实现平衡，这种情况称作平滑曲面校准。

如果一个模型在实践当中得到准确的应用，那么模型得到的欧式期权价格应该与市场上的欧式期权价格接近。这意味着需要对模型进行参数校正，使模型波动率尽量接近市场上的隐含波动率。通过局部波动率来得到隐含波动率，由此得到 2020 年 3 月 18 日由局部波动率模型推导出的隐含波动率（见图 4-5）。为了衡量该模型的校准效果，我们可以与场内沪深 300 指数期权直接推导出的隐含波动率模型进行误差值比较，即在相同的到期日和执行价格情况下，将局部波动率模型推导的隐含波动率与直接求得的隐含波动率模型值进行相减。

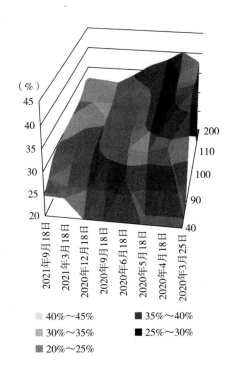

**图 4-5　局部波动率模型推导隐含波动率**

图 4-6 描绘出了对应图 4-5 的局部波动率模型的隐含波动率误差值。大部分的误差值数据不超过 0.5%，对于较长期限的到期日，误差值可能达到了 2% 左右。同时，深度实值和深度虚值的拟合度低于平值的状态，这可能和场内期权的流动性偏弱有关。误差值方法是一个直观检查局部波动率模型是否在合理有效的拟合范围之内的方法，它可以调整隐含波动率数值，从而来影响局部波动率模型。

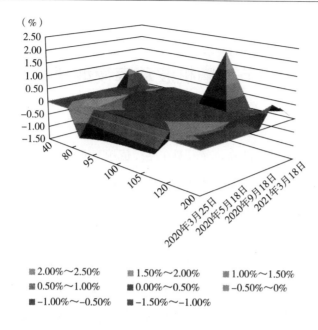

**图 4-6　局部波动率模型隐含波动率误差值**

在求出完全适合所有市场价格的函数的过程中会遇到计算困难，这就是 Dupire 公式虽然在理论上是正确的，但在实际使用中也存在一些欠缺的原因。与所有的点都相对应，可能导致不现实的模型动态，尽管适合普通期权，但它实际上不能很好地表现出资产在现实中是如何演变的。在实践中，可能存在无数个局部波动率模型能够适合一系列普通期权，这也说明了历史波动率和隐含波动率之间存在显著差异的原因。因此，在选择模型时，必须设定一系列要遵循的标准。此外，根据期权数据对局部波动率表面进行校准往往会随着时间的推移而变得不稳定，因为该表面随着时间的推移发生了显著变化。此外，局部波动率模型需要场内期权的存在，且需要有较多的期权合约数据，针对我们场内期权仅限上证 50ETF、沪深 300ETF 和沪深 300 指数的情况，对于全部的个股期权衍生品，该方法不具备现实可操作性。

# 第三节　随机波动率模型理论

本节介绍和分析了随机波动率模型在路径依赖型期权定价中的应用。随机波动率的意思是波动率服从一个随机过程，当计算期权价值的时候，我们会感到未来的波动率是确定的而不是随机的。如果仔细观察股票市场上波动率曲面的实际情况，就能够理解为何要用一个随机变量来表示波动率。尽管 Black-Scholes 模型用非常简洁的方式给出了期权价格，但鉴于其假设条件的局限性，选择这个模型并不明智。随机波动率模型之所以非常有用，是因为它用自成体系的方式解释了同标的、不同到期时间、不同执行价格的期权有不同的隐含波动率的原因。

与其他刻画波动率微笑的模型（如局部波动率模型）不同，随机波动率模型对标的资产动态的假设或许更加符合实际。随机波动率模型假设波动率服从一个随机过程，所以很多人指责这类模型没有固定的状态，任何一种状态都是临时的。相反，其实可以把随机波动率模型看作从属于一个布朗运动。这个时钟的每一个时刻相当于某个交易时刻，有不同的交易量和交易频率。它的思想是，随着交易行为的变化，波动率也会变化，所以波动率是随机的。从对冲的角度来讲，如果交易员选择 Black-Scholes 模型，在对冲过程中为了和市场上的价格数据保持一致，就必须不停地修改关于波动率的假设。这样，交易员在定价和对冲中的不同时刻使用的模型都是不一样的，不符合模型的一致性。随机波动率模型的出现就解决了这个问题。

## 一、理论机制和模型概述

假设股票价格 $S_t$ 和它的方差 $v_t$ 服从如下的随机微分方程：

$$dS_t = \mu_t S_t dt + \sqrt{v_t} S_t dZ_1 \tag{4-24}$$

$$dv_t = \alpha(S_t, \ v_t, \ t) dt + \eta \beta(S_t, \ v_t, \ t) \sqrt{v_t} dZ_2 \tag{4-25}$$

$$\langle \, dZ_1 dZ_2 \, \rangle = \rho dt$$

其中，$\mu_t$ 是随机微分方程的漂移项，在这里它是确定的，表示股票价格的瞬时回报率；$\eta$ 是波动率的波动率；$\rho$ 是股票收益率 $\mu$ 与波动率 $v_t$ 的变化的相关性；$dZ_1$ 和 $dZ_2$ 是随机过程。式（4-24）所表示的随机过程与 Black 和 Scholes（1973）的文章中的过程相同。当 $\eta \to 0$ 时，可以得到标准的时变波动率版本的 Black-Scholes 期权定价模型，推导过程见 Wilmott（2013）的研究。

在 Black-Scholes 期权定价模型框架下，只有股票价格一种随机变量可以通过买卖股票对冲掉。在随机波动率模型框架下，波动率也是一种随机变量，这种新的随机变量也需要被对冲掉，这样才能构建无风险的投资组合。现在，我们来构建一个投资组合 $\Pi$，我们用 $V$（$S$，$v$，$t$）来表示被定价的期权价格，组合中包含的股票头寸为 $-\Delta$。为了对冲波动率风险，还需要引入某一种价格依赖于波动率的资产，用 $V_1$ 来表示它的价格，在资产组合中这种资产的头寸为 $-\Delta_1$。公式如下：

$$\Pi = V - \Delta S - \Delta_1 V_1 \tag{4-26}$$

在极小的时间 $dt$ 内，资产组合价格的变化为：

$$d\Pi = \left\{ \frac{\partial V}{\partial t} + \frac{1}{2} v S^2 \frac{\partial^2 V}{\partial S^2} + \rho \eta v \beta S \frac{\partial^2 V}{\partial v \partial S} + \frac{1}{2} \eta^2 v \beta^2 \frac{\partial^2 V}{\partial v^2} \right\} dt - \Delta_1 \left\{ \frac{\partial V_1}{\partial t} + \frac{1}{2} v S^2 \frac{\partial^2 V_1}{\partial S^2} + \right.$$

$$\left. \rho \eta v \beta S \frac{\partial^2 V_1}{\partial v \partial S} + \frac{1}{2} \eta^2 v \beta^2 \frac{\partial^2 V_1}{\partial v^2} \right\} dt + \left\{ \frac{\partial V}{\partial S} - \Delta_1 \frac{\partial V_1}{\partial S} - \Delta \right\} dS + \left\{ \frac{\partial V}{\partial v} - \Delta_1 \frac{\partial V_1}{\partial v} \right\} dv$$

$$\tag{4-27}$$

为了书写清晰，没有显式写出状态变量 $S_t$ 和 $v_t$ 对时间 $t$ 的依赖，也没有写出 $\alpha$ 和 $\beta$ 对状态变量和时间的依赖。为了使投资组合是无风险的，需要消除随机项 $dS$，即保证下式成立：

$$\frac{\partial V}{\partial S} - \Delta_1 \frac{\partial V_1}{\partial S} - \Delta = 0 \tag{4-28}$$

为了消除 $dv$ 项，需要保证式（4-29）成立：

$$\frac{\partial V}{\partial v} - \Delta_1 \frac{\partial V_1}{\partial v} = 0 \tag{4-29}$$

由此得到：

$$d\Pi = \left\{ \frac{\partial V}{\partial t} + \frac{1}{2}vS^2\frac{\partial^2 V}{\partial S^2} + \rho\eta v\beta S\frac{\partial^2 V}{\partial v\partial S} + \frac{1}{2}\eta^2 v\beta^2\frac{\partial^2 V}{\partial v^2} \right\} dt - \Delta_1 \left\{ \frac{\partial V_1}{\partial t} + \frac{1}{2}vS^2\frac{\partial^2 V_1}{\partial S^2} + \right.$$

$$\left. \rho\eta v\beta S\frac{\partial^2 V_1}{\partial v\partial S} + \frac{1}{2}\eta^2 v\beta^2\frac{\partial^2 V_1}{\partial v^2} \right\} dt = r\Pi dt = r(V - \Delta S - \Delta_1 V_1) dt \qquad (4-30)$$

后面两个等式成立，是因为无风险投资组合的收益率必须为无风险利率 r。将所有与 V 相关的项放在等式左侧，将所有与 $V_1$ 相关的项放在等式右侧，得到：

$$\frac{\dfrac{\partial V}{\partial t} + \dfrac{1}{2}vS^2\dfrac{\partial^2 V}{\partial S^2} + \rho\eta v\beta S\dfrac{\partial^2 V}{\partial v\partial S} + \dfrac{1}{2}\eta^2 v\beta^2\dfrac{\partial^2 V}{\partial v^2} + rS\dfrac{\partial V}{\partial S} - rV}{\dfrac{\partial V}{\partial v}}$$

$$= \frac{\dfrac{\partial V_1}{\partial t} + \dfrac{1}{2}vS^2\dfrac{\partial^2 V_1}{\partial S^2} + \rho\eta v\beta S\dfrac{\partial^2 V_1}{\partial v\partial S} + \dfrac{1}{2}\eta^2 v\beta^2\dfrac{\partial^2 V_1}{\partial v^2} + rS\dfrac{\partial V_1}{\partial S} - rV_1}{\dfrac{\partial V_1}{\partial v}} \qquad (4-31)$$

等式左侧是只和 V 有关的函数，右边是只和 $V_1$ 有关的函数。这种情况成立的唯一可能是，两边都等于关于独立的状态变量 S、v、t 的某个函数。因此，可以得出：

$$\frac{\partial V}{\partial t} + \frac{1}{2}vS^2\frac{\partial^2 V}{\partial S^2} + \rho\eta v\beta S\frac{\partial^2 V}{\partial v\partial S} + \frac{1}{2}\eta^2 v\beta^2\frac{\partial^2 V}{\partial v^2} + rS\frac{\partial V}{\partial S} - rV = -\left(\alpha - \phi\beta\sqrt{v}\right)\frac{\partial V}{\partial v} \quad (4-32)$$

我们将关于 S、v、t 的某个函数 f 设为 $(\alpha - \phi\beta\sqrt{v})$，其中，$\alpha$ 和 $\beta$ 是瞬时方差的随机微分方程（4-25）的漂移项和波动率。

下面引入著名的随机波动率模型 Heston 模型。参照式（4-24）和式（4-25）的动态过程，令 $\alpha(S, v_t, t) = -\lambda(v_t - \bar{v})$，令 $\beta(S, v_t, t) = 1$，我们就得到 Heston 模型（1993）。Heston 模型假设的动态过程如下：

$$dS_t = \mu_t S_t dt + \sqrt{v_t} S_t dZ_1$$

$$dv_t = -\lambda(v_t - \bar{v}) dt + \eta\sqrt{v_t} dZ_2$$

其中，$\langle dZ_1 dZ_2 \rangle = \rho dt$，$\lambda$ 代表 $v_t$ 的均值回复速度，$\bar{v}$ 代表 $v_t$ 的长期均值。

瞬时方差 $v_t$ 服从的随机过程是 Cox、Ingersoll 和 Ross（1985）研究中提到的平方根均值回复过程，它是仿射跳跃—扩散过程（Affine Jump-diffusion Process）没有跳的特殊形式。仿射跳跃—扩散过程是指漂移项、协方差项和跳跃强度是状态向量 $\{x,\ v\}$ 的线性函数的跳扩散过程，其中，$x = \log(S)$。Duffie、Pan、Singleton（2000）指出，一般情况下，仿射跳跃—扩散过程具有解析方面的简便性，得到解的过程涉及计算一个"扩展的变换"，在 Heston 模型下，这个变换是一个常规的傅里叶变换。现在，我们将 $\alpha(S, v_t, t)$ 和 $\beta(S, v_t, t)$ 代入式（4-32）中，得到：

$$\frac{\partial V}{\partial t}+\frac{1}{2}vS^2\frac{\partial^2 V}{\partial S^2}+\rho\eta vS\frac{\partial^2 V}{\partial v\partial S}+\frac{1}{2}\eta^2 v\frac{\partial^2 V}{\partial v^2}+rS\frac{\partial V}{\partial S}-rV=\lambda(v-\bar{v})\frac{\partial V}{\partial v} \tag{4-33}$$

为了保证从统计测度变换到风险中性测度之后随机微分方程的形式保持不变，Heston 在他的文章中假设风险市场价格是瞬时方差 $v$ 的线性函数。本节与 Heston 文章中的假设不同，本文是通过期权价格数据得到模型参数的，这样得到的动态过程是风险中性测度下的动态过程，所以与式（4-32）不同。在式（4-33）中，波动率风险的市场价格为零。因为本章只对定价感兴趣，而且定价是在风险中性测度下进行的，所以，本章不涉及统计测度和风险的市场价格这一问题。

## 二、随机波动率与隐含波动率的关系

首先，我们推导 Heston 模型的局部波动率，用局部方差从估值日到到期日的积分作为 Black-Scholes 期权定价模型隐含方差的近似值，得到其与隐含波动率的关系。在随机微分方程（4-24）和方程（4-25）中，令 $x_t = \log(S_t/K)$，$\mu = 0$，得到：

$$dx_t = -\frac{v_t}{2}dt+\sqrt{v_t}\,dZ_t$$

$$dv_t = -\lambda(v_t-\bar{v})\,dt+\rho\eta\sqrt{v_t}\,dZ_t+\sqrt{1-\rho^2}\,\eta\sqrt{v_t}\,dW_t \tag{4-34}$$

其中，$dZ_t$ 和 $dW_t$ 是正交的，消掉 $\sqrt{v_t}\,dZ_t$ 这一项得到：

$$dv_t = -\lambda(v_t-\bar{v})\,dt+\rho\eta\left(dx_t+\frac{1}{2}v_t dt\right)+\sqrt{1-\rho^2}\,\eta\sqrt{v_t}\,dW_t \tag{4-35}$$

在 Dupire 公式中，将隐含方差表示成瞬时方差在某个测度下的期望值关于时间的积分，得到如下公式：

$$\sigma_{BS}(K, T)^2 = \bar{\sigma}(0)^2 = \frac{1}{T}\int_0^T \frac{\mathbb{E}[\sigma_t^2 S_t^2 \Gamma_{BS}(S_t) \mid \mathcal{F}_0]}{\mathbb{E}[S_t^2 \Gamma_{BS}(S_t) \mid \mathcal{F}_0]}dt \tag{4-36}$$

可以这样理解式（4-36），当我们计算 Black-Scholes 隐含波动率时，需要在所有可能的情景下取所有可能的已实现波动率的平均值，不同的情景代表标的股票价格的不同路径。可以将式（4-36）改写成：

$$\sigma_{BS}(K, T)^2 \approx \frac{1}{T}\int_0^T \nu_L(\tilde{x}_t)dt \tag{4-37}$$

其含义是，一个执行价格为 K 的看涨期权的 Black-Scholes 隐含波动率近似地等于局部方差沿着路径 $\tilde{x}_t$ 从估值时刻 $t=0$ 到到期时刻 $t=T$ 的积分，任意时刻布朗桥密度 $q(x_t, t; x_T, T)$ 在 $\tilde{x}_t$ 达到峰值。实际应用中，路径 $\tilde{x}_t$ 近似地等于在给定股票价格在到期日等于期权执行价格的条件下，局部方差沿着股票价格"最有可能经过的路径"从当前时刻到到期日的积分。

考虑瞬时方差在 s 时刻的非条件期望，通过求解随机微分方程（4-35）得到：

$$\hat{v}_s = (\nu_0 - \bar{\nu})e^{-\lambda s} + \bar{\nu} \tag{4-38}$$

其次，用式（4-39）定义从估值时刻到时刻 t 的期望总方差，即：

$$\hat{w}_t = \int_0^t \hat{v}_s ds = (v_0 - \bar{v})\left\{\frac{1 - e^{-\lambda t}}{\lambda}\right\} + \bar{v}t \tag{4-39}$$

最后，令 $u_t = \mathbb{E}[v_t \mid x_T]$ 为时刻 t 在给定到期时刻股票价格的对数 x 为 $x_T$，即期权执行价格的对数条件下瞬时方差的条件期望。对随机微分方程（4-35）取条件期望，如下：

$$du_t = -\lambda(u_t - \bar{v})dt + \frac{\rho\eta}{2}u_t dt + \rho\eta\frac{x_T}{\hat{w}_T}d\hat{w}_t + \sqrt{1-\rho^2}\eta\sqrt{v_t}\mathbb{E}[dW_t \mid x_T] \tag{4-40}$$

如果 $\sqrt{1-\rho^2}$ 的值较小，这一项可以忽略不计，得到如下公式：

$$du_t \approx -\lambda'(u_t - \bar{v}')dt + \rho\eta\frac{x_T}{\hat{w}_T}\hat{v}_t dt \tag{4-41}$$

其中，$\lambda'=\lambda-\rho\eta/2$，$\overline{v}'=v\lambda/\lambda'$。上述随机微方程的解为：

$$u_T \approx \hat{v}'_T + \rho\eta\frac{x_T}{\hat{w}_T}\int_0^T \hat{v}_s e^{-\lambda'(T-s)}ds \qquad (4-42)$$

其中，$\hat{v}'_s = (v-\overline{v}')e^{-\lambda's}+\overline{v}'$。式（4-42）给出了 Heston 模型下局部方差的估计式，可以观察到，在 Heston 模型下局部方差与 $x=\log\left(\dfrac{F}{K}\right)$ 近似地呈线性关系。

现在，如果按照之前总结的式（4-37）计算 Heston 模型的隐含波动率，需要沿着股票价格"最有可能经过的路径"对局部方差进行积分，这条路径连接了 0 时刻股票现价对应的点和到期时刻 T 执行价格 K 对应的点，在这条路径上类似布朗桥过程的概率密度函数达到最大值。Black-Scholes 隐含方差由下面的公式给出：

$$\sigma_{BS}(K,T)^2 \approx \frac{1}{T}\int_0^T \sigma^2_{\tilde{x}_t,t}dt = \frac{1}{T}\int_0^T u_t(\tilde{x}_t)dt \qquad (4-43)$$

其中，$\tilde{x}_t$ 是我们之前定义的股票价格"最有可能经过的路径"。我们前面提到，布朗桥密度 $q(x_t,t;x_T,T)$ 几乎是对称的，且在 $\tilde{x}_t$ 附近达到峰值，所以有 $\mathbb{E}[x_t-\tilde{x}_t\mid x_T]\approx 0$。进一步得到：

$$\tilde{x}_t = \mathbb{E}[\tilde{x}_t\mid x_T] = \mathbb{E}[\tilde{x}_t-x_t\mid x_T]+\mathbb{E}[x_t\mid x_T]\approx \frac{\hat{w}_t}{\hat{w}_T}x_T \qquad (4-44)$$

我们将这个表达式代入式（4-42）、式（4-43）中得到：

$$\sigma_{BS}(K,T)^2 \approx \frac{1}{T}\int_0^T u_t(\tilde{x}_t)dt \approx \frac{1}{T}\int_0^T\hat{v}'_t dt + \rho\eta\frac{x_T}{\hat{w}_T}\frac{1}{T}\int_0^T dt\int_0^t \hat{v}_s e^{-\lambda'(t-s)}ds \quad (4-45)$$

在式（4-45）下，我们得到 Heston 模型在 Black-Scholes 期权定价模型隐含方差中的在值期限结构，将积分明确地表达出来：

$$\sigma_{BS}(K,T)^2\mid_{K=F_T} \approx \frac{1}{T}\int_0^T\hat{v}'_t dt = \frac{1}{T}\int_0^T[(v-\overline{v}')e^{-\lambda't}+\overline{v}']dt$$

$$= (v-\overline{v}')\frac{1-e^{-\lambda'T}}{\lambda'T}+\overline{v}' \qquad (4-46)$$

可以看出在 Heston 模型中，当 T→0 时，在值状态的隐含方差有如下渐进性：

$$\sigma_{BS}(K, T)^2 \big|_{K=F_T} \rightarrow v \tag{4-47}$$

当 T→∞时，在值状态的 Black-Scholes 模型隐含方差趋近于 $\bar{v}'$。

### 三、数据选择与实验分析

理解随机波动率模型，尤其是 Heston 模型所生成的隐含波动率曲面的形态，需要清楚 Heston 模型生成的隐含波动率曲面的形态与市场实际的隐含波动率曲面是否相同。局部方差是瞬时方差的条件期望，利用这个结论估算一个给定的随机波动率模型产生的局部波动率，随后得到的这个模型就可以产生隐含波动率。按照这个给定的随机波动率模型，可以大概知道它生成的隐含波动率曲面的形状。为了更好地观察隐含波动率曲面的实际形态，用一个关于对数执行价格 k 的非线性函数（SVI）对每个期限的隐含方差数据进行拟合所得到的曲面，得到随机波动率模型推导出的隐含波动率曲面（见图4-7）。

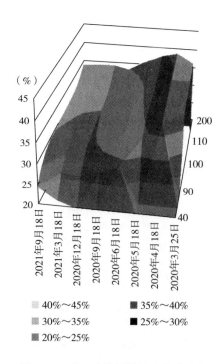

**图4-7　Heston 模型推导隐含波动率**

表 4-2 给出了 Heston 模型参数的校准输出，其中，Rho 是股票收益率 μ 与波动率 vt 的变化的相关性，Xi 是波动率的波动率，Sigma 是对应的到期日的在值波动率。

表 4-2　Heston 模型参数校准输出　　　　　　单位：%

| 到期日 | Sigma | Xi | Rho |
|---|---|---|---|
| 2020 年 4 月 18 日 | 39.82 | 37.61 | 99.00 |
| 2020 年 5 月 18 日 | 30.87 | 33.72 | 99.00 |
| 2020 年 6 月 18 日 | 30.23 | 29.63 | 99.00 |
| 2020 年 9 月 18 日 | 29.49 | 24.30 | 99.00 |
| 2020 年 12 月 18 日 | 25.04 | 16.57 | 99.00 |
| 2021 年 3 月 18 日 | 30.12 | 10.84 | 98.70 |
| 2021 年 9 月 18 日 | 30.85 | 6.40 | 96.61 |

为了衡量该模型的校准效果，我们同样与场内沪深 300 指数期权直接推导出的隐含波动率模型进行误差值比较，即在相同的到期日和执行价格，将随机波动率模型推导出的隐含波动率的数值与直接求得的隐含波动率模型值相减。图 4-8

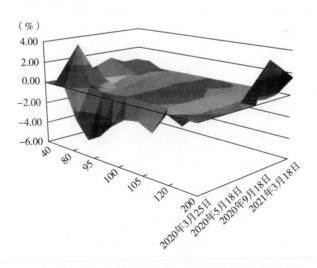

■ 2.00%～4.00%　　■ 0.00%～2.00%　　■ -2.00%～0.00%

■ -4.00%～-2.00%　　■ -6.00%～-4.00%

**图 4-8　Heston 模型隐含波动率误差值**

描绘了对应图 4-7 的随机波动率模型的隐含波动率误差值。大部分的误差值数据不超过 2%，深度实值和深度虚值的拟合度低于平值的状态。随机波动率模型推导出的隐含波动率整体而言误差值较小，相较于局部波动率模型，误差略微增大，但总体也在合理的区间之内。

Heston 模型与其他随机波动率模型最大的不同在于，Heston 模型存在一个可以快速、方便实现的欧式期权价格的半显式解。在利用欧式期权市场价格校准模型参数的时候，模型能够快速地计算欧式期权的价格是非常重要的。虽然 Heston 模型的动态过程并不一定符合实际情况，但是通过适当地选择参数，所有随机波动率模型生成的隐含波动率曲面的形状都基本相同。本质上，所有随机波动率模型的动态过程都是由一个股票价格过程和瞬时方法过程组成的，用这些模型计算更加复杂的衍生品价格的过程大致相同。由于 Heston 模型的计算量相对少一些，所以它比较受欢迎。

# 第四节　不同波动率模型定价的实证分析与结果比较

我们已经求证了历史波动率、隐含波动率、局部波动率模型和随机波动率模型，以及它们之间的关系。本书将重点比较不同波动率模型对路径依赖型期权的定价结果。定义一份一年期的雪球型自动赎回票据，具体定价要素如表 4-3 所示。标的资产为沪深 300 指数，本节选择该标的是因为在 2019 年 12 月国内市场推出了除当时唯一的上证 50ETF 场内期权品种之外的三个新增期权品种，沪深交易所的沪深 300ETF 期权和中金所的沪深 300 指数期权。

表 4-3　一张一年期雪球型自动赎回票据的合约

| 标的资产 | 沪深 300 指数 | 票面金额 | 1000 万元 |
|---|---|---|---|
| 到期时间 | 1 年 | 货币 | 人民币 |

续表

| 标的资产 | 沪深 300 指数 | 票面金额 | 1000 万元 |
|---|---|---|---|
| 自动赎回水平 | 103% | 自动赎回频率 | 每月 |
| 票息水平 | 100% | 票息频率 | 每月 |
| 敲入水平 | 70% | 敲入频率 | 每日 |
| 票息率 | 24.0%年化 | 本金保障 | 否 |

由于局部波动率和随机波动率的模型计算和校验需要场内期权工具，而我国目前尚未推出场内个股期权，因此，本节实验采用指数标的来定价自动赎回的路径依赖型期权结构。该票息期限为一年，敲出观察频率为月度观察，敲入观察为每日观察。

我们重新回顾，沪深 300 指数在两年内的波动率变化情况（见图 4-1），并在表 4-4 中列出其在 2018 年 3 月 19 日到 2020 年 3 月 18 日两年内的波动率数据，分别给出 30 天、60 天、90 天、180 天的历史波动率情况。可以看出，最新的波动率差值达到近 9%，但是平均值的差异很小，在 20.7% 附近。天数越长，波动率的最高值越小，最低值越大，标准差越小。30 天的波动率变化范围显著大于 180 天，一方面说明波动率短期难以稳定在较小的区间，另一方面说明短期波动率可能会发生较大变化，引导长期历史波动率数值在新的区间范围内。在路径依赖型期权定价参数中，观察变量的数值难以确定，采用不同的指标、不同的参数，得出的历史波动率差异也是巨大的。

表 4-4 沪深 300 指数的波动率数据分析 单位:%

| | HV30 | HV60 | HV90 | HV180 |
|---|---|---|---|---|
| 最新值 | 29.0 | 29.2 | 24.7 | 20.1 |
| 均值 | 20.8 | 20.7 | 20.7 | 20.6 |
| 中间值 | 19.5 | 21.4 | 21.1 | 21.7 |
| 标准差 | 6.6 | 5.0 | 4.2 | 3.3 |
| 最高值 | 36.9 | 30.3 | 27.2 | 25.7 |
| 最低值 | 11.2 | 11.4 | 11.9 | 13.6 |

本节使用局部波动率模型、随机波动率的 Heston 模型，选取 18%、24%、30%、36%这四个常数波动率，将其代入表 4-3 所定义的雪球型自动赎回结构中。由于局部波动率和 Heston 模型所必需的场内沪深 300 指数期权是每天变化的，这意味着不同交易日其指数期权在不同期限和在值状态的隐含波动率不同，这里，我们固定选择 2020 年 3 月 18 日作为定价日，并选择当天收盘的场内期权价格作为局部波动率模型和 Heston 模型的定价校准实验数据。

表 4-5 给出了不同波动率模型与该票据结构下的自动赎回结构的定价实验结果，即期权价值与标的资产在不同价格情况下的关系。在这里，我们对价格进行了归一化，统一除以该票据在起始日的期初价格，用小数表示。为了更加直观地体现，图 4-9 将不同波动率模型在标的资产不同价格情况下的定价结果以可视化的曲线来显示。其纵坐标是期权价值与票面名义本金的比例，横坐标是归一化后的沪深 300 指数价格。

### 表 4-5　不同波动率模型与自动赎回结构 NPV 关系　　　　单位:%

| 沪深 300 指数 | 局部波动率 | Heston 波动率 | 常数波动率数值 18% | 常数波动率数值 24% | 常数波动率数值 30% | 常数波动率数值 36% |
|---|---|---|---|---|---|---|
| 0.6299 | 63.85 | 63.63 | 63.07 | 63.34 | 63.64 | 63.74 |
| 0.6824 | 69.28 | 69.03 | 68.51 | 68.96 | 69.18 | 69.19 |
| 0.7349 | 76.07 | 75.91 | 82.48 | 78.77 | 76.66 | 75.40 |
| 0.7874 | 83.30 | 83.01 | 95.94 | 88.50 | 83.93 | 81.35 |
| 0.8399 | 89.68 | 89.30 | 104.52 | 95.82 | 90.08 | 86.60 |
| 0.8924 | 94.55 | 94.46 | 108.63 | 100.62 | 94.75 | 91.14 |
| 0.9449 | 98.46 | 98.19 | 109.09 | 102.99 | 98.09 | 94.71 |
| 0.9974 | 100.62 | 100.46 | 106.84 | 103.33 | 100.06 | 97.46 |
| 1.0000 | 100.71 | 100.53 | 106.70 | 103.31 | 100.14 | 97.57 |
| 1.0499 | 101.95 | 101.61 | 103.86 | 102.74 | 101.04 | 99.31 |
| 1.1024 | 102.42 | 101.99 | 102.16 | 102.11 | 101.45 | 100.47 |
| 1.1549 | 102.35 | 101.98 | 101.70 | 101.79 | 101.60 | 101.11 |

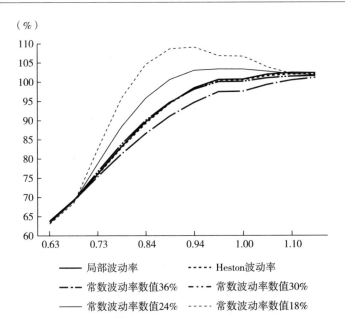

图 4-9　不同波动率模型与自动赎回结构 NPV 关系

我们发现，对于局部波动率模型和 Heston 模型给出的定价实验结果，在任何价格区间内的期权价值都很相近，而常数波动率模型仅在资产价格较大（在敲出附近）和资产价格较小（在敲入以下）的价格区间期权价值相近。这是因为在较大和较小的价格区间，自动赎回结构的波动率风险，即 Vega 数值很小，因此，波动率模型对定价的影响和误差很小。然而，在中间的价格区间内，Vega 数值影响较大，常数波动率模型之间的定价误差极大，甚至接近 20%。通过图 4-9 我们发现，在常数波动率模型中，在本节实验的假设条件下，常数 30% 的实验结果与局部波动率模型和 Heston 模型最为接近。结合表 4-4 的数据，实验结果与 30 天和 60 天的最新波动率数值 29% 相近，其远高于历史平均值 20.7% 左右。这可能意味着在未来的一定时间内，整体上已实现波动率有增大的趋势。

下面，我们再来看不同波动率模型与自动赎回结构在不同标的资产价格范围内的 Delta 变化关系。同样对资产价格进行归一化处理，Delta 数值为 Cash Delta 与名义本金的比例，具体关系如表 4-6 所示。图 4-10 给出了该关系的可视化曲线，便于直观看到实验结果。值得注意的是，局部波动率模型和 Heston 模型同样在 Delta 数值上很接近，而常数波动率模型之间的差别在增大。

表4-6　不同波动率模型与自动赎回结构 Delta 关系　　　单位:%

| 沪深300指数 | 局部波动率 | Heston波动率 | 常数波动率数值18% | 常数波动率数值24% | 常数波动率数值30% | 常数波动率数值36% |
|---|---|---|---|---|---|---|
| 0.6299 | 65.97 | 64.36 | 64.07 | 64.46 | 65.09 | 62.86 |
| 0.6824 | 68.93 | 70.30 | 71.62 | 73.69 | 70.49 | 71.36 |
| 0.7349 | 106.13 | 102.63 | 223.27 | 150.94 | 113.69 | 81.94 |
| 0.7874 | 104.54 | 101.37 | 165.52 | 136.00 | 95.13 | 82.04 |
| 0.8399 | 95.47 | 94.83 | 94.58 | 103.64 | 82.75 | 81.34 |
| 0.8924 | 70.08 | 79.28 | 34.36 | 61.50 | 68.03 | 72.95 |
| 0.9449 | 56.04 | 50.61 | −17.67 | 22.42 | 51.11 | 50.86 |
| 0.9974 | 38.78 | 28.72 | −51.83 | −7.41 | 25.69 | 46.03 |
| 1.0000 | 35.63 | 29.70 | −57.15 | −2.70 | 29.00 | 44.51 |
| 1.0499 | 19.74 | 15.84 | −49.96 | −11.86 | 10.49 | 25.95 |
| 1.1024 | 3.93 | 2.26 | −19.35 | −7.99 | 6.86 | 16.97 |
| 1.1549 | −7.25 | −0.53 | −3.68 | −2.42 | 1.77 | 12.66 |

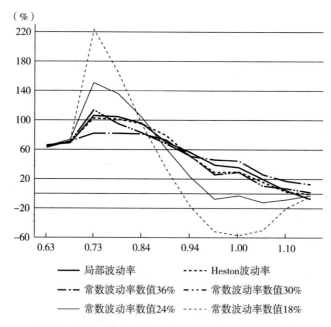

图4-10　不同波动率模型与自动赎回结构 Delta 关系

在常数波动率模型中，同样是常数 30% 的实验结果与局部波动率和 Heston 模型的实验结果接近，但是 18% 和 24% 的常数波动率模型的误差非常大，以致于很难在 Delta 对冲上取得好的效果，甚至无法满足合理的对冲。有意思的现象是，表 4-4 给出的沪深 300 指数在过去两年的 4 个不同时间跨度的历史波动率平均值都在 20% 附近，这与代入实验的 18% 和 24% 的常数波动率最为接近，但反映在定价结果上，这两个数值偏差很大。

这个结果说明，历史波动率不代表未来一定时间内的波动率数值变化，局部波动率和 Heston 模型在路径依赖型自动赎回结构中取得了稳定的定价结果，这是因为其波动率模型所必要的输入参数包含了定价日当天、大量不同期限和执行价格的场内沪深 300 指数期权的价格数据，而其期权价格和隐含波动率是对应的。局部波动率和 Heston 模型本质上反映了该标的资产在当前和未来一段时间内的波动率数值变化范围的可能性，相比已实现波动率，其对未来的预测性更加显著。局部波动率和 Heston 模型更加适合路径依赖型期权的定价，因为路径依赖型期权的定价结果取决于标的资产价格的行动路径，而影响价格趋势和路径变化最重要的参数就是标的资产未来的波动率。

从另一个角度我们可能认为，常数波动率模型中也有能与局部波动率和随机波动率 Heston 模型中相近的数值，因为常数波动率模型计算简便、观测直接，其优点也是明显的，且模型具备可用性。从实验结果来看，可以找到近似的常数波动率参数值，但是我们回顾沪深 300 指数波动率在过去两年的变化趋势，发现找到唯一的常数波动率是困难的。其曲线变化复杂，统计数据在不同时间的差异较大，历史波动率的最新值和平均值的偏离差距也很大。常数波动率的选择误差可能直接导致定价不合理，错误的对冲行为导致票据发行者出现对冲损失。

因此，对于自动赎回的路径依赖型结构，局部波动率和随机波动率 Heston 模型的定价结果更加可靠。同时，前文分别给出了局部波动率和随机波动率 Heston 模型与隐含波动率的关系，其带来的额外优势是，可以通过其模型校验输出的隐含波动率与场内期权的隐含波动率数值来进行误差值分析，以判断该模型是否合理。此外，还可以人为设定模型校验输出的隐含波动率，加入主观的未来判断或者更加拟合的现实数据，把这些数据信息代入路径依赖型期权结构的定价中，这也是局部波动率和随机波动率 Heston 模型受欢迎的原因。其不足之处是，在我国尚未有场内个股期权的情况下，该定价方法仅限于指数标的资产的定价。

# 第五节　本章小结

波动率参数在金融领域具有广泛的应用价值，特别是在期权定价理论中，它唯一无法直接观测得出的参数变量。选择合理的波动率参数模型，对路径依赖型期权的定价意义重大。本章对波动率进行分类解释和模型计算。我们注意到，理论上，不同类型的波动率都不应不同，因为它们都指向相同的变量，即标的资产价格的波动，但是在实践中它们可能会有所不同。历史波动率也称为已实现波动率，是使用过去的经验价格数据测算的波动率。

隐含波动率是与场内期权价格相关的波动率。本章推导出了隐含波动率与局部波动率和随机波动率模型的关系。因此，其额外带来的优势是，可以通过模型校验输出的隐含波动率与场内期权的隐含波动率数值来进行误差值分析，判断该模型是否合理。另外，还可以人为设定模型校验输出的隐含波动率，加入主观的未来判断或者更加拟合的现实数据，再代入路径依赖型期权结构的定价中。

局部波动率模型的优势包括，第一，没有引入其他的随机源，因此，模型是完整的。第二，可以对局部波动率模型进行校准，使其完全符合经验观察到的隐含波动率表面，从而能够对路径依赖型期权进行一致的定价。第三，相较于与时间相关的波动率，局部波动率模型能够在更大程度上解释波动率的经验观察和理论论证。尽管局部波动率模型是对时间依赖型波动率的一种改进，但它们具有某些不良的特性。例如，波动率与股票价格完全相关，但经验观察表明不存在完美的相关性。股票价格在经验上显示出波动性聚集，但在局部波动性下并不一定会发生这种情况。因此，在局部波动率模型发展过程，学者提出了允许波动率参数受其自身随机过程支配的模型，即随机波动率模型。

随机波动率模型的波动率具有自身的随机性。因此，与局部波动率不同，我们永远无法绝对确定随机波动率的价值。随机波动率模型的主要优点是，与其他波动率模型相比，它们捕获了更丰富的经验特征集。随机波动率模型产生的收益分布与经验观察到的相似。例如，与正态分布相比，返回分布的左尾部和峰度更胖。历史波动率的波动性明显高于局部波动率或时间波动率的预期，这可以用随机波动率模型更好地解释。随机波动率的缺点是，首先引入了不可交易的随机性来源，因此，市场不再完整，我们无法再进行独特的价格选择或完全套期保值，随机波动的实际应用受到限制。另外，随机波动率模型在分析上往往较难处理，实际上，随机波动率模型通常没有针对期权价格的解析式方案，因此，期权定价只能通过模拟来计算。

在求证历史波动率、隐含波动率、局部波动率模型和随机波动率模型，以及他们之间的关系后，重点比较不同波动率模型对于路径依赖型期权的定价结果。局部波动率模型和 Heston 模型在任何价格区间内给出的定价实验结果都很相近；常数波动率模型仅在资产价格较大和较小的价格区间期权价值相近。这是因为在远端的价格区间，自动赎回结构的波动率风险影响较小，即 Vega 数值较小，因此，波动率模型对定价的影响和误差很小。然而，在中间的价格区间内，Vega 数值较大，常数波动率模型之间的定价误差极大。

历史波动率的数值不代表未来波动率数值的变化。局部波动率和 Heston 模型之所以在路径依赖型自动赎回结构中取得稳定的定价结果，是因为其波动率模型所必要的输入参数中包含定价日当天、大量不同期限和执行价格的场内期权价格数据，而期权价格和隐含波动率的关系是对应的。局部波动率和 Heston 模型更加适合路径依赖型期权定价，因为路径依赖型期权的定价取决于标的资产价格的行动路径，而影响价格趋势和路径变化最重要的参数就是标的资产未来的波动率。

# 第五章　路径依赖型期权的
# 蒙特卡罗模拟法

任何考虑产生随机数的算术方法的人，当然都处于犯罪状态（Anyone who considers arithmetical methods of producing random digits is, of course, in a state of sin）。

——约翰·冯·诺依曼（John von Neumann）

在给期权定价时，需要关注标的价格和市场参数波动带来的风险。风险中性定价（Risk Neutral Pricing）方法允许我们用期望值来计算某一投资组合产品的持有成本，而不必确定投资组合产品未来的真实价值。在当前的模型参数条件下，一旦定价公式或定价算法能够被推导出来，就可以给出投资组合相对于当前价格或参数的偏导数。关于价格和模型参数的偏导数也被称为敏感性（Sensitivities）或希腊字母（Greeks）。应用这种对冲策略，我们需要知道期权定价中关于各个参数的偏导数，他们是评估期权产品风险的重要指标。所以，在一定程度上，得到准确的Greeks比计算衍生品价值更为重要。对于复杂的期权产品，如具备路径依赖特性的自动赎回结构，解析定价公式通常是不可得到的。对于这些复杂的衍生品，我们使用蒙特卡罗模拟计算期权价值和Greeks，即相对于输入参数（如资产价格、利率和波动水平）价格的一阶导数和二阶导数。

鉴于此，本章研究路径依赖型期权定价的灵敏度数值，即特定参数的偏导数，并讨论三种计算希腊字母的主要方法，以及各自的优点和不足。路径依赖型期权的复杂维度不仅在于收益函数的灵活多变，还在于标的维度的复杂性，本章也将给出多维标的结构的似然比方法的模型推导和有效证明。蒙特卡罗模拟计算导数的最简单方法是应用有限差分法。不幸的是，在路径依赖型期权结构中，这可能导致蒙特卡罗算法给出不稳定或不准确的模拟结果。当期权的收益函数（Payoff Function）不可求导时，路径敏感性法也不适用。即使收益函数可以求导，也意味着在实践中很难求解非常复杂的期权。

# 第一节　文献回顾与假设的提出

1940 年，Von Neumann 和 Ulam 推出了"Monte Carlo"，作为洛斯阿拉莫斯（Los Alamos）秘密工作的代号。1966 年，Paul F. Dienemann 使用蒙特卡罗技术估算不确定性成本，这是兰德公司为美国军方进行的研究项目的一部分。20 世纪 70 年代，罗马尼亚就在工程和经济学中使用了随机数。由于那时很难生成随机数，因此，该方法尚未得到广泛应用。该方法虽然缓慢且耗时，但对于多维的问题相对灵活，并且已被证明是现代金融中一种有价值且灵活的计算工具。它们在金融中有多种用途，包括证券的估值、敏感性的估计、风险分析和投资组合的压力测试。

## 一、问题的提出

Broadie 和 Glasserman（1996）在研究进展中描述并扩大了可以应用模拟的问题类型，他们的研究证明，仿真计算是期权定价的宝贵工具。Nwozo 和 Fadugba（2012）对蒙特卡罗模拟法进行了概述，讨论了三种用于期权估值的数值方法，即二项式模型、有限差分法和蒙特卡罗模拟，并将这些方法的收敛性与 Black - Scholes 期权定价模型进行比较。蒙特卡罗模拟对依赖路径型期权定价很有用，特别是对于不具有方便的解析公式的期权价格。蒙特卡罗模拟的基础是强大的大数定律，该定律指出，独立且分布均匀的随机变量的算术平均值几乎可以肯定地收敛于其平均值。

本章的分析延续了 Broadie 和 Glasserman 的思想，提出了 Black-Scholes 期权定价模型的通常假设，即期权标的资产的价格遵循对数正态随机分布，没有套利机会，标的资产的价格预计将通过无风险利率升值。标准的蒙特卡罗技术使用随机数或者伪随机数，这些随机数是在单位间隔 [0, 1) 上均匀分布的独立的随机变量。使用抽样程序计算风险中性世界中的预期收益，使用蒙特卡罗模拟时通常遵循如下主要步骤：

（1）在期望的时间范围内，在风险中性条件下模拟基础资产的路径。

（2）以无风险利率折现与路径相对应的收益。

（3）对大量的模拟样品路径重复该过程。

（4）对样本路径上的折现现金流进行平均，以获得期权的价值。

首先考虑一种定价算法，该算法使用蒙特卡罗模拟来计算金融产品的价格，对其作为等价鞅测度 Q（Equivalent Martingale Measure）下等价物相对值的数学期望。

$$V(t_0) = N(t_0) E^Q \left[ \frac{V(T)}{N(T)} \mid \mathcal{F}_{t_0} \right] \tag{5-1}$$

我们感兴趣的是关于某些模型参数的偏导数的计算，如期初资产的价值数量（Delta）和波动率参数（Vega）等。由于此问题被视为一般通用情况下的数值问题，不一定与导数的定价相关，因此，本书不采用特定的期权结构，而是使用更通用的数学符号公式。重新陈述蒙特卡罗期权定价方法，将假设模型作为随机过程 X 给出，如伊藤过程，如下：

$$dX = \mu dt + \sigma dW(t) \tag{5-2}$$

对某些标的模型进行初始建模（如金融产品、股票、远期汇率、掉期汇率）。通过 Black-Scholes 期权定价模型，我们得到 X = (log (S)，log (B))。$X^*(t_i)$ 表示通过一些离散化时间生成的 $X(t_i)$ 的近似值，如欧拉格式（Euler

Scheme），如下：

$$X^*(t_{i+1}) = X^*(t_i) + \mu(t_i)\Delta t_i + \sigma(t_i)\Delta W(t_i) \tag{5-3}$$

我们假设金融产品仅在有限的时间点上依赖于 X 的实现，即假设金融产品的风险中性定价可以表示为函数 f 的期望（相对于定价度量），$Y = (X(t_0),$ $X(t_1), \cdots, X(t_m))$。对于许多产品（如百慕大期权）来说都是如此。如果通过数值方案的实现对它们进行近似计算，则可以得到：

$$E(f(Y) \mid \mathcal{F}_{t_0}) \approx E(f(Y^*) \mid \mathcal{F}_{t_0}) = E\left(f((X^*(t_0), X^*(t_1), \cdots, X^*(t_m))) \mid \right.$$
$$\left. \mathcal{F}_{t_0}\right) \tag{5-4}$$

其中，f 表示相对于数值的收益函数。蒙特卡罗求解在某些样本路径的收益函数的平均值，公式如下：

$$E(f(Y^*) \mid \mathcal{F}_{t_0}) \approx \hat{E}(f(Y^*) \mid \mathcal{F}_{t_0}) = \frac{1}{n}\sum_{i=1}^{n} f(Y^*(\omega_i)) \tag{5-5}$$

概括地说，涉及两个近似步骤：第一个步骤是通过时间离散过程来近似时间连续过程。第二个步骤是通过对 n 个样本路径的蒙特卡罗模拟来计算近似期望值。这是蒙特卡罗模拟实现定价计算的最低要求。假设 θ 表示某个模型参数或通用市场数据运动的参数化，让 $Y_\theta$ 表示包含该参数的模型让我们进一步假设，$\phi_{Y_\theta}$ 表示 $Y_\theta$ 的概率密度，则灵敏度的解析计算为：

$$\frac{\partial}{\partial\theta}E(f(Y_\theta) \mid \mathcal{F}_{t0}) = \frac{\partial}{\partial\theta}\int_{\mathbb{R}^m} f(y)\phi_{Y_\theta}(y)\,dy \tag{5-6}$$

尽管收益函数 f 可能是不连续的，但密度通常是 θ 的平滑函数。在这种情况下，价格的期望值 E（f（$Y_\theta$）| $\mathcal{F}_{t0}$）也是 θ 的平滑函数，价格继承了 $\phi_{Y_\theta}$ 的平滑性。如果收益函数 f 不够平滑，数字期权的收益函数显示出不连续性，基于蒙特卡罗的定价算法，使用有限差分法在灵敏度计算中会表现出不稳定性。当我们考虑蒙特卡罗近似时，就会出现困难。它继承了收益函数 f 的规律性，而不是密度函数 φ 的规律性，公式如下：

$$\hat{E}(f(Y_\theta) \mid \mathcal{F}_{t_0}) = \frac{1}{n}\sum_{i=1}^{n} f(Y_\theta(\omega_i)) \tag{5-7}$$

因此，尽管 $E(f(Y_\theta) \mid \mathcal{F}_{t0})$ 可能很平滑，但蒙特卡罗近似 $\hat{E}(f(Y_\theta) \mid \mathcal{F}_{t_0})$ 仍

可能出现间断。在这种情况下，应用于蒙特卡罗定价的导数的有限差分法的近似效果将表现不佳。如果我们考虑两个非常简单的例子，计算蒙特卡罗灵敏度的挑战就变得显而易见。

考虑线性收益函数，公式如下：

$$f(X(T)) = aX(T) + b \tag{5-8}$$

收益函数仅取决于 X 在 T 时间的实现（类似欧式期权）。让 $Y_\theta(\omega) = X(T, \omega, \theta)$，这里 $\theta$ 表示某些模型的参数。收益函数关于参数 $\theta$ 的蒙特卡求解得出的偏导数为：

$$\frac{\partial}{\partial \theta} \hat{E}(f(Y_\theta) \mid \mathcal{F}_{t_0}) = \frac{1}{n} \sum_{i=1}^{n} \frac{\partial}{\partial \theta} f(Y_\theta(\omega_i)) = \frac{1}{n} \sum_{i=1}^{n} a \frac{\partial}{\partial \theta} Y_\theta(\omega_i) \tag{5-9}$$

显然，蒙特卡罗模拟近似的精度仅取决于 $\frac{\partial Y_\theta}{\partial \theta}$ 的方差。当 $\frac{\partial}{\partial \theta} Y_\theta(\omega_i)$ 不依赖于 $\omega_i$ 时，即使我们仅使用一条路径，蒙特卡罗计算值的逼近结果也会给出偏导数的确切值。

考虑一个不连续的收益函数，如下：

$$f(X(T)) = \begin{cases} 1 & \text{if } X(T) > K \\ 0 & \text{else} \end{cases} \tag{5-10}$$

从分析上我们知道，$Y_{\theta+h} = Y_\theta + \frac{\partial Y_\theta}{\partial \theta} h + O(h^2)$，并且：

$$E^Q(f(Y_{\theta+h}) \mid \mathcal{F}_{t_0}) = \mathbb{Q}(\mid Y_\theta > K - \frac{\partial Y_\theta}{\partial \theta} h - O(h^2) \mid) = \int_{K - \frac{\partial T_\theta}{\partial \phi} h - O(k^2)}^{\infty} \phi_{Y_\theta}(y) \, dy$$

$$\lim_{h \to 0} \frac{1}{2h} (E^Q(f(Y_{\theta+h}) \mid \mathcal{F}_{t0}) - E^Q(f(Y_{\theta-h}) \mid \mathcal{F}_{t_0})) = \phi_{Y_\theta}(K) \frac{\partial Y_\theta}{\partial \theta} \tag{5-11}$$

但是，蒙特卡罗求解的收益函数的偏导数为：

$$\frac{\partial}{\partial \theta} \hat{E}(f(Y_\theta) \mid \mathcal{F}_{t0}) = \frac{1}{n} \sum_{i=1}^{n} \frac{\partial}{\partial \theta} f(Y_\theta(\omega_i)) = 0 \tag{5-12}$$

这里对于全部的假定 $Y_\theta(\omega_i) \neq K$，因此，此处的蒙特卡罗求解的偏导数总是错误的。

上面的两个简单示例表明，如果收益函数是平滑的，则蒙特卡罗求解的有限差分近似效果很好；但如果收益函数表现出不连续性，则有限差分效果有些欠佳。如果考虑期权产品的不连续行为只是收益函数的一部分，那么问题会变得更加微妙，产品的性质也可能更加复杂。例如，凤凰型自动赎回结构对于观察期内的每段时间 $T_1, \cdots, T_n$，收益函数可能获得票息的累计也可能没有获得，这取决于观察日的价格与票息障碍价格之间的关系。特别是当自动赎回事件发生时，原本的收益函数不再具有连续性。将这样的有限差分近似应用于蒙特卡罗实施过程，通常会导致蒙特卡罗计算的极大误差。如果导数的收益函数不连续，随着 h 趋于 0，此处的蒙特卡罗误差趋于无穷大。每当存在触发事件时，就会出现不连续的支出。

蒙特卡罗的敏感性计算是一项具有挑战意义的定价工作，学术界已经提出了许多方法来计算蒙特卡罗的敏感性，包括 Broadie 和 Glasserman（1996）给出的似然比方法，Malliavin（1999）演算的应用。这些方法提高了敏感性计算的鲁棒性（Robustness），但需要更多信息。在蒙特卡罗模拟中，有两种不同的敏感计算方法：路径敏感性方法，用于区分每个模拟路径上的收益；似然比方法，用于区分概率密度。

### 二、有限差分法的局限性

有限差分的数学表达式近似为：

$$\frac{\partial}{\partial \theta} E^Q(f(Y_\theta) \mid \mathcal{F}_{t_0}) \approx \frac{1}{2h}(E^Q(f(Y_{\theta+h}) \mid \mathcal{F}_{t_0}) - E^Q(f(Y_{\theta-h}) \mid \mathcal{F}_{t_0}))$$

$$\approx \frac{1}{2h}(\hat{E}^Q(fY_{\theta+h}) \mid \mathcal{F}_{t_0}) - \hat{E}^Q(f(Y_{\theta-h}) \mid \mathcal{F}_{t_0}))$$

$$= \frac{1}{n}\sum_{i=1}^{n}\frac{1}{2h}(f(Y_{\theta+h}(\omega_i) - f(Y_{\theta-h}(\omega_i)) \tag{5-13}$$

有限差分法最重要的特征是它们的通用性。一旦定价代码被编写，就可以计算出各种衍生品的敏感性。对于平稳的收益函数，有限差分近似收敛于 h→0 的导数。因此，如果收益函数是平滑的，则较小的偏移 h 是有利的。当 h 较大时，导数的近似值有偏差。对于不连续的收益函数，为使 h→0，蒙特卡罗求解的有限差分不会收敛到蒙特卡罗求解的导数。原因是，对于不连续的收益函数，蒙特卡罗近似（n→∞）和导数近似（h→0）不可互换。

对于不连续的收益函数，较小的固定偏移 h 的有限差分的表现很差。不连续性对敏感性的贡献可以通过分析来计算，它等于跳跃大小乘以不连续处的概率密度。有限差分法仅通过那些落入不连续点附近，且具有移位大小宽度的样本路径数量来解决此影响。因此，如果偏移量较小，不连续性可能受到几个点的影响，最终导致较大的蒙特卡罗计算误差。对于不连续的收益函数，最好使用较大的偏移量。但如果偏移量很大，则导数会受到二阶效应（如果存在）的影响。

考虑线性收益函数情况下偏导数的有限差分法的近似解，对于：

$$f(X(T)) = aX(T) + b \tag{5-14}$$

我们得到：

$$\frac{\partial}{\partial \theta} E^Q(f(Y_\theta) \mid \mathcal{F}_{t_0}) \approx \frac{1}{2h}(E^Q(f(Y_{\theta+h}) \mid \mathcal{F}_{t_0}) - E^Q(f(Y_{\theta-h}) \mid \mathcal{F}_{t_0}))$$

$$\approx \frac{1}{2h}(\hat{E}^Q(f(Y_{\theta+h}) \mid \mathcal{F}_{t_0}) - \hat{E}^Q(f(Y_{\theta-h}) \mid \mathcal{F}_{t_0}))$$

$$= \frac{1}{n}\sum_{i=1}^{n} \frac{1}{2h}(f(Y_{\theta+h}(\omega_i)) - f(Y_{\theta-h}(\omega_i)))$$

$$= \frac{1}{n}\sum_{i=1}^{n} a \frac{1}{2h}(Y_{\theta+h}(\omega_i) - Y_{\theta-h}(\omega_i)) \tag{5-15}$$

如果 $\frac{\partial}{\partial \theta}Y_\theta(\omega_i) \approx \frac{1}{2h}(Y_{\theta+h}(\omega_i) - Y_{\theta-h}(\omega_i))$，则这是一个好的近似情况。通常在这种情况下，在本章，我们假定的是，实现 $Y_\theta(\omega_i)$ 在模型参数中 $\theta$ 是平滑的。

对于不连续的收益函数，$f(X(T)) = 1$ if $X(T) > K$ 和 $f(X(T)) = 0$，在其他情况下得出：

$$\frac{\partial}{\partial \theta} E^Q(f(Y_\theta) \mid \mathcal{F}_{t_0}) \approx \frac{1}{2h}(E^Q(f(Y_{\theta+h}) \mid \mathcal{F}_{t_0}) - E^Q(f(Y_{\theta-h}) \mid \mathcal{F}_{t_0}))$$

$$\approx \frac{1}{2h}(\hat{E}^Q(f(Y(Y_{\theta+h})) \mid \mathcal{F}_{t_0}) - \hat{E}^Q(f(Y_{\theta-h}) \mid \mathcal{F}_{t_0}))$$

$$= \frac{1}{n}\sum_{i=1}^{n}\frac{1}{2h}(f(Y_{\theta+h}(\omega_i)) - f(Y_{\theta-h}(\omega_i))) \qquad (5-16)$$

$$\frac{\partial}{\partial\theta}E^Q(f(Y_\theta) \mid \mathcal{F}_{t_0}) = \frac{1}{n}\sum_{i=1}^{n}\frac{1}{2h}\begin{cases} 1 & \text{if } Y_{\theta-h}(\omega_i) < K < Y_{\theta+h}(\omega_i) \\ -1 & \text{if } Y_{\theta-h}(\omega_i) > KpY_{\theta+h}(\omega_i) \\ 0 & \text{else} \end{cases} \qquad (5-17)$$

这是一个有效的近似值，但是它具有较大的蒙特卡罗方差，因为真实值是在适当频率下，不断通过 0 和 1/2h 进行采样。如果 h 变小，则必须通过采样 0 和非常大的常数来表示真值。

总之，有限差分法无须知道标的价格 X 分布的解析密度函数，也不需要了解收益函数 f，对于敏感性分析，不需要知道某个模型参数或通用市场数据运动的参数化的本质 θ。但是不足之处也是明显的，非连续的收益函数和较小的 h 存在跳跃现象，而且估计值的方差较大；需要进行两次蒙特卡罗模拟，需要占用更大的空间和时间；结果不收敛，即估计值是有偏的。

### 三、路径敏感性法的局限性

路径敏感性法的本质是求导链式法则的一个应用。将 Y（ω，θ）看作关于参数 θ 和路径 ω 的随机变量，在风险中性测度下，可得：

$$\frac{\partial}{\partial\theta}E^Q(f(Y(\theta)) \mid \mathcal{F}_{t_0}) = \frac{\partial}{\partial\theta}\int_\Omega f(Y(\omega,\theta))d\,\mathbb{Q}(\omega) = \int_\Omega\frac{\partial}{\partial\theta}f(Y(\omega,\theta))dQ(\omega)$$

$$= \int_\Omega f'(Y(\omega,\theta))\frac{\partial Y(\omega,\theta)}{\partial\theta}dQ(\omega) = E^Q(f'(Y(\theta))$$

$$\frac{\partial Y(\theta)}{\partial\theta} \mid \mathcal{F}_{t_0}) \qquad (5-18)$$

$$f^{smooth} \approx \hat{E}^Q(f'(Y(\theta))\frac{\partial Y(\theta)}{\partial\theta} \mid \mathcal{F}_{t_0}) = \frac{1}{n}\sum_{i=1}^{n}f'(Y(\omega_i,\theta))\frac{\partial Y(\omega_i,\theta)}{\partial\theta} \qquad (5-19)$$

路径敏感性方法需要关于参数 f' 的导数和关于参数 θ 的过程实现的导数知

识。因此，它仅适用于有限类的模型和模型参数，仅在如下偏导数中是可以计算的：

$$\frac{\partial Y(\omega_i, \theta)}{\partial \theta} \qquad\qquad (5-20)$$

由于我们要求 f′ 存在，因此，似乎无法处理收益函数中的不连续性。但是，可以通过分析来计算不连续性的影响。该方法的主要缺点是，它需要有关收益函数和模型实现的专门知识。另外，在多维标的和复杂收益结构的情况下，求解可计算的偏导数很可能是一个困难的过程。

路径敏感性方法很自然地导致了一种伴随实现，该实现可以以非常低的成本计算对大量输入参数的敏感性。Giles 和 Glasserman（2006）的论文首次在蒙特卡罗模拟中引入了这种技术，引起了金融界的极大兴趣，因为金融界每天都需要计算大量的敏感性。路径敏感性法的优点是只需进行一次蒙特卡罗模拟，且敏感性估计值是无偏的，因此，当 n 足够大后，敏感性估计值是收敛的。

但是其缺点也是显而易见的，路径敏感性法需要得到收益函数 f 的导数的解析值，因此，要求 f 在每一处都是连续和光滑的，同时也需要知道标的 X 关于参数的导数的解析值。由于基于路径依赖的期权，如前文介绍的自动赎回结构，其收益函数往往是不连续的，所以，路径敏感性法的限制性导致无法使用该方法在蒙特卡罗模拟中求解很多路径依赖型场外期权的敏感性。

# 第二节　最大似然法的理论改进

## 一、模型构建与变量设计

与路径敏感性法不同，似然比法（Likelihood Ratio Weighting）是对积分项求解偏导数。Broadie 和 Glasserman 提出对密度函数进行求导，我们可以将期望写成与密度的卷积。然后，似然比加权后得到：

$$\frac{\partial}{\partial\theta}E^Q(f(Y(\theta)) \mid \mathcal{F}_{t_0}) = \frac{\partial}{\partial\theta}\int_\Omega f(Y(\omega,\ \theta))dQ(\omega) = \frac{\partial}{\partial\theta}\int_{\mathbb{R}^m} f(y)\phi_{Y(\theta)}(y)dy$$

$$= \int_{\mathbb{R}^m} f(y)\frac{\frac{\partial}{\partial\theta}\phi_{Y(\theta)}(y)}{\phi_{Y(\theta)}(y)}\phi_{Y(\theta)}(y)dy$$

$$= E^Q(f(Y)w(\theta) \mid \mathcal{F}_{t_0})$$

$$\approx \hat{E}^Q(f(Y)w(\theta) \mid \mathcal{F}_{t_0}) = \frac{1}{n}\sum_{i=1}^n f(Y(\omega_i))w(\theta,\ \omega_i)$$

$$(5\text{-}21)$$

其中，$w(\theta) = \dfrac{\frac{\partial}{\partial\theta}\phi_{T(\theta)}(Y(\theta))}{\phi_{Y(\theta)}(Y(\theta))}$ 为标的路径密度函数关于参数的偏导数，被称

为 $\theta$ 的权重函数。注意上述假定，收益函数仅仅是标的路径的函数，与参数 $\theta$ 无关。因此，若考虑折现，折现因子可能与参数 $\theta$ 有关，在计算积分内部关于 $\theta$ 的偏导数时，需要对折现因子部分做偏导。该部分的具体实例将在下文进行介绍。

似然比法不需要掌握有关收益函数的其他信息，与路径敏感性相比，这是一个显著的优势。但是，它要求知道模型实现 X（t）的概率密度函数的解析值，而且还必须相对于参数 $\theta$ 知道其导数解析式。这种情况很少发生，因此，这也是该方法的主要缺点。

似然比法不要求收益函数是平滑的，只需进行一次蒙特卡罗模拟，可以节约大量计算时间，而且敏感性估计值是无偏的，对收益函数没有过多要求。该方法在计算收益函数的不连续性的影响时效果很好。但是，该方法存在平滑支付的问题，即使用似然比的近似蒙特卡罗计算误差大于有限差分近似的蒙特卡罗计算误差，而且需要知道标的 X（t）的概率密度函数的解析值。由于大部分标的价格的概率密度函数近似满足对数正态分布，所以，似然比法的通用性很强。路径依赖型期权往往收益结构特征复杂，在收益函数不连续的情况下，似然比是很好的办法。特别是在障碍价格附近，针对自动赎回期权的 Delta 和 Gamma 不稳定的问题，似然法的求解优势得到了明显体现。

### 二、对数正态框架下的似然比法理论推导

比较以上阐述的三种方法，对于路径依赖型期权，优先使用似然比法计算 Greeks。首先，似然比法的结果是无偏的。其次，似然比法可以处理各种收益结构的衍生品，无须考察收益函数的连续性和光滑性。最后，对数正态模型仍是目前最为接受的模型，在对数正态模型假定下，标的密度函数是完全可知的，这为似然比法提供了非常高的便利性。所以，在对数正态模型的框架下，似然比法适用于计算所有衍生品的 Greeks，而且结果是无偏的。这一部分将推导各个 Greeks 在对数正态模型下的权重函数。

似然比法的核心是权重函数的推导，下面将通过单标的和多标的依次推导权重函数。在以下讨论中，标的为股价 S，只考虑一条路径，步数路径为 n，步长相等且步长为 dt。对于单标的结构，假设无风险利率为 r，波动率为 $\sigma$，标的 S 服从（风险中性测度下的）几何布朗运动 $dS = rSdt + \sigma SdB_t$，由 Ito 公式可以得出：

$$d\ln S = \left(r - \frac{1}{2}\sigma^2\right)dt + \sigma dB_t \tag{5-22}$$

所以，$\ln S$ 服从对数正态分布，即：

$$\ln S_{t+1} \mid S_t \sim N\left(\ln S_t + \left(r - \frac{1}{2}\sigma^2\right)dt,\ \sigma\sqrt{dt}\right) \tag{5-23}$$

从而可得，随机变量 $S_i$ 的密度函数为：

$$\phi_i(x_i \mid S_{i-1}) = (2\pi\sigma^2 dt)^{-1/2}x_i^{-1}\exp\left(-\frac{z_i^2}{2}\right),\ z_i = \frac{\ln x_i - \left[\ln S_{i-1} + \left(r - \frac{1}{2}\sigma^2\right)dt\right]}{\sigma\sqrt{dt}} \sim$$

$$N(0,\ 1) \tag{5-24}$$

由独立性得到路径的密度函数为：

$$\phi(\vec{x}) = \prod_{i=1}^{n}\phi_i(x_i \mid S_{i-1}) = (2\pi\sigma^2 dt)^{-n/2}\left(\prod_{i=1}^{n}x_i\right)^{-1}\exp\left(-\frac{1}{2}\sum_{i=1}^{n}z_i^2\right) \tag{5-25}$$

其中，$\vec{x} = (x_1,\ x_2,\ \cdots,\ x_n)$ 取对数，得到：

$$\ln(\phi(\vec{x})) = C(\vec{x}) - n\ln\sigma - \frac{n}{2}\ln dt - \frac{1}{2}\sum_{i=1}^{n} z_i^2 \tag{5-26}$$

其中，$C(\vec{x})$ 为仅与路径有关的常数。假设该衍生品的折现时间与路径相关，为 $j(\vec{x})dt$。特别地，当该衍生品恒定期末支付时，$j(\vec{x})dt \equiv T$，且收益函数 f 不包含折现因子，此时衍生品 V 定价公式为：

$$V = E^Q(f(\vec{x})e^{-rj(\vec{x})dt}) = \int f(\vec{x})e^{-rj(\vec{x})dt}\phi(\vec{x})d\vec{x}$$

$$\frac{\partial V}{\partial \theta} = \int f \frac{\frac{\partial}{\partial \theta}(e^{-rj(\vec{x})dt}\phi)}{\phi}\phi d\vec{x} = \int e^{-rj(\vec{x})dt}f \frac{\partial \ln(e^{-rj(\vec{x})dt}\phi)}{\partial \theta}\phi d\vec{x}$$

$$= E^Q\left(e^{-rj(\vec{x})dt}f \frac{\partial}{\partial \theta}\ln(e^{-rj(\vec{x})dt}\phi)\right)$$

$$\approx \frac{1}{n}\sum_{i=1}^{n} e^{-rj(\vec{x})dt}f \frac{\partial \ln(e^{-rj(\vec{x})dt}\phi)}{\partial \theta} \tag{5-27}$$

此时，似然比权重函数为：

$$W(\theta) = \frac{\partial \ln(e^{-rj(x)dt}\phi)}{\partial \theta} \tag{5-28}$$

### 1. Delta 权重函数

根据式（5-26）和式（5-28），结合 $\frac{\partial z_1}{\partial S_0} = -\frac{1}{\sigma\sqrt{dt}S_0}$，$\frac{\partial z_i}{\partial S_0} = 0$（$i \neq 1$），可推出：

$$w(S_0) = \frac{\partial \ln(e^{-rj(\vec{x})dt}\phi)}{\partial S_0} = \frac{\partial \ln\phi}{\partial S_0} = \frac{\partial}{\partial S_0}\left(-\frac{1}{2}\sum_{i=1}^{n} z_i^2\right)$$

$$= \frac{\partial}{\partial S_0}\left(-\frac{z_1^2}{2}\right) = -z_1\frac{\partial z_1}{\partial S_0} = \frac{z_1}{\sigma\sqrt{dt}S_0}$$

$$= \frac{\partial}{\partial S_0}\left(-\frac{z_1^2}{2}\right) = -z_1\frac{\partial z_1}{\partial S_0} = \frac{z_1}{\sigma\sqrt{dt}S_0} \tag{5-29}$$

### 2. Gamma 权重函数

$$w(S_0^2) = \frac{\partial^2\phi}{\partial S_0^2}\phi^{-1} = \frac{\partial(\partial\phi/\partial S_0)}{\partial S_0}\phi^{-1} = \frac{\partial(\phi w(S_0))}{\partial S_0}\phi^{-1}$$

$$= w^2(S_0) + \frac{\partial w(S_0)}{\partial S_0} = w^2(S_0) - S_0^{-2}\sigma^{-2}dt^{-1} - z_1 S_0^{-2}\sigma^{-1}dt^{-1/2}$$

$$= w^2(S_0) - S_0^{-2}\sigma^{-2}dt^{-1} - w(S_0)S_0^{-1} \tag{5-30}$$

**3. Vega 权重函数**

由式（5-26）和式（5-28），以及 $\frac{\partial z_i}{\partial \sigma} = -\frac{z_i}{\sigma} + \sqrt{dt}$，得到：

$$w(\sigma) = \frac{\partial \ln\phi}{\partial\sigma} = -\frac{n}{\sigma} - \sum_{i=1}^{n} z_i \frac{\partial z_i}{\partial\sigma} = -\frac{n}{\sigma} - \sum_{i=1}^{n} z_i\left(-\frac{z_i}{\sigma} + \sqrt{dt}\right)$$

$$= \sum_{i=1}^{n}\left(\frac{z_i^2 - 1}{\sigma} - z_i\sqrt{dt}\right) \tag{5-31}$$

**4. Theta 权重函数**

由式（5-26）和式（5-28），以及 $\frac{\partial z_i}{\partial dt} = -\left[\frac{z_i}{2dt} + \frac{1}{\sqrt{dt}}\left(r - \frac{1}{2}\sigma^2\right)\right]$，$dt = \frac{T}{n}$，

得到：

$$w(T) = \frac{\partial \ln(e^{-rj(\vec{x})dt}\phi)}{\partial T} = \frac{\partial \ln(e^{-j(\vec{x})}\phi)}{\partial dt}\frac{1}{n} = -\frac{rj(\vec{x})}{n} - \frac{1}{2dt} - \frac{1}{n}\sum_{i=1}^{n} z_i \frac{\partial z_i}{\partial dt}$$

$$= -\frac{rj(\vec{x})}{n} - \frac{1}{2dt} + \frac{1}{n}\sum_{i=1}^{n}\left(\frac{z_i^2}{2dt} + \frac{r - 0.5\sigma^2}{\sigma\sqrt{dt}}z_i\right) \tag{5-32}$$

**5. Rho 权重数**

根据式（5-26）和式（5-28），以及 $\frac{\partial z_i}{\partial r} = -\frac{\sqrt{dt}}{\sigma}$，得到：

$$w(r) = \frac{\partial \ln(e^{-rj(\vec{x})dt}\phi)}{\partial r} = -j(\vec{x})dt - \sum_{i=1}^{n} z_i \frac{\partial z_i}{\partial r}$$

$$= -j(\vec{x})dt + \sum_{i=1}^{n}\frac{z_i\sqrt{dt}}{\sigma} \tag{5-33}$$

### 三、似然比法的实证检验与结果分析

前文已经论证了路径敏感性法在路径依赖型期权的收益函数不具有连续性的

情况下，无法计算自动赎回结构的敏感性，因此，该方法可以被排除。在本节中，我们通过实验对比蒙特卡罗模拟的另外两种方法（有限差分法和最大似然法），求解单标的资产的自动赎回结构中的期权价值 NPV 和敏感性 Greeks 的收敛性分析。衡量定价方法论否优秀的重要依据是，在模拟路径逐步增多的过程中，计算出的期权价值和敏感性是否能够快速收敛，其标准差是否逐步缩小在一个合理误差的范围内。

在这里，以前文提到的凤凰型自动赎回票据为例，设定两种情景：第一种情景是票据的定价日是合约的起始日，标的价格为票据标的在期初的价格；第二种情景是定价日为某个月度的观察日，且当日收盘价在敲入障碍价格附近。两种情景的实验结果如表 5-1 所示。

表 5-1  凤凰型自动赎回结构在不同路径数量下的定价与标准差

| 模拟次数/万 | 情景一 | | 情景二 | |
| --- | --- | --- | --- | --- |
| | NPV（%） | STDEV（%） | NPV（%） | STDEV（%） |
| 10 | −97.330 | 0.046 | −71.199 | 0.079 |
| 20 | −97.323 | 0.033 | −71.163 | 0.056 |
| 30 | −97.322 | 0.027 | −71.157 | 0.045 |
| 40 | −97.307 | 0.023 | −71.162 | 0.039 |
| 50 | −97.318 | 0.021 | −71.189 | 0.035 |
| 60 | −97.316 | 0.019 | −71.192 | 0.032 |
| 70 | −97.312 | 0.018 | −71.184 | 0.030 |
| 80 | −97.310 | 0.016 | −71.181 | 0.028 |
| 90 | −97.316 | 0.015 | −71.192 | 0.026 |
| 100 | −97.315 | 0.015 | −71.194 | 0.025 |

从表 5-1 可以看出，随着蒙特卡罗模拟次数的增加，期权的 NPV 逐步收敛。在 10 万条路径左右时，标准差可缩小到 0.1% 以内，由此可见该方法的准确性。我们也注意到，敲入障碍价格附近的 NPV 标准差大于对应路径数量的情景一的标准差，这是由收益函数在这里的不连续性造成的，需要更多的模拟路径来使

NPV 收敛性达到更小的精度。

第一种情景分别用有限差分法和似然比法计算 Delta、Gamma 和 Vega，具体如表 5-2 和表 5-3 所示。有限差分法的不足是显而易见的，其 Gamma 在路径数量增多的过程中会产生正负号的跳跃，而且收敛速度非常缓慢。即便达到了 100 万条路径的数量，其 Gamma 结果的标准差仍然较大，甚至无法判断其方向。似然比法的 Gamma 和 Vega 可以得到更快速的收敛，特别是 Gamma 的方向性整体稳定，具备对冲参照的实际价值意义。尽管其 Delta 的收敛速度不如有限差分方法，但是随着路径的增多，其结果能够收敛在一个合理的误差之内。

表 5-2　有限差分法在不同路径数量下的敏感性与标准差（情景一）

| 差分次数/万 | Delta（%） | STDEV（%） | Gamma（%） | STDEV（%） | Vega（%） | STDEV（%） |
|---|---|---|---|---|---|---|
| 10 | −30.300 | 6.600 | 13.230 | 22.680 | 0.350 | 0.066 |
| 20 | −29.700 | 4.600 | −3.180 | 16.020 | 0.330 | 0.047 |
| 30 | −29.600 | 3.800 | −0.330 | 13.100 | 0.330 | 0.038 |
| 40 | −28.600 | 3.300 | −3.370 | 11.340 | 0.310 | 0.033 |
| 50 | −31.100 | 2.900 | 6.140 | 10.140 | 0.300 | 0.029 |
| 60 | −33.800 | 2.700 | 9.380 | 9.260 | 0.290 | 0.027 |
| 70 | −34.300 | 2.500 | 6.910 | 8.570 | 0.290 | 0.025 |
| 80 | −34.800 | 2.300 | 0.550 | 8.030 | 0.290 | 0.023 |
| 90 | −34.900 | 2.200 | −3.130 | 7.570 | 0.280 | 0.022 |
| 100 | −34.300 | 2.100 | −4.960 | 7.180 | 0.280 | 0.021 |

表 5-3　似然比法在不同路径数量下的敏感性与标准差（情景一）

| 似然比/万 | Delta（%） | STDEV（%） | Gamma（%） | STDEV（%） | Vega（%） | STDEV（%） |
|---|---|---|---|---|---|---|
| 10 | −23.200 | 13.500 | 16.810 | 8.270 | 0.290 | 0.191 |
| 20 | −29.700 | 9.500 | 13.520 | 5.860 | 0.240 | 0.135 |
| 30 | −36.200 | 7.800 | 5.430 | 4.790 | 0.330 | 0.110 |
| 40 | −32.300 | 6.700 | 3.910 | 4.140 | 0.320 | 0.095 |
| 50 | −33.800 | 6.000 | 5.130 | 3.690 | 0.320 | 0.085 |

续表

| 似然比/万 | Delta（%） | STDEV（%） | Gamma（%） | STDEV（%） | Vega（%） | STDEV（%） |
|---|---|---|---|---|---|---|
| 60 | −32.700 | 5.500 | 5.970 | 3.360 | 0.300 | 0.078 |
| 70 | −33.900 | 5.100 | 8.800 | 3.120 | 0.290 | 0.072 |
| 80 | −36.200 | 4.800 | 8.140 | 2.920 | 0.280 | 0.067 |
| 90 | −35.800 | 4.500 | 7.660 | 2.760 | 0.300 | 0.064 |
| 100 | −35.500 | 4.300 | 7.060 | 2.610 | 0.300 | 0.060 |

　　第二种情景是路径依赖型定价中的困难之处，即标的资产价格在障碍价格附近时的定价，其 Delta、Gamma 和 Vega 的计算结果具体如表 5-4 和表 5-5 所示。从实验数据可以明显发现，有限差分法计算的 Delta 和 Gamma 已经失去了准确性，其数据值大部分为不合理的，已经无法满足合理的标的价格变化的对冲参照了。同时，在逐步增多路径的过程中，Delta 和 Gamma 无法收敛到合理的范围内，在障碍价格附近产生了巨大偏离值。

表 5-4　有限差分法在不同路径数量下的敏感性与标准差（情景二）

| 差分次数/万 | Delta（%） | STDEV（%） | Gamma（%） | STDEV（%） | Vega（%） | STDEV（%） |
|---|---|---|---|---|---|---|
| 10 | −207.000 | 11.100 | −279.810 | 38.510 | 0.090 | 0.111 |
| 20 | −201.100 | 7.900 | −262.450 | 27.260 | 0.090 | 0.078 |
| 30 | −208.600 | 6.400 | −285.260 | 22.250 | 0.150 | 0.064 |
| 40 | −208.900 | 5.600 | −279.860 | 19.260 | 0.130 | 0.056 |
| 50 | −213.700 | 5.000 | −289.830 | 17.220 | 0.140 | 0.050 |
| 60 | −211.700 | 4.500 | −282.880 | 15.720 | 0.130 | 0.045 |
| 70 | −214.000 | 4.200 | −282.810 | 14.550 | 0.110 | 0.042 |
| 80 | −215.100 | 3.900 | −286.540 | 13.620 | 0.100 | 0.039 |
| 90 | −214.800 | 3.700 | −292.560 | 12.840 | 0.120 | 0.037 |
| 100 | −214.000 | 3.500 | −292.330 | 12.180 | 0.120 | 0.035 |

表 5-5　似然比法在不同路径数量下的敏感性与标准差（情景二）

| 似然比/万 | Delta（%） | STDEV（%） | Gamma（%） | STDEV（%） | Vega（%） | STDEV（%） |
|---|---|---|---|---|---|---|
| 10 | −72.700 | 8.500 | −6.280 | 4.290 | 0.210 | 0.092 |

| 似然比/万 | Delta（%） | STDEV（%） | Gamma（%） | STDEV（%） | Vega（%） | STDEV（%） |
| --- | --- | --- | --- | --- | --- | --- |
| 20 | −69.300 | 6.000 | −5.940 | 3.030 | 0.150 | 0.065 |
| 30 | −72.800 | 4.900 | −6.270 | 2.480 | 0.130 | 0.053 |
| 40 | −70.800 | 4.200 | −3.960 | 2.140 | 0.140 | 0.046 |
| 50 | −69.500 | 3.800 | −3.900 | 1.910 | 0.140 | 0.041 |
| 60 | −69.100 | 3.500 | −3.030 | 1.750 | 0.140 | 0.037 |
| 70 | −69.600 | 3.200 | −3.860 | 1.620 | 0.150 | 0.035 |
| 80 | −72.600 | 3.000 | −3.140 | 1.510 | 0.150 | 0.032 |
| 90 | −72.100 | 2.800 | −3.130 | 1.430 | 0.160 | 0.031 |
| 100 | −71.500 | 2.700 | −2.840 | 1.350 | 0.150 | 0.029 |

似然比法整体收敛且稳定，没有数据的跳跃，计算时间耗时减半，但似然比法需要通过增加模拟次数来提高精度。例如，对于复杂收益函数的自动赎回结构，100万次左右模拟在两种情景下可以取得很多的收敛效果。特别是在第二种情景中，似然比法在较少路径数量的情况下，Delta 和 Gamma 也取得了相对稳定的数值和较小的标准差，具备对冲参照的实际意义。标的价格不在障碍价格附近时，似然比法的 Delta 收敛速度不如有限差分法，但是对于路径依赖型期权定价，任何情况下其整体定价结果都是整体稳定和准确的。

有限差分法和路径敏感性法对于连续的收益函数更加通用，而且路径敏感性法的计算速度优势明显。似然比法对于不连续的收益函数，如具有障碍特征的路径依赖型期权结构，特别是自动赎回结构，更加合适。这并不意味着有限差分法和路径敏感性法不具备实践意义，在不同的期权收益函数下可以选用，并与似然比法同时定价，相互校准各自的标准差和定价结果。蒙特卡罗模型中每种计算期权价值和敏感性 Greeks 的方法都有其优点和缺点，在前文的理论证明中已经有充分的讨论，各自都有其适用的范围，根据不同期权类型，可以选择不同方法。对于路径依赖型期权定价而言，似然比法具备其无法替代的优势。

# 第三节　最大似然法在多维标的结构下的推导与证明

### 一、考虑多维标的之间相关性的最大似然法理论推导

蒙特卡罗模拟在涉及多种资产、利率或汇率的高维问题方面，其计算效率有显著的便利性，并且易于在大型计算集群中并行化。实际上，蒙特卡罗方法在样本路径的空间上，也可以计算多维积分和折现收益的期望值。近年来，路径依赖型期权定价问题的复杂性的增加，导致方程式的求解需要评估高维积分。蒙特卡罗方法对于路径依赖型相关期权定价非常有效，对于每个任意的奇异期权，其在处理变化甚至是高维的问题时都更加灵活。

似然比法提供了一种替代方法，用于解决贴现收益中不需要平滑度或连续性的敏感性的问题，补充了路径敏感性法。它通过区分概率密度而不是收益函数来实现此目的。考虑一个表示为随机向量 X 的函数 f 的折现收益 Y。X 的分量可以表示为不同的基础资产或单个资产在多个日期的值，或者同时表示这两个值。为了使符号在整个文档中清晰可见，在此，我们进行以下定义：

$$\diamondsuit \begin{cases} i=1,\ 2,\ \cdots,\ d\ （标的资产的数量） \\ j=1,\ 2,\ \cdots,\ n\ （时间周期的数量） \\ k=1,\ 2,\ \cdots,\ N\ （模拟的路径数量） \end{cases}$$

（1）如果 X 的组成部分代表不同的基础资产，$X = (X_1,\ \cdots,\ X_i,\ \cdots,\ X_d)$；

（2）如果 X 的组成部分在多个日期代表单个资产的价值，$X = (X_1,\ \cdots,\ X_j,\ \cdots,\ X_n)$；

（3）如果 X 的成分有两个，$X = (\vec{X_1},\ \cdots,\ \vec{X_i},\ \cdots,\ \vec{X_d})$ 或 $X = (\vec{X_1},\ \cdots,\ \vec{X_j},\ \cdots,\ \vec{X_n})$，这里 $\vec{X_i} = (X_{i,1},\ \cdots,\ X_{i,j},\ \cdots,\ X_{i,n})$ 和 $\vec{X_j} = (X_{1,j},\ \cdots,\ X_{i,j},\ \cdots,$

$X_{d,j}$)。

我们假设 X 具有概率密度 g，而 θ 是该密度的参数。我们假设密度为 $g_\theta$，这里要计算相对于 $g_\theta$ 的期望值，有时将其写为 $E_\theta$。在此公式中，每个模拟生成的折现收益函数为：

$$f(\vec{x}) = \text{Payoff}(\vec{x})\, e^{-rj(\vec{x})dt} \tag{5-34}$$

如果将收益函数构造为在到期时发生，则 $j(\vec{x})\,dt \equiv T$；如果收益是路径依赖的，或可能提前发生的，则折现时间因子为 $j(\vec{x})\,dt$，其中，j 是向量 X 的运动时间函数。请注意，此处我们将无风险利率 r 视为一个常数，但在实际情况中，它可能也是随机变量。然后，由蒙特卡罗模拟产生的预期折现收益，或导数 V 的价格估计值为：

$$E_\theta[Y] = E_\theta[f(\vec{x})] = \int_{\Re^d} f(\vec{x}) g_\theta(x)\, dx \tag{5-35}$$

为了推导出导数 V 的估计值，我们假设微分和积分的顺序可以互换，以获得：

$$\frac{d}{d\theta} E_\theta[Y] = \int_{\Re^d} \text{Payoff}(\vec{x}) \frac{d}{d\theta}(e^{-rj(\vec{x})dt} g_\theta(x))\, dx \tag{5-36}$$

请注意，$\text{Payoff}(\vec{x})$ 仅是仿真路径的函数，与参数 θ 不相关。请记住，θ 是密度 g 的参数。我们已经知道，模拟产生的折现收益的算术平均值是预期折现收益的无偏估计量，即：

$$E_\theta[Y] = E_\theta[f(\vec{x})] = \int_{\Re^d} f(\vec{x}) g_\theta(x)\, dx = \frac{1}{N} \sum_{k=1}^{N} f(\vec{x_1}) \tag{5-37}$$

其中，N 表示为仿真次数。根据式（5-35），得到：

$$\frac{d}{d\theta} E_\theta[Y] = \int_{\Re^d} \text{Payoff}(\vec{x}) \frac{\partial(e^{-rj(\vec{x})dt} g_\theta(x))}{\partial\theta} dx$$

$$= \int_{\Re^d} e^{-rj(\vec{x})dt} \text{Payoff}(\vec{x}) \frac{\partial\ln(e^{-rj(\vec{x})dt} g_\theta(x))}{\partial\theta} g_\theta(x)\, dx$$

$$= E_\theta \left[ e^{-rj(\vec{x})dt} Payoff(\vec{x}) \frac{\partial \ln(e^{-rj(\vec{x})dt} g_\theta(x))}{\partial \theta} \right]$$

$$= \frac{1}{N} \sum_{k=1}^{N} e^{-rj(\vec{x})dt} Payoff(\vec{x}) \frac{\partial \ln(e^{-rj(\vec{x})dt} g_\theta(x))}{\partial \theta} \tag{5-38}$$

很明显，在模拟过程中，对于导数敏感性的估计，我们应主要关注：

$$w(\theta) = \frac{\partial \ln(e^{-rj(\vec{x})dt} g_\theta(x))}{\partial \theta} \tag{5-39}$$

假设 $X \sim N(\mu, \Sigma)$，$\theta$ 为标量参数，$\mu$ 为 d 维平均向量，且为 $\Sigma$ d×d 的满秩协方差矩阵。令 $g = g_\theta(x)$ 表示 X 的多元正态密度函数，如下：

$$g = g_\theta(X) = \frac{1}{(2\pi)^{\frac{d}{2}} \left| \sum \right|^{\frac{1}{2}}} e^{-\frac{1}{2}(X-\mu)^T \sum^{-1}(X-\mu)} \tag{5-40}$$

假设 $X \sim N(\mu, \Sigma)$ 是协方差矩阵 $\Sigma$ 的逆矩阵，它常用于所有敏感性的计算，因此，我们举两个例子来说明如何推导它，当 d=2 时，则：

$$M^{-1} = \begin{bmatrix} a & b \\ c & d \end{bmatrix}^{-1} = \frac{1}{detM} \begin{bmatrix} d & -b \\ -c & a \end{bmatrix} = \frac{1}{ad-bc} \begin{bmatrix} d & -b \\ -c & a \end{bmatrix} \tag{5-41}$$

然后，我们得到：

$$M^{-1} = \begin{bmatrix} a & b \\ c & d \end{bmatrix}^{-1} = \frac{1}{detM} \begin{bmatrix} d & -b \\ -c & a \end{bmatrix} = \frac{1}{ad-bc} \begin{bmatrix} d & -b \\ -c & a \end{bmatrix} \tag{5-42}$$

另外，我们让 $\Sigma = AA^T$，并通过 Cholesky 分解，得到：

$$A = \begin{bmatrix} \sigma_1 & 0 \\ \rho\sigma_2 & \sqrt{1-\rho^2}\,\sigma_2 \end{bmatrix} \tag{5-43}$$

当 d=3 时，则：

$$M^{-1} = \begin{bmatrix} a & b & c \\ d & e & f \\ g & h & i \end{bmatrix}^{-1} = \frac{1}{detM} \begin{bmatrix} A & B & C \\ D & E & F \\ G & H & I \end{bmatrix} = \frac{1}{detM} \begin{bmatrix} A & D & G \\ B & E & H \\ C & F & I \end{bmatrix} \tag{5-44}$$

如果行列式不为零，则矩阵是可逆的，中间矩阵的元素在上方，由下式给出：

$$A = (ei-fh) \qquad D = -(bi-ch) \qquad G = (bf-ce)$$

$$B = -(di-fg) \qquad E = (ai-cg) \qquad H = -(af-cd)$$

$$C = (dh-eg) \qquad F = -(ah-bg) \qquad I = (ae-bd)$$

M 的行列式可以通过 Sarrus 规则来计算，$\det M = aA+bB+cC$。这里有：

$$\sum = \begin{bmatrix} \sigma_1^2 & \rho_{1,2}\sigma_1\sigma_2 & \rho_{1,3}\sigma_1\sigma_3 \\ \rho_{1,2}\sigma_1\sigma_2 & \sigma_2^2 & \rho_{2,3}\sigma_2\sigma_3 \\ \rho_{1,3}\sigma_1\sigma_3 & \rho_{2,3}\sigma_2\sigma_3 & \sigma_3^2 \end{bmatrix}$$

$$\det\left(\sum\right) = \sigma_1^2\sigma_2^2\sigma_3^2 - \sigma_1^2(\rho_{2,3}\sigma_2\sigma_3)^2 + 2(\rho_{1,2}\sigma_1\sigma_2)(\rho_{1,3}\sigma_1\sigma_3)(\rho_{2,3}\sigma_2\sigma_3) -$$
$$(\rho_{1,2}\sigma_1\sigma_2)^2\sigma_3^2 - \sigma_2^2(\rho_{1,3}\sigma_1\sigma_3)^2 \qquad (5\text{-}45)$$

同样，我们让 $\Sigma = AA^T$，并通过 Cholesky 分解，得到：

$$A = \begin{bmatrix} \sigma_1 & 0 & 0 \\ \rho_{1,2}\sigma_2 & \sqrt{\sigma_2^2-(\rho_{1,2}\sigma_2)^2} & 0 \\ \rho_{1,3}\sigma_3 & \dfrac{\sigma_2\sigma_3(\rho_{2,3}-\rho_{1,2}\rho_{1,3})}{\sqrt{\sigma_2^2-(\rho_{1,2}\sigma_2)^2}} & \sqrt{\vartheta} \end{bmatrix}$$

$$\vartheta = \sigma_3^2-(\rho_{1,3}\sigma_3)^2 - \dfrac{\sigma_2\sigma_3(\rho_{2,3}-\rho_{1,2}\rho_{1,3})^2}{\sigma_2^2-(\rho_{1,2}\sigma_2)^2} \qquad (5\text{-}46)$$

基础资产价格 $S_i(t)$ 遵循 d 维几何布朗运动，即：

$$\frac{dS_i(t)}{S_i(t)} = rdt+v_i^T dW(t), \quad i=1, \cdots, d \qquad (5\text{-}47)$$

W 为 d 维的标准布朗运动，由于不同标的资产之间存在相关性，我们将标的资产的协方差矩阵表示为 $\Sigma$，并让 $\sum = AA^T$。通过 Chloesky 分解，结果发现，A 是具有行 $v_1^T, \cdots, v_d^T$ 的 $d\times d$ 维度的矩阵。由于基础资产价格遵循几何布朗运动，因此，$S_i(T)$ 具有对数正态分布。令 $X_i = \ln(S_i(T))$，$i=1, 2, \cdots, d$，然后 $X_i$ 遵循正态分布，如下：

$$X \sim N(\mu, T\Sigma), \quad \mu_i = \log S_i(0) + \left(r-\frac{1}{2}\|v_i\|^2\right)T \qquad (5\text{-}48)$$

为了更好地理解波动率向量 $v_i$，$i = 1$，$2$，$\cdots$，$d$，我们进行以下解释：$d$ 维的标准布朗运动 $W = (w_1, \cdots, w_i, \cdots, w_d)^\top$，每个 $w_i$ 独立遵循标准正态分布。基于式（5-48），我们有 $(X-\mu) \sim N(0, T\Sigma)$，并且 $A = (v_1^\top, \cdots, v_i^\top, \cdots, v_d^\top)^\top$。对于每个波动率向量 $v_i$，我们以两个基础资产为例。当 $d = 2$ 时，则：

$$\Sigma = \begin{bmatrix} \sigma_1^2 & \rho\sigma_1\sigma_2 \\ \rho\sigma_1\sigma_2 & \sigma_2^2 \end{bmatrix} = AA^\top \tag{5-49}$$

如上所示，通过 Cholesky 分解，得到：

$$A = \begin{bmatrix} \sigma_1 & 0 \\ \rho\sigma_2 & \sqrt{1-\rho^2}\,\sigma_2 \end{bmatrix} \tag{5-50}$$

这里，$v_1 = (\sigma_1, 0)^\top$，$v_2 = (\rho\sigma_2, \sqrt{1-\rho^2}\,\sigma_2)^\top$。$\rho$ 为两个基础资产之间的相关性。另外，我们可以看到 $\|v_i\|^2 = \sigma_i^2$，$i = 1$，$2$，$\cdots$，$d$。

在此，进行另一个定义：将 $v_i = \sigma_i P$，$P$ 表示为 $d$ 维向量，将 $\sigma_i$ 表示为标量，表示每个基础资产的真实波动率。另外，定义 $z_i = P^\top W \sim N(0, 1)$。这里，$z_i$ 仍然是标准正态分布的变量，但彼此具有相关性，这与标准布朗运动 $w_i$ 不同，它们是标准正态分布的变量，但彼此独立不相关，故推导出：

$$\frac{dS_i(t)}{S_i(t)} = rdt + \sigma_i dz_i(t), \quad i = 1, \cdots, d$$

$$C \cdot \vec{Z} = \begin{pmatrix} \sigma_1 & , 0, \cdots 0, & 0 \\ \vdots & \vdots & \vdots \\ 0 & , 0, \cdots 0, & \sigma_d \end{pmatrix} (z_1, \cdots, z_d)^\top = (\sigma_1 z_1, \cdots, \sigma_d z_d) = AW \tag{5-51}$$

这里，$C$ 是一个 $d \times d$ 维度的矩阵，其中，$\begin{cases} C_{i,j} = \sigma_i, & i = j \\ C_{i,j} = 0, & i \neq j \end{cases}$，$i$，$j = 1$，$\cdots$，$d$。

通过式（5-51），我们得到：

$$(X-\mu) = \sqrt{T}(\sigma_1 z_1, \sigma_2 z_2, \cdots, \sigma_d z_d) \sim N(0, T\Sigma) \tag{5-52}$$

令 $g = g_\theta(x)$ 表示 $X$ 的多元正态密度函数，即：

$$g_\theta(X) = \frac{1}{(2\pi)^{\frac{d}{2}} \left| T\sum \right|^{\frac{1}{2}}} e^{-\frac{1}{2T}(X-\mu)^\top \sum^{-1}(X-\mu)} \tag{5-53}$$

$$\log(g_\theta(X)) = -\frac{d}{2}\log(2\pi) - \frac{d}{2}\log(T) - \frac{1}{2}\log\left(\left|\sum\right|\right) - \frac{1}{2T}(X-\mu)^\top \sum^{-1}(X-\mu) \tag{5-54}$$

我们可以将任何折现收益 $f(S_1(T), \cdots, S_d(T))$ 视为向量 X 的函数，其中，d 为基础资产的数量。

结果显示两点：

第一，如果 θ 仅是平均向量 μ 的参数，则 $\mu'(\theta)$ 是关于参数 θ 的 μ 分量的导数向量：

$$\frac{d}{d\theta}\log g_\theta(X) = \frac{1}{T}(X-\mu(\theta))^\top \sum^{-1}\mu'(\theta) \tag{5-55}$$

第二，如果 θ 仅是协方差矩阵 $\sum$ 的参数，则：

$$\frac{d}{d\theta}\log g_\theta(X) = -\frac{1}{2}\mathrm{tr}\left(\sum^{-1}(\theta)\sum{}'(\theta)\right) + \frac{1}{2T}(X-\mu(\theta))^\top \sum^{-1}(\theta)\sum{}'(\theta)$$

$$\sum^{-1}(\theta)(X-\mu) \tag{5-56}$$

其中，tr 表示迹线，而 $\sum{}'(\theta)$ 表示 $\sum(\theta)$ 元素的导数矩阵。

如果收益函数取决于路径，我们将到期时间 T 平均分为 n 个部分，即 ndt = T。然后，通过几何布朗运动的马尔可夫性质，X 的密度是：

$$g_\theta = \prod_{j=1}^n g_\theta(X_j \mid X_{j-1}) = \prod_{j=1}^n \frac{1}{(2\pi)^{\frac{d}{2}} \left| dt\sum \right|^{\frac{1}{2}}} e^{-\frac{1}{2}(\vec{X_j}-\vec{\mu_j})^\top(dt\sum)^{-1}(\vec{X_j}-\vec{\mu_j})}$$

$$= (2\pi)^{-\frac{nd}{2}} \left| dt\sum \right|^{-\frac{n}{2}} e^{-\frac{1}{2}\sum_{j=1}^n (\vec{X_j}-\vec{\mu_j})^\top(dt\sum)^{-1}(\vec{X_j}-\vec{\mu_j})} \tag{5-57}$$

其中，$X = (\vec{X_1}, \cdots, \vec{X_j}, \cdots, \vec{X_n})$，$\vec{X_j} \sim N(\vec{\mu_j}, dt\Sigma)$，$\mu_{i,1} = \log S_i(0) + \left(r - \frac{1}{2}\sigma_i^2\right)dt$，$\mu_{i,j} = \log S_{i,j-1} + \left(r - \frac{1}{2}\sigma_i^2\right)dt$，$j = 2, \cdots, n$。然后，得到：

$$\log(g_\theta) = -\frac{nd}{2}\log(2\pi) - \frac{n}{2}\log\left(\left|dt\sum\right|\right) - \frac{1}{2}\sum_{j=1}^{n}(\vec{X_j}-\vec{\mu_j})^{\top}(dt\sum)^{-1}(\vec{X_j}-\vec{\mu_j})$$

$$(5-58)$$

**1. Delta 权重函数**

这里，$\theta=S_i(0)$ 仅是均值向量 $\mu$ 的参数，基于式（5-39）和式（5-48），我们得出如下推导，对于非路径依赖，基于式（5-54），得出：

$$\mu_i = \log S_i(0) + \left(r-\frac{1}{2}\sigma_i^2\right)dt, \quad \mu(S_i'(0)) = \frac{d\mu}{dS_i(0)} = \left(0, \cdots, 0, \frac{1}{S_i(0)}, 0, \cdots, 0\right)^{\top}$$

$$w(S_i(0)) = \frac{\partial\ln(e^{-rj(X)dt}g_{S_i(0)}(X))}{\partial S_i(0)} = \frac{d}{dS_i(0)}\ln g_{S_i(0)}(X)$$

$$= \frac{1}{T}(X_1-\mu_1(S_i(0)))^{\top}\frac{1}{dt}\sum^{-1}\mu_1(S_i'(0))$$

$$= \frac{1}{\sqrt{T}}(\sigma_1 z_{1,1}, \cdots, \sigma_i z_{i,1}, \cdots, \sigma_d z_{d,1})\sum^{-1}\mu_1(S_i'(0)) \quad (5-59)$$

对于路径依赖的情况，基于式（5-58），$S_i(0)$ 只是平均值 $\mu_{i,1}$ 的参数，得出：

$$\mu_1(S_i'(0)) = \frac{d\mu}{dS_i(0)} = \overbrace{\left(0, \cdots, 0, \frac{1}{S_i(0)}, 0, \cdots 0\right)}^{d}{}^{\top}, \quad \mu_j(S_i'(0))=0, \quad j=2, \cdots, n$$

$$w(S_i(0)) = \frac{\partial\ln(e^{-rj(X)dt}g_{S_i(0)}(X))}{\partial S_i(0)} = \frac{d}{dS_i(0)}\ln g_{S_i(0)}(X)$$

$$= (X_1-\mu_1(S_i(0)))^{\top}\frac{1}{dt}\sum^{-1}\mu_1(S_i'(0))$$

$$= \frac{1}{\sqrt{dt}}(\sigma_1 z_{1,1}, \cdots, \sigma_i z_{i,1}, \cdots, \sigma_d z_{d,1})\sum^{-1}\mu_1(S_i'(0)) \quad (5-60)$$

这里，$X_1=(X_{1,1}, \cdots, X_{i,1}, \cdots, X_{d,1})$。

**2. Gamma 权重函数**

使用似然比方法，原则上，二阶导数比一阶导数更难估计。令 $g_\theta''$ 表示 $g_\theta$ 在

θ 中的二阶导数。同样，我们得到：

$$\frac{d^2}{d\theta^2}E_\theta[\,Y\,]=\int_{\Re^d}f(\vec{x})\frac{g_\theta{''}(x)}{g_\theta(x)}g_\theta(x)dx=E_\theta\left[f(\vec{x})\frac{g_\theta{''}(x)}{g_\theta(x)}\right] \tag{5-61}$$

它是 $\dfrac{d^2}{d\theta^2}E_\theta\left[f(\vec{x})\right]$ 的无偏估计量，条件是允许导数和期望有两个互换。

这些条件很少会限制该方法的适用性，因此，在此我们不再赘述。根据式（5-60），得到：

$$\frac{d^2}{d\theta^2}E_\theta[\,Y\,]=\int_{\Re^d}f(\vec{x})\frac{g_\theta{''}(x)}{g_\theta(x)}g_\theta(x)\,dx$$

$$=\int_{\Re^d}Payoff(\vec{x})e^{-rj(\vec{x})dt}\frac{g_\theta{''}(x)}{g_\theta(x)}g_\theta(x)\,dx$$

$$=E_\theta\left[Payoff(\vec{x})e^{-rj(\vec{x})dt}\frac{g_\theta{''}(x)}{g_\theta(x)}g_\theta\right]$$

$$=\frac{1}{N}\sum_{k=1}^{N}e^{-rj(\vec{x})dt}Payoff(\vec{x})\frac{\partial^2 g_\theta(x)}{\partial\theta^2}\frac{1}{g_\theta(x)} \tag{5-62}$$

根据 Gamma 的定义，该参数只能是 $S_i(0)$，因此，它与折现因子或协方差矩阵无关。我们应该专注如下内容：

$$\gamma(\theta)=\frac{\partial^2 g_\theta(x)}{\partial\theta^2}\frac{1}{g_\theta(x)} \tag{5-63}$$

在非路径依赖的情况下求解 Gamma，通过 Paul Glasserman 可得出如下公式：

$$\frac{g_\theta{''}(x)}{g_\theta(x)}=(\,[X-\mu(\theta)]^\top(T\textstyle\sum)^{-1}\mu'(\theta))^2-\mu'(\theta)^\top(T\textstyle\sum)^{-1}\mu'(\theta)+$$

$$[X-\mu(\theta)]^\top(T\textstyle\sum)^{-1}\mu''(\theta) \tag{5-64}$$

这里，$\mu'(\theta)$ 和 $\mu''(\theta)$ 代表关于 θ 的 μ 的导数，公式如下：

$$\mu_i=\log S_i(0)+(r-\frac{1}{2}\sigma_i^2)T,$$

$$\mu(S_i{'}(0))=\frac{d\mu}{dS_i(0)}=(0,\cdots,0,\frac{1}{S_i(0)},0,\cdots,0)^\top$$

$$\mu(S_i''(0)) = \frac{d^2\mu}{dS_i(0)^2} = (0, \cdots, 0, -\frac{1}{S_i(0)^2}, 0, \cdots, 0)^\top \tag{5-65}$$

根据式（5-58），得出：

$$\frac{g_\theta''(x)}{g_\theta(x)} = -\left(0, \cdots, 0, \frac{1}{S_i(0)}, 0, \cdots, 0\right)(T\textstyle\sum)^{-1}\left(0, \cdots, 0, \frac{1}{S_i(0)},\right.$$

$$\left. 0, \cdots 0\right)^\top + [X-\mu(\theta)]^\top(T\textstyle\sum)^{-1}\left(0, \cdots, 0, -\frac{1}{S_i(0)^2}, 0, \cdots, 0\right)^\top +$$

$$w(S_i(0))^2$$

$$= -\frac{1}{S_i(0)^2 T}\tilde{\sigma}_{i,i} - \frac{1}{S_i(0)} \times w(S_i(0)) + w(S_i(0))^2 \tag{5-66}$$

这里，$\tilde{\sigma}_{i,i}$ 是逆协方差矩阵 $\textstyle\sum^{-1}$ 的第（i，i）个成分。

在路径依赖情况下求解 Gamma，$S_i(0)$ 是平均值 $\mu_{i,1}$ 的唯一参数，根据式（5-59），得出：

$$\mu_1(S_i'(0)) = \frac{d\mu_1}{dS_i(0)} = \overbrace{\left(0, \cdots, 0, \frac{1}{S_i(0)}, 0, \cdots, 0\right)}^{d}{}^\top, \quad \mu_j(S_i'(0)) = 0,$$

$$j = 2, \cdots, n$$

$$\mu_1(S_i''(0)) = \frac{d^2\mu_1}{dS_i(0)^2} = \left(0, \cdots, 0, -\frac{1}{S_i(0)^2}, 0, \cdots, 0\right)^\top, \quad \mu_j(S_i''(0)) = 0,$$

$$j = 2, \cdots, n$$

$$\frac{g_\theta''(x)}{g_\theta(x)} = ([X_1-\mu_1(\theta)]^\top(dt\textstyle\sum)^{-1}\mu_1'(\theta))^2 - \mu_1'(\theta)^\top(dt\textstyle\sum)^{-1}\mu_1'(\theta) +$$

$$[X_1-\mu_1(\theta)]^\top(dt\textstyle\sum)^{-1}\mu_1''(\theta)$$

$$= -\left(0, \cdots, 0, \frac{1}{S_i(0)}, 0, \cdots, 0\right)(dt\textstyle\sum)^{-1}\left(0, \cdots, 0, \frac{1}{S_i(0)},\right.$$

$$\left. 0, \cdots, 0\right)^\top + [X_1-\mu_1(\theta)]^\top(dt\textstyle\sum)^{-1}\left(0, \cdots, 0, -\frac{1}{S_i(0)^2}, 0, \cdots, 0\right)^\top +$$

$$w(S_i(0))^2$$

$$= -\frac{1}{dt}\left(0,\ \cdots,\ 0,\ \frac{1}{S_i(0)},\ 0,\ \cdots,\ 0\right)(\Sigma)^{-1}\left(0,\ \cdots,\ 0,\ \frac{1}{S_i(0)},\right.$$

$$\left.0,\ \cdots,\ 0\right)^{\top}+\frac{1}{\sqrt{dt}}(\sigma_1 z_{1,1},\ \cdots,\ \sigma_i z_{i,1},\ \cdots,\ \sigma_d z_{d,1})(\Sigma)^{-1}\left(0,\ \cdots,\right.$$

$$\left.0,\ -\frac{1}{S_i(0)^2},\ 0,\ \cdots,\ 0\right)^{\top}+w(S_i(0))^2$$

$$= -\frac{1}{S_i(0)^2 dt}\tilde{\sigma}_{i,i} - \frac{1}{S_i(0)}w(S_i(0)) + w(S_i(0))^2 \tag{5-67}$$

这里，$\tilde{\sigma}_{i,i}$ 是逆协方差矩阵 $\sum^{-1}$ 的第 $(i, i)$ 个成分。

3. Vega 权重函数

波动率 $\theta = \sigma_i$ 是均值向量 $\mu$ 和协方差矩阵 $\sum$ 的参数。在非路径依赖情况下求解 Vega，由式（5-54），可得：

$$\mu(\sigma_i') = \frac{d\mu}{d\sigma_i} = \overbrace{(0,\ \cdots,\ 0,\ -\sigma_i T,\ 0,\ \cdots,\ 0)}^{d}{}^{\top}$$

$$w(\sigma_i) = \frac{\partial \ln(e^{-rT}g_{\sigma_i}(X))}{\partial \sigma_i} = \frac{d}{d\sigma_i}\ln g_{\sigma_i}(X)$$

$$= (X - \mu(\sigma_i))^{\top}(T\sum)^{-1}\mu(\sigma_i') - \frac{1}{2}\mathrm{tr}(\sum{}^{-1}\sum(\sigma_i')) +$$

$$\frac{1}{2T}(X - \mu(\sigma_i))^{\top}\sum{}^{-1}\sum(\sigma_i')\sum{}^{-1}(X - \mu(\sigma_i))$$

$$= \frac{1}{\sqrt{T}}(\sigma_1 z_1,\ \cdots,\ \sigma_i z_i,\ \cdots,\ \sigma_d z_d) \times (\sum)^{-1}\mu(\sigma_i') - \frac{1}{2}\mathrm{tr}(\sum{}^{-1}$$

$$\sum(\sigma_i')) +$$

$$\frac{1}{2}(\sigma_1 z_1,\ \cdots,\ \sigma_i z_i,\ \cdots,\ \sigma_d z_d) \times \sum{}^{-1}\sum(\sigma_i')\sum{}^{-1} \times (\sigma_1 z_1,\ \cdots,$$

$$\sigma_i z_i,\ \cdots,\ \sigma_d z_d)^{\top} \tag{5-68}$$

在路径依赖情况下求解 Vega，由式（5-58），可得：

$$\overrightarrow{\mu_j(\sigma_i')} = \frac{d\overrightarrow{\mu_j(\sigma_i)}}{d\sigma_i} = \overbrace{(0,\ \cdots,\ 0,\ -\sigma_i T,\ 0,\ \cdots 0)}^{d}{}^{\top},\ j=1,\ \cdots,\ n$$

$$w(\sigma_i) = \frac{\partial \ln(e^{-rT} g_{\sigma_i}(X))}{\partial \sigma_i} = \frac{d}{d\sigma_i} \ln g_{\sigma_i}(X)$$

$$= \sum_{j=1}^{n} (\vec{X_j} - \vec{\mu_j})^{\top} (dt \sum)^{-1} \overrightarrow{\mu_j(\sigma_i{}')} - \frac{n}{2} tr(\sum{}^{-1} \sum{}') +$$

$$\frac{1}{2dt} \sum_{j=1}^{n} (\vec{X_j} - \vec{\mu_j})^{\top} \sum{}^{-1} \sum (\sigma_i{}') \sum{}^{-1} (\vec{X_j} - \vec{\mu_j})$$

$$= \frac{1}{\sqrt{dt}} \sum_{j=1}^{n} (\sigma_1 z_{1,j}, \cdots, \sigma_i z_{i,j}, \cdots, \sigma_d z_{d,j})(\sum)^{-1} \overrightarrow{\mu_j(\sigma_i{}')} -$$

$$\frac{n}{2} tr(\sum{}^{-1} \sum{}') + \frac{1}{2} \sum_{j=1}^{n} (\sigma_1 z_{1,j}, \cdots, \sigma_i z_{i,j}, \cdots, \sigma_d z_{d,j}) \sum{}^{-1}$$

$$\sum (\sigma_i{}') \sum{}^{-1} (\sigma_1 z_{1,j}, \cdots, \sigma_i z_{i,j}, \cdots, \sigma_d z_{d,j})^{\top} \tag{5-69}$$

**4. Theta 权重函数**

当期权定价与路径依赖相关时，$\theta = T$ 或 $dt$ 是均值向量 $\mu$ 和折现因子 $e^{-rj(\vec{x})dt}$ 的参数。由式（5-39）和式（5-55），可以得出，在非路径依赖情况下求解 Theta，由式（5-54），可得：

$$\mu'(T) = \frac{d\mu}{dT} = \overbrace{(r - \frac{1}{2}\sigma_1{}^2, \cdots, r - \frac{1}{2}\sigma_i{}^2, \cdots, r - \frac{1}{2}\sigma_d{}^2)}^{d}{}^{\top}$$

$$w(T) = \frac{\partial \ln(e^{-rT} g_T(X))}{\partial T} = -r + \frac{d}{dT} \ln g_T(X)$$

$$= -r - \frac{d}{2T} + \frac{1}{2T^2} (X - \mu)^{\top} \sum{}^{-1} (X - \mu) + \frac{1}{T} (X - \mu)^{\top} \sum{}^{-1} \mu'(T)$$

$$= -r - \frac{d}{2T} + \frac{1}{2T} (\sigma_1 z_1, \cdots, \sigma_i z_i, \cdots, \sigma_d z_d) \sum{}^{-1} (\sigma_1 z_{1,j}, \cdots, \sigma_i z_{i,j}, \cdots,$$

$$\sigma_d z_{d,j})^{\top} + \frac{1}{\sqrt{T}} (\sigma_1 z_1, \cdots, \sigma_i z_i, \cdots, \sigma_d z_d) \sum{}^{-1} \mu'(T) \tag{5-70}$$

在路径依赖情况下求解 Theta，由式（5-58），可得：

$$\log(g_\theta) = -\frac{nd}{2} \log(2\pi) - \frac{n}{2} \log(|dt \sum|) - \frac{1}{2} \sum_{j=1}^{n} (\vec{X_j} - \vec{\mu_j})^{\top} (dt \sum)^{-1} (\vec{X_j} - \vec{\mu_j})$$

$$= -\frac{nd}{2}\log(2\pi) - \frac{nd}{2}\log(dt) - \frac{n}{2}\log\left(\left|\sum\right|\right) -$$

$$\frac{1}{2dt}\sum_{j=1}^{n}(\vec{X_j}-\vec{\mu_j})^{\top}\left(\sum\right)^{-1}(\vec{X_j}-\vec{\mu_j})$$

$$\vec{\mu_j'(dt)} = \frac{d\,\vec{\mu_j(dt)}}{dt} = \frac{1}{n}\overbrace{\left(r-\frac{1}{2}\sigma_1^2,\ \cdots,\ r-\frac{1}{2}\sigma_i^2,\ \cdots,\ r-\frac{1}{2}\sigma_f^2\right)}^{d}{}^{\top},$$

$$j=1,\ 2,\ \cdots,\ n$$

$$w(T) = \frac{\partial\ln(e^{-rj(X)dt}g_T(X))}{\partial T} = \frac{\partial\ln(e^{-rj(X)dt}g_T(X))}{\partial dt}\frac{1}{n}$$

$$= -\frac{rj(X)}{n} + \frac{1}{n}\frac{\partial}{\partial dt}\ln g_T(X)$$

$$= -\frac{rj(X)}{n} + \frac{1}{n}\left(-\frac{nd}{2dt} + \frac{1}{2dt^2}\sum_{j=1}^{n}(\vec{X_j}-\vec{\mu_j})^{\top}\left(\sum\right)^{-1}(\vec{X_j}-\vec{\mu_j}) + \right.$$

$$\left.\frac{1}{dt}\sum_{j=1}^{n}(\vec{X_j}-\vec{\mu_j})^{\top}\left(\sum\right)^{-1}\vec{\mu_j'(dt)}\right)$$

$$= -\frac{rj(X)}{n} + \frac{1}{n}\left(-\frac{nd}{2dt} + \frac{1}{2dt}\sum_{j=1}^{n}(\sigma_1 z_{1,j},\ \cdots,\ \sigma_i z_{i,j},\ \cdots,\ \sigma_d z_{d,j})\left(\sum\right)^{-1}\right.$$

$$(\sigma_1 z_{1,j},\ \cdots,\ \sigma_i z_{i,j},\ \cdots,\ \sigma_d z_{d,j})^{\top} + \frac{1}{\sqrt{dt}}\sum_{j=1}^{n}(\sigma_1 z_{1,j},\ \cdots,\ \sigma_i z_{i,j},\ \cdots,$$

$$\left.\sigma_d z_{d,j})\left(\sum\right)^{-1}\vec{\mu_j'(T)}\right) \tag{5-71}$$

5. Rho 权重函数

这里，$\theta = r$ 是均值向量 $\mu$ 和折现因子 $e^{-rj(\vec{x})dt}$ 的参数。由式（5-39）和式（5-55），可以得出，在非路径依赖情况下，求解 Theta，由式（5-34），可得：

$$\mu'(r) = \frac{d\mu}{dr} = \overbrace{(T,\ \cdots,\ T,\ \cdots,\ T)}^{d}{}^{\top}$$

$$w(r) = \frac{\partial\ln(e^{-rT}g_r(X))}{\partial r} = -T + \frac{d}{dr}\ln g_r(X) = -T + \frac{1}{T}(X-\mu)^{\top}\sum{}^{-1}\mu'(r)$$

$$= -T + \frac{1}{\sqrt{T}}(\sigma_1 z_1,\ \cdots,\ \sigma_i z_i,\ \cdots,\ \sigma_d z_d)\sum{}^{-1}\mu'(r) \tag{5-72}$$

在路径依赖情况下求解 Theta，由式（5-58），可得：

$$\overrightarrow{\mu_j{}'(r)} = \frac{d\overrightarrow{\mu_j(r)}}{dr} = (\overbrace{dt, \cdots, dt, \cdots, dt}^{d})^{\top}, \quad j = 1, \cdots, n$$

$$w(r) = \frac{\partial \ln(e^{-rj(X)dt} g_r(X))}{\partial r} = -j(X)dt + \frac{\partial}{\partial r}\ln g_r(X)$$

$$= -j(X)dt + \frac{1}{dt}\sum_{j=1}^{n}(\overrightarrow{X_j} - \overrightarrow{\mu_j})^{\top}(\sum)^{-1}\overrightarrow{\mu_j{}'(r)}$$

$$= -j(X)dt + \frac{1}{\sqrt{dt}}\sum_{j=1}^{n}(\sigma_1 z_{1,j}, \cdots, \sigma_i z_{i,j}, \cdots, \sigma_d z_{d,j})(\sum)^{-1}\overrightarrow{\mu_j{}'(r)}$$

$$(5-73)$$

## 二、多维标的自动赎回结构的定价检验与结果分析

前文提到，在路径依赖型期权定价中，有一类多标的自动赎回结构叫作最佳或最差选择期权。最佳选择是指投资者从预订数量的股票中获得表现最好的股票的收益。换句话说，投资者长期以来都在预订数量的股票中寻求表现最好的股票。最差选择是指投资者在预订数量的股票中长期持有表现最差的股票。

实际上，金融领域中的许多问题都可以转换为以两种资产或工具的最大值或最小值来表示的期权。Stulz（1982）在 Black-Scholes 期权定价模型中为此类期权提供了封闭式解决方案，并将定价公式应用于多个问题。Johnson（1987）将两个标的资产的最佳或最差选择期权的计算过程归纳为归纳为期权标的资产 n≥3 个的简单情景，并根据多元的正态累积函数提供这些期权的公式。Boyle 和 Tse（1990）提供了有关 n 个资产的最大或最小期权定价的详细讨论。Rubinstein（1991）讨论了用两种工具的最大值或最小值书写的期权，并将其称为两色彩虹期权（Two Color Rainbow Option）。之所以称为彩虹期权，是因为在以横轴、纵轴分别表示两项资产价格的二维图形中，两项资产的最高和最低价格的形状类似彩虹。

本节将首先引入最佳或最差选择期权，然后讨论如何结合前文介绍多维标的期权定价理论，并在实践中应用它们。本节给出蒙特卡罗模拟的似然比法求解方案，着重说明与此类选择相关的风险和实验结果。多维标的包括最佳选择或最差

选择，主要风险是最佳选择或最差选择所依据的基础资产之间的相关性。

（一）最佳选择期权的相关性风险

直接对多维标的自动赎回结构的最佳选择期权的相关性进行理论分析可能是困难的。本节将其拆解，先分析相对简单的最佳选择香草期权的相关性。由于最佳选择香草期权的最大收益由其收益表现最好的资产决定，这点与自动赎回结构的最佳选择期权是一致的，因此，两者的相关性应该是同方向的。现在给出一个实例，考虑一个在一年内，购买道琼斯工业指数（Dow Jones Industrial Average，DJIA）和纳斯达克综合指数（Nasdaq Composite Index，IXIC）之间的最佳选择期权的投资者。这意味着一年后，投资者将获得道琼斯工业指数和纳斯达克指数的百分比收益中较大的一笔。换句话说，投资者长期以来都有道琼斯工业指数或纳斯达克综合指数的看涨期权，无论哪种在一年后都会表现更好。从数学上讲，到期收益如下：

$$C_T^{\text{Best of DJI/IXIC}} = \max\left[\frac{\text{DJI}_T - \text{DJI}_0}{\text{DJI}_0}, \ \frac{\text{IXIC}_T - \text{IXIC}_0}{\text{IXIC}_0}, \ 0\right] \tag{5-74}$$

理解最佳选择期权中的相关性风险（Correlation Risk）的方法是，将此期权视为道琼斯工业指数的平值看涨期权加上纳斯达克综合指数优于道琼斯工业指数的超常表现期权。超常表现期权是一种特殊形式的看涨期权，允许投资者利用对两种标的资产或指数相对表现的预期。Gastineau（1993）对优异表现期权的到期收益进行讨论，将一项金融工具的表现减去另一项金融工具的表现，再乘以固定的名义本金或票面金额。金融工具的表现通常以回报率来衡量，可以是股票、债券、货币商品或指数的任意组合。一个常见的优异表现工具是债券指数与股票指数的差额，反之亦然。优异表现期权常常用于捕捉两个股票市场的相对表现，如标准普尔500指数和日经225指数。

在本节情况下，如果一年后道琼斯工业指数和纳斯达克指数的价格同时走低，但纳斯达克指数的表现优于道琼斯工业指数，则代表道琼斯工业指数的平值看涨期权加上纳斯达克指数优于道琼斯工业指数的超常表现期权将带来回报，而最佳选择期权则不会带来回报。这种表示被证实对确定最佳选择的卖方是做多还是做空相关性非常有用。从数学上讲，道琼斯工业指数的平值看涨期权结合纳斯达克指数优于道琼斯工业指数的超常表现期权可视作为：

$$C_T^{\text{Best of DJI/IXIC}} = \max\left[\frac{DJI_T - DJI_0}{DJI_0}, \ \frac{IXIC_T - IXIC_0}{IXIC_0}, \ 0\right] \leqslant$$

$$\max\left[\frac{DJI_T - DJI_0}{DJI_0}, \ 0\right] + \max\left[\left(\frac{IXIC_T}{DJI_T} - \frac{IXIC_0}{DJI_0}\right), \ 0\right] \qquad (5-75)$$

道琼斯工业指数的平值看涨期权加上纳斯达克指数优于道琼斯工业指数的超常表现期权的收益函数，要大于纳斯达克指数和道琼斯工业指数的最佳选择期权；道琼斯工业指数的远期收益加上纳斯达克综合指数优于道琼斯工业指数的超常表现期权的收益函数，要小于纳斯达克综合指数和道琼斯工业指数的最佳选择期权的收益。在数学上，最佳选择期权的收益被这两种表示所限制，数学公式表达如下：

$$\max\left[\frac{DJI_T - DJI_0}{DJI_0}, \ 0\right] - \max\left[\frac{DJI_T - DJI_0}{DJI_0}, \ 0\right] + \max\left[\left(\frac{IXIC_T}{DJI_T} - \frac{IXIC_0}{DJI_0}\right), \ 0\right] \leqslant$$

$$C_T^{\frac{\text{Best of DJI}}{\text{IXIC}}} \leqslant \max\left[\frac{DJI_T - DJI_0}{DJI_0}, \ 0\right] + \max\left[\left(\frac{IXIC_T}{DJI_T} - \frac{IXIC_0}{DJI_0}\right), \ 0\right] \qquad (5-76)$$

由于任何超常表现期权都是负相关性，因此，不等式（5-75）的每一边都是负相关性。式（5-76）中左边第一个方程式的相关性是-1时，比右边第三个方程式在相关性是1时要大。同时，当相关性是-1时，$C_T^{\text{Best of DJI/IXIC}}$ 等于式（5-75）中的第一项。当 IXIC 与 DJI 之间的相关系数为1时，$C_T^{\text{Best of DJI/IXIC}}$ 等于式（5-75）的第三项。这意味着 $C_T^{\text{Best of DJI/IXIC}}$ 的值随着相关性的降低而增大。因此，最佳选择香草型期权的持有者是做空相关性。

结论是，最佳选择普通期权的成分之间的相关性越低，该最佳选择的期权价值就越高。因为最佳选择普通期权与自动赎回结构的最佳选择期权在资产价格相关性上具有同方向性，所以多维标的自动赎回结构的最佳选择期权的持有者同样是做空资产价格之间的相关性。我们继续沿用前文的实验案例，在此基础上进一步变化新的结构，这也是路径依赖型期权多变的形式之一。表5-6给出了一份一年期雪球型自动赎回最佳选择票据，由华泰证券（代码601688）和保利发展（代码600048）两个标的组成。

表5-6　一年期雪球型自动赎回最佳选择票据的合约

| 标的资产 | 华泰证券和保利发展 | 票面金额 | 1000 万元 |
|---|---|---|---|
| 到期时间 | 1 年 | 货币 | 人民币 |
| 自动赎回水平 | 103% | 自动赎回频率 | 每月 |
| 票息水平 | 100% | 票息频率 | 每月 |
| 敲入水平 | 70% | 敲入频率 | 每日 |
| 票息率 | 24.0%年化 | 本金保障 | 否 |

在图 5-1 中，价格的曲线代表固定其中一个资产保利发展的价格为 100%期初的价格，变化另一个资产标的华泰证券的价格，将其与自身期初的价格相除进行归一化得到横轴，纵轴表示该票据 NPV 与名义本金的比例。价格 2 的曲线则表示保利发展的价格为 82.28%期初的价格，在其他参数和条件不变的情况下，对应的票据 NPV 变化。结论是，对于最佳选择的自动赎回结构，资产价格越高，期权价值越大；任何一个标的资产价格的提升都会导致整个票据价值提升。总而言之，资产只要是涨价的，票据价值就会提高。

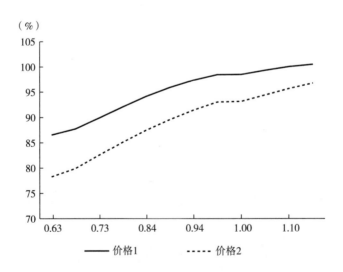

图 5-1　多标的最佳选择的自动赎回结构标的价格与 NPV 关系

多标的最佳选择的自动赎回结构标的价格与 Delta 关系如图 5-2 和图 5-3 所示，

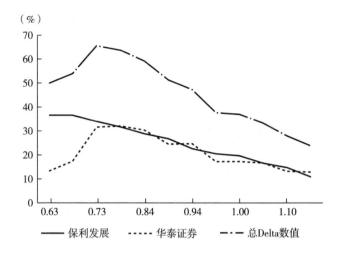

**图 5-2　多标的最佳选择的自动赎回结构标的价格与 Delta 关系**

（在固定保利发展的价格为 100%期初的价格的情况下）

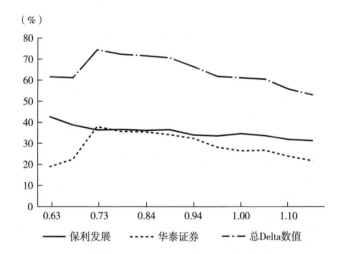

**图 5-3　多标的最佳选择的自动赎回结构标的价格与 Delta 关系**

（在固定保利发展的价格为 82.28%期初的价格的情况下）

分别在固定保利发展的价格为 100%期初的价格和 82.28%期初的价格的情况下，不改变其他参数和条件，下调整股价，得出两个标的 Cash Delta 与名义本金比例的变化关系。由图5-2可见，第一个特点是，在华泰证券价格比例处于82%附近时，两个资产的Delta数值十分接近，最佳选择给予了两者相同的上涨可能性。第二个特点是，和单个资产标的情况类似，在敲入障碍价格附近，总Delta数值是最大的；在标的价格继续上涨或下跌时，总Delta数值会快速减少。

图5-3给出类似的结论，在两个标的下降到与期初的价格相同的比例附近时，两者的Cash Delta几乎是等权重的。同时，在敲入障碍价格附近，总Delta数值也是最大的。相比于图5-2，图5-3所代表的情况在对应相同的价格位置，总Delta数值更大。这是因为其资产价格总体下降，导致总Delta数值增大，这个特征和单标的资产在价格下降且没有敲入时的Delta变化特征是一致的。

相关性与多标的最佳选择的自动赎回结构的价值关系的实际结果，如图5-4所示，图5-4给出了两个标的资产都在期初的价格位置时，Cash Delta相对于名义本金的比例。这里更加清晰地看到了两个标的资产Cash Delta在数值上十分接近，即模型赋予了两者相同的上涨和下跌的可能性。随着相关性从-1到1逐步增大，票据的价值逐步下降，这也证明了前文的理论分析结果，多维标的自动赎回结构的最佳选择期权的持有者是做空资产价格之间的相关性。

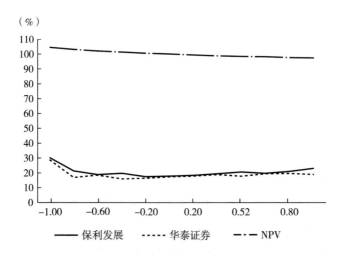

**图5-4　多标的最佳选择的自动赎回结构相关系数关系**

（二）最差选择期权的相关性风险

如前文所述，多维标的自动赎回结构的最佳选择期权的相关性理论分析方法将其拆解为两个步骤。分析相对简单的最差选择香草期权的相关性，其最大收益由其收益表现最差的资产决定。这点与自动赎回结构的最差选择期权是相反的，后者资产表现越差，持有者亏损的可能性越大，亏损也越多。因此，两者的相关性应该有不同的方向。

继续给出一个实例，考虑一个购买道琼斯工业指数和纳斯达克指数之间最差选择期权的投资者，该期权在一年后到期。这意味着一年后，投资者将获得道琼斯工业指数和纳斯达克综合指数的百分比降幅中的较大者，在该情况下，对于自动赎回结构来说，可能是亏损最大的。投资者长期持有道琼斯工业指数或纳斯达克指数的看跌期权，无论哪种股票在一年后表现都较差。从数学上讲，到期收益如下：

$$C_T^{\text{Worst of DJI/IXIC}} = \max\left[\frac{DJI_0 - DJI_T}{DJI_0}, \ \frac{IXIC_0 - IXIC_T}{IXIC_0}, \ 0\right] \tag{5-77}$$

为了确定最差选择期权的相关性风险，需要进行与第二节相同的分析。最差选择期权的收益等于持有道琼斯工业指数远期空头，加上纳斯达克指数优于道琼斯工业指数的超常表现期权相同的下界，也等于持有平值看跌期权的多头，加上道琼斯工业指数优于纳斯达克指数的超常表现期权相同的上界。从数学上讲，可以表示为：

$$\max\left[\frac{DJI_0 - DJI_T}{DJI_0}, \ 0\right] - \max\left[\frac{DJI_T - DJI_0}{DJI_0}, \ 0\right] + \max\left[\left(\frac{DJI_T}{IXIC_T} - \frac{DJI_0}{IXIC_0}\right), \ 0\right] \leqslant$$

$$C_T^{\underset{\text{IXIC}}{\text{Worst of DJI}}} \leqslant \max\left[\frac{DJI_0 - DJI_T}{DJI_0}, \ 0\right] + \max\left[\left(\frac{DJI_T}{IXIC_T} - \frac{DJI_0}{IXIC_0}\right), \ 0\right] \tag{5-78}$$

式（5-78）在相关性为-1时的数值大于相关性为1时第三项的数值。当相关性为-1时，$C_T^{\text{Worst of DJI/IXIC}}$ 等于式（5-78）的第一项。当 IXIC 和 DJI 的相关性是 1 时，$C_T^{\text{Worst of DJI/IXIC}}$ 等于式（5-78）的第三项。这意味着 $C_T^{\text{Worst of DJI/IXIC}}$ 的数值随着相关性的下降而增长。因此，单纯持有最差选择普通期权等同于做空相关性。

换句话说，最差选择普通期权的成分之间的相关性越低，其期权的价值越高。因为最差选择普通期权与自动赎回结构的最差选择期权在资产价格相关性上具有反相关性；对自动赎回结构来说，价格降幅较大的情况，也是影响亏损较大的情况。综合来看，持有多维标的自动赎回结构的最差选择期权等于做多不同资产价格之间的相关系数。

表5-7给出了一份一年期雪球型自动赎回结构的最差选择票据，同样由华泰证券（代码601688）和保利发展（代码600048）两个标的组成。在图5-5中，价格1的曲线代表固定其中一个资产，保利发展的价格为100%期初的价格，变化另一个资产标的华泰证券的价格，将其与自身期初的价格相除进行归一化得到横轴，纵轴表示该票据NPV与名义本金的比例。价格2的曲线则表示保利发展的价格为82.28%期初的价格，在其他参数和条件不变的情况下，对应的票据NPV变化。结论与最佳选择的自动赎回结构是相同的，对于最差选择的自动赎回结构，资产价格越高，期权价值越大；任何一个标的资产价格的提升都会导致整个票据价值提升。总而言之，资产只要是涨价的，票据价值就会提高。

**表5-7　一年期雪球型自动赎回最差选择票据的合约**

| 标的资产 | 华泰证券和保利发展 | 票面金额 | 1000万元 |
|---|---|---|---|
| 到期时间 | 1年 | 货币 | 人民币 |
| 自动赎回水平 | 103% | 自动赎回频率 | 每月 |
| 票息水平 | 100% | 票息频率 | 每月 |
| 敲入水平 | 70% | 敲入频率 | 每日 |
| 票息率 | 24.0%年化 | 本金保障 | 否 |

多标的最差选择的自动赎回结构标的价格与Delta关系如图5-6和图5-7所示，分别在固定保利发展的价格为100%期初的价格和82.28%期初的价格的情况下，不改变其他参数和条件，变化华泰证券的价格，得出两个标的Cash Delta与名义本金比例的变化关系。

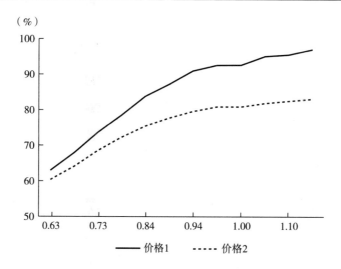

**图 5-5　多标的最差选择的自动赎回结构标的价格与 NPV 关系**

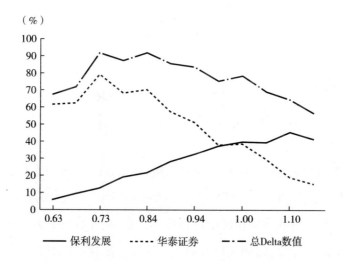

**图 5-6　多标的最差选择的自动赎回结构标的价格与 Delta 关系**

**（在固定保利发展的价格为 100% 期初的价格的情况下）**

　　图 5-6 可见，第一个特点是，两个标的都在期初的价格位置，两个资产的 Delta 数值十分接近，最差选择给予了两者相同的上涨可能性。第二个特点是，和单个资产标的情况类似，临近敲入障碍价格附近，总 Delta 数值是最大的，在

标的价格继续上涨或下跌时，总 Delta 数值会快速减少。第三个特点是，两者
Delta 数值在价格比例相等的位置交叉，其价格越高者，该标的 Delta 数值占比越
小，这点很符合表现差的资产影响较大的特点。同时，固定保利发展价格不变的
情况下，华泰证券的 Delta 数值相对于单标的结构呈现出相似的变化曲线。

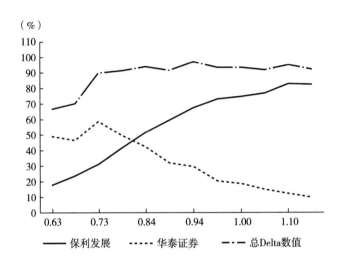

**图 5-7　多标的最差选择的自动赎回结构标的价格与 Delta 关系**

（在固定保利发展的价格为 **82.28%**期初的价格的情况下）

图 5-7 给出与最佳选择的自动赎回结构类似的结论，在两个标的下降到与期
初的价格相同的比例附近时，两者的 Cash Delta 几乎是等权重的。相比于图 5-6，
图 5-7 所代表的情况在对应相同的价格位置，总 Delta 数值更大。这是因为其资
产价格总体下降，导致总 Delta 数值增大，这个特征和单标的资产在价格下降且
没有敲入时候的 Delta 变化特征也是一致的。

相关性与多标的最差选择的自动赎回结构的价值关系的实际结果如图 5-8 所
示。图 5-8 给出了两个标的资产都在期初的价格位置时，Cash Delta 相对于名义
本金的比例。这里更加清晰地看到了两个标的资产 Cash Delta 在数值上十分接
近，即模型赋予了两者相同的上涨和下跌的可能性。随着相关性从-1 到 1 逐步
增大，票据的价值逐步上升，这也证明了前文的理论分析结果，多维标的自动赎

回结构的最差选择期权的持有者是做多不同资产价格之间的相关性，这点与最佳选择的情况是相反的。

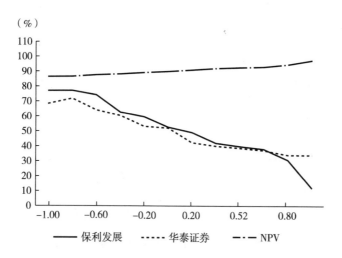

图 5-8　多标的最差选择自动赎回结构相关系数关系

# 第四节　本章小结

当期权的价值取决于基础资产在其生命周期内所遵循的路径时，即收益函数与路径相关时，蒙特卡罗模拟特别有用。蒙特卡罗模拟通过在风险中性世界中多次模拟标的资产的路径，来得到期权收益函数的定价，并在无风险利率下折现得到期权价值的样本集，最后用其均值来近似。蒙特卡罗方法对与定价路径相关的期权非常有效，它产生了标的资产价格运动的路径，因此，容易度量收益函数中与路径相关的量。它在处理多种变化，甚至高维的数值问题时相对灵活，但是在选择定价时，重要的是要从多种可用的方法中选择正确的数值方法。

最简单的方法是有限差分逼近法，该方法的缺点是计算量大，每个输入参数都需要两组额外的蒙特卡罗模拟，占用了更大的空间和时间；而且结果不收敛，即估计值是有偏的。另外，在选择导数近似值时必须小心，对于非连续的收益函数，如果它太大，则有限差分近似误差会变得很大；如果它太小，且收益函数不可微分，则方差会变得非常大。实验结果显示，其 Gamma 在路径数量增多的过程中会产生正负号的跳跃，而且收敛速度非常缓慢。即便达到 100 万条路径，其 Gamma 结果仍然标准差较大，甚至无法判断其方向性。在某些情景下，有限差分法计算的 Delta 和 Gamma 已经失去准确性，无法满足合理和正确的标的价格变化的对冲参照。

路径敏感性法可以以非常低的成本计算大量输入参数的敏感性，并且只需进行一次蒙特卡罗模拟，敏感性估计值是无偏的，但是它要求收益函数必须具备连续性。路径依赖型期权的收益函数通常是不连续的，因此，不能满足分段函数与局部有界导数的一阶敏感性的最低要求。但如果收益函数满足可微性，那么路径敏感性法计算出的敏感性的方差相比似然比方法计算出的敏感性的标准差低得多，因此，计算效率更高。

似然比法的最大优点是，不需要区分收益函数的可微性，它适用于收益函数不连续的情况，并且还简化了实际实施。与路径敏感性法相比，这是一个显著的优势。但是，它要求知道标的资产价格的概率密度函数的解析值。由于大部分标的资产价格的概率密度函数近似满足对数正态分布，所以，似然比法的通用性很强。似然比法不要求收益函数是平滑的，只需进行一次蒙特卡罗模拟，节约了大量的计算时间，并且敏感性估计值是无偏的。该方法在计算收益函数的不连续性的影响时效果很好，因此，很适合收益函数多变的路径依赖型期权结构。似然比法的 Gamma 和 Vega 得到了更快速的收敛，特别是 Gamma 的方向性整体稳定，具备对冲参照的实际价值意义。尽管其 Delta 收敛速度不如有限差分方法，但路径数量的增多，使其能够收敛在一个合理的误差之内。在障碍价格附近，对于自动赎回期权的 Delta 和 Gamma 不稳定的问题，似然法的求解优势得到了明显体现。但是，该方法存在平滑收益函数的问题，即使用似然比的近似蒙特卡罗计算误差，有时也会大于有限差分近似的蒙特卡罗计算误差。

路径依赖型期权的复杂，不仅在于收益函数的丰富多变，还有标的维度和数量的复杂。如何用似然比方法处理高维的数值问题值得研究。在本章中，我们针对路径依赖型自动赎回期权的蒙特卡罗定价方案，推导出了多维标的资产下似然比计算敏感性的数学理论和方程式。利用标的资产在多元的正态密度函数下不同标的资产之间存在的相关性和协方差矩阵，通过 Cholesky 分解得到多维标的的敏感性分析。本章通过最佳选择期权和最差选择期权的理论分析和定价检验，方法得到了很好的实证结果。

# 第六章　路径依赖型期权定价的
# 汇率相关性

新的衍生证券正在以令人兴奋的速度发展。毫无疑问，重要的新思想和新成果将会不断涌现（New derivative securities are being developed at an exciting pace. There can be little doubt that important new ideas and new results will continue to emerge）。

——约翰·赫尔（John C. Hull）

金融市场的发展，促进了跨市场产品、跨境投资的不断增长。纽约证券交易所（简称"纽交所"）允许不同的币种买卖股票，以保持其在全球市场的地位和声望。许多外国股票也可以在纽交所直接交易，或通过美国存托凭证（American Depository Receipts，ADRS）进行交易。与此同时，双币种期权作为投资境外风险资产的一种有效的风险管理工具，势必会被越来越多的投资者所青睐。因此，现阶段探讨更加符合真实市场环境变化的路径依赖型双币种期权定价问题就显得尤为重要。

Quanto 期权是双币种期权，是"Quantity Adjustment Option"的缩写，也称货币换算期权，本质上是与股票挂钩的外汇期权。双币种期权用于与货币汇率相关的市场，将一种基础资产的价格以固定的汇率转换为另一种基础资产。双币种期权的支付货币与其基础金融变量的自然面额不同，其主要目的是在不承担相应汇率风险的情况下提供资产的敞口。双币种期权的利润是用一种特定的货币计算出来的，但支出是通过以固定汇率对另一种货币进行现金结算的方式来实现的。例如，一家日本石油进口商面对汇率不确定性风险，可以锁住美元/日元汇率，购买一个双币种看涨期权，以固定的美元/日元汇率锁定石油价格。Ho 等（1995）研究了对冲工具的有效性，结果表明，双币种看跌期权相比于普通看跌期权能够在汇率和外国资产关系的影响下提供更好的下行保护。

前文重点介绍了路径依赖型期权定价研究的波动率参数，引入了汇率参数。汇率相关性不仅是期权定价的重要参数，也是期权定价在标的维度复杂性方面的延伸；引入的多维标的不仅可以是同类标的资产，也可以是异类标的资产，如股票和外汇。关于双币种期权的概念，目前已有的研究往往缺少路径依赖型期权的双币种定价问题的研究。因此，本章主要说明如何定价固定汇率转换的路径依赖型期权，采用中国期权市场的样本数据进行实证研究，结果表明，本章所提出的定价模型较经典的 Black-Scholes 双币种模型具有更高的定价灵活性，且实证结果所得的结论不受所选取标的数量的影响。

# 第一节　汇率风险对定价的影响效应

## 一、Quanto 理论模型

美国证券交易所于 1992 年开始交易双币种期权。Reiner（1992）首次讨论了如何对冲双币种期权，完成了整套的香草期权的双币种期权定价公式。Dravid、Richardson 和 Sun（1993）也获得了类似的结果，并将双币种期权的定价方法应用于日经指数权证的定价，并使用实际市场数据测试了定价公式。Huang、Sub-rahmanyam 和 Yu（1996）定价了美式双币种期权。Quanto 模型使交易对手方不必承担外汇风险，即可获得外汇计价资产或金融价格的敞口。

关于其他路径依赖型期权的双币种期权定价的模型研究并不多见。两种常见的路径相关特征是障碍特征和平均值特征。障碍期权是在有效期内，当价格触碰到障碍价格的时候，障碍期权可以提前结束或者行使某个权利。例如，如果标的资产的价值跌至一定水平以下，向下敲出的看涨期权则会比普通看涨期权更加便宜。当投资者想以较低的价格购买期权，如果资产跌至一定水平以下，则不太可能反弹至足够高的点，这种类型的期权非常有用。亚式期权的收益取决于基础资产的平均值，可以是股票价格或外汇汇率。例如，投资者想在半年内购买一定数量的外国股票，但不想一次付清所有款项。可以采取的方法是，在半年结束时，他每周（或每天）购买等额的股票，投资者支付的是外国股票价格的平均值乘以股票数量。由于事先不知道股票的平均价格和外汇汇率，因此，投资者面临支付高价值的风险。为了对冲这种风险，他可能会购买固定的外汇汇率的平均执行价的看跌期权。

使用与路径依赖相关的双币种期权的例子远远超过上述示例。逐案评估奇异型双币种期权价值可能不太有效。本章正在寻找一种系统化的框架，以对路径依赖的、很难找到闭合公式的双币种期权定价。在固定外汇汇率的情况下，针对具有路径依赖相关收益函数特征的场外期权，以及期权在多个标的资产维度的扩展，本章设计了一个通用的蒙特卡罗定价方案，它不会受到相似性结构变化的影响。

## 二、汇率的相关性对定价影响的理论机制分析

在介绍与路径相关的双币种期权之前，引入汇率的相关性（Correlation）概念，参照 Kwok 和 Wong（2000）的研究，定价标准的双币种期权。考虑一个看好华泰证券（601688）股价的美国投资者，希望购买一年内到期的华泰证券的平值看涨期权，但是该投资者只想保持美元。假设华泰证券的股价为 18 元，目前，汇率为 1 元人民币兑 0.15 美元，并且在一年时间内股价为 24 元。无论汇率如何变化，Quanto ATM 看涨期权将给美国投资者 0.9 美元的到期付款。换句话说，由于华泰证券的股价上涨了 33.3%，投资者期望美元买入的名义金额能获得

33.3%的回报。从上面示例可以看出，构造双币种期权相对容易，但是要查看该期权的定价方式和所依赖的变量有何影响则困难得多。

Dai 等（2004）提出，分析 Quanto 期权定价必须引入两个新变量。第一个变量是股价与汇率的相关性 ρ。为了更好地了解这种相关性是如何影响双币种看涨期权价值的，要先回答购买 ATM 美元双币种看涨期权的美国投资者是做多相关性还是做空相关性。在本章，做空相关性的含义是，如果相关性下降，则投资者会受益（双币种期权价值增加）；如果相关性上升，则投资者会损失收益。假设相关系数为正，这意味着如果人民币对美元的价值更高，华泰证券的股价则会上涨。现在，可以很容易地看到投资者是做空相关性（卖出相关性）。因为，如果人民币上涨，相关性方面会导致股价上涨，因此，普通香草看涨期权（实际上是零相关性的双币种期权）的美元价值的涨幅大于具有（固定美元汇率的）（数量调整看涨期权）的涨幅。的分析结果表明，如果人民币下跌，则相关性方面会导致股价下跌，较低的股价和人民币相结合，会导致普通香草 ATM 看涨期权的美元损失相较于 ATM 美元计价的双币种看涨期权的美元损失减少。综合来看，如果相关性从 1 下降到-1，则美元计价的双币种看涨期权的持有人将从中受益。上面的示例显示，美元计价的双币种看涨期权的持有人是做空汇率相关性的。但是，当将这种分析扩展到美元计价的双币种看跌期权时，会发现这种期权的持有者具有做多相关性的特点。

第二个变量是外汇波动率 $\sigma_{FX}$。对于这个变量，美国投资者是做多还是做空外汇波动性并不明显。受到 Kim 等（2015）研究的启发，这里引入一个模型，该模型以较小的时间间隔来描述美元的股票价格差异。该模型给出了在这种情况下双币种期权是做多还是做空波动率的答案。Black-Scholes 期权定价模型是对非股息支付的股票资产进行建模的最常用的模型，该模型描述了较小时间间隔内的股价差异。公式如下：

$$\frac{dS_t}{S_t} = rdt + \sigma_s dW_t \qquad (6-1)$$

其中，$S_t$ 是股票在时间 t 的股价，r 是无风险利率，$dS_t$ 是股票在时间间隔 dt

中的价格变化，dt 是一个小的时间间隔，$\sigma_S$ 是股票价格的波动性。$W_t$ 是一个随机过程的布朗运动，其特征是在正态分布区间 dt，平均值为 0，方差等于间隔 dt 的长度，数学上表示间隔 dt 具有等于 N（0，dt）的正态分布。$dW_t$ 是分布为 N（0，dt）的随机过程。

为了理解双币种期权，需要使用类似于式（6-1）的模型，该模型包括两个附加变量，即股票价格的对数与汇率的对数之间的相关性 ρ，FX 的波动率 $\sigma_{FX}$。重要的是，此等式定义了一个新的份额 $F_t$，以期权量化货币（而不是份额本身的货币）报价。$F_t$ 的定义方式导致 $F_t$ 上的常规美元期权实际上是 $S_t$ 上的双币种期权，公式如下：

$$\frac{dF_t}{F_t} = (r_{local} - \rho\sigma_S\sigma_{FX})dt + \sigma_S dW_t \tag{6-2}$$

这里，ρ 是股价对数与汇率对数之间的相关性。正相关关系表示，如果人民币价值上涨，那么股价就会上涨。$r_{local}$ 是股票本身货币的无风险利率。在华泰证券这个例子的情况下，$r_{local}$ 是人民币的无风险利率。

从这个方程式可以明显看出，对于任何一个双币种看涨期权的持有者而言，如果相关性降低，则会受益；对于任何一个双币种看跌期权的持有者而言，如果相关性增加，则将受益。根据相关性的符号，该公式还可以清楚地表明，双币种期权的持有者是做多还是做空外汇波动率。如果相关性为负，双币种看涨期权的持有者为做多外汇波动率，而双币种看跌期权的持有者为做空外汇波动率。股息收益率等于 d 的美元股票的股价变化模型为：

$$\frac{dF_t}{F_t} = (r_s - d)dt + \sigma_S dW_t \tag{6-3}$$

这里显示，可以通过对股息收益率进行调整（股息收益率增加 $r_s - r_{local} + \rho\sigma_S\sigma_{FX}$）来影响普通期权的价格。在等式（6-3）中，$r_s$ 是美元无风险利率。

### 三、外汇风险敞口的对冲

双币种期权的外汇风险敞口可能不是很直观，但通过上述的分析发现，实际比较直接。外汇的对冲被 Delta 的对冲所捕获，因为计价货币的期权名义本金随着汇率的变化而不断变化。只要汇率发生变化，标的计价货币的名义本金就会变化。这意味着，如果双币种期权的货币相对于标的计价货币贬值一半，等同于双币种期权在计价货币的名义本金在数值上贬值一半。因此，即使股价可能没有波动，交易者也需要将其对冲的 Delta 数值减半。借助式（6-2），计价货币的股票价值和计价货币的行权价可以确定双币种期权的对冲 Delta 数值。

为了说明双币种期权的 Delta 对冲是如何工作的，需要同时考虑双币种期权的外汇对冲，给出如下示例。假设出售华泰证券股票的 ATM 双币种看涨期权的行权价为 18 元人民币，名义价格为 1000 万美元。假设式（6-2）的参数是，股票价值为 18 元人民币，行权价为 18 元人民币，该 ATM 期权的 Delta 为 0.5。假设汇率为 1 元人民币兑 0.15 美元，交易者将需要购买价值 3333 万元人民币的股票对冲。现在假设美元相对于人民币减半，这意味着汇率达到 1 元人民币兑 0.3 美元。由于汇率的变化并没有引起股票价格的变动，交易者需要将股票对冲保值更改为 1667 万元人民币。

以上表明，交易者无需为双币种期权设置外汇对冲。但是，如果交易者卖出双币种期权时收取了期权费，就需要将期权费换成外汇。这是因为式（6-2）规定了以计价货币表示的融资。如果交易者购买了双币种期权，他需要有效确保以计价货币融资，因为他需要通过出售计价货币来购买双币种期权所需支付的货币，这样才能支付双币种期权的收益给交易对手。因此，在确保以计价货币融资的情况下，交易者仅在出售双币种期权时才需要做外汇对冲，即卖出双币种期权的货币加上期权费的金额去购买计价货币。

## 第二节　汇率相关性的模型建立与参数设计

每当用标的资产以外的其他货币来计算期权的支付时，期权的价值不仅取决于标的资产的表现，还取决于支付货币与标的货币之间的汇率。Geman（2005）在研究中介绍双币种期权的到期收益为：

$$Payoff = max(0,\ S(T)X(T) - K_d) \tag{6-4}$$

其中，S（T）是基础资产在到期日的价格，X（T）是汇率，S（T）和 X（T）的乘积与行权价 $K_d$ 使用的是相同的货币。例如，如果 S（T）以美元（USD）报价，X（T）是到期时的 CNY-USD 汇率，并且 $K_d$ 是以人民币（CNY）预先定义的执行价格，则上述提到的双币种期权的收益为 CNY，并给出方程（6-4）。Datey、Gauthier 和 Simonato（2003）在文献中建议的另一种双币种期权的收益函数形式是：

$$Payoff = X_0 max(0,\ S(T) - K_f) \tag{6-5}$$

其中，S（T）是标的资产在到期时以其计价货币表示的价值，$K_f$ 与标的资产使用相同货币的行权价，$X_0$ 是将期权收益转换为支付货币时的预先定义的汇率。

收益函数对两个变量的依赖性会影响定价。Wilmott（2006）认为，可以通过建立一个无风险的投资组合来得出这种依赖关系，该投资组合包括一个双币种期权与一个标的货币的空头现金头寸和标的本身的空头头寸。受此启发，假设以美元报价的股息支付股票 S 和 CNY-USD 汇率都遵循几何布朗运动，如下：

$$dS = \mu_S Sdt + \sigma_S SdW_S$$
$$dX = \mu_X Xdt + \sigma_X XdW_X \tag{6-6}$$

设 $\Pi$ 为双币种期权、标的货币现金和标的本身的投资组合，如下：

$$\Pi = v(x,\ s,\ t) - \Delta_{USD}X - \Delta_S SX \tag{6-7}$$

式（6-7）中的每一项均以 CNY 表示，$\Delta_{USD}$ 是持有美元现金的大小，$\Delta_S$ 是投资组合中股票 S 的数量。假设 $r_f$ 是美元经济中的无风险利率。投资组合 $\Pi$ 的价值随着时间变化，因为股票 S 的价格在变化，汇率在变化，空头的股票必须支付股息，而空头的美元现金头寸必须支付利息。因此，投资组合 $\Pi$ 价值的无限小变化是：

$$d\Pi = dV - \Delta_{USD}(dX + r_f Xdt) - \Delta_S d(SX) - \Delta_S \delta_f SXdt$$

$$= \left(\frac{\partial V}{\partial t} + \frac{1}{2}\sigma_X^2 X^2 \frac{\partial^2 V}{\partial X^2} + \rho\sigma_X\sigma_S XS \frac{\partial^2 V}{\partial X\partial S} + \frac{1}{2}\sigma_S^2 S^2 \frac{\partial^2 V}{\partial S^2} - \rho\sigma_X\sigma_S\Delta_s XS - r_f\Delta_{USD}X - \right.$$

$$\left. \delta_f\Delta_s SX \right)dt + \left(\frac{\partial V}{\partial X} - \Delta_{USD} - \Delta_s S\right)dX + \left(\frac{\partial V}{\partial S} - \Delta_s X\right)dS \qquad (6\text{-}8)$$

其中，$-r_f\Delta_{USD}Xdt$ 是卖出美元空头头寸的利息或持有的成本，$-\delta_f\Delta_s SXdt$ 表示需要做空股票支付的股利，式（6-8）在展开 d（SX）时，式 $\rho\sigma_X\sigma_S\Delta_s SXdt$ 会出现。为了在一段时间内［0，dt］实现投资组合 Π 的零风险，dX 和 dS 的系数必须等于零，因此：

$$\Delta_s = \frac{1}{X}\frac{\partial V}{\partial S}, \quad \Delta_{USD} = \frac{\partial V}{\partial X} - \Delta_s S = \frac{\partial V}{\partial X} - \frac{S}{X}\frac{\partial V}{\partial S} \qquad (6\text{-}9)$$

因为投资组合 Π 以人民币计算，所以其收益必须等于人民币经济中的无风险收益。我们标记此回报为 $r_d$，将式（6-7）和式（6-9）代入式（6-8），分别得到：

$$\left(\frac{\partial V}{\partial t} + \frac{1}{2}\sigma_X^2 X^2 \frac{\partial^2 V}{\partial X^2} + \rho\sigma_X\sigma_S XS \frac{\partial^2 V}{\partial X\partial S} + \frac{1}{2}\sigma_S^2 S^2 \frac{\partial^2 V}{\partial S^2} - (\delta_f + \rho\sigma_X\sigma_S)S\frac{\partial V}{\partial S} - \right.$$

$$\left. r_f\left(\frac{\partial V}{\partial X} - \frac{S}{X}\frac{\partial V}{\partial S}\right)X\right)dt = r_d\Pi dt$$

$$\Leftrightarrow \frac{\partial V}{\partial t} + \frac{1}{2}\sigma_X^2 X^2 \frac{\partial^2 V}{\partial X^2} + \rho\sigma_X\sigma_S XS \frac{\partial^2 V}{\partial X\partial S} + \frac{1}{2}\sigma_S^2 S^2 \frac{\partial^2 V}{\partial S^2} + X\frac{\partial V}{\partial X}(r_d - r_f) +$$

$$S\frac{\partial V}{\partial S}(r_f - \delta_f - \rho\sigma_X\sigma_S) - r_d V = 0 \qquad (6\text{-}10)$$

当 V 是 X、S 和 t 的函数，且 S 是支付股息的股票时，方程（6-10）可用于双币种期权的定价。Dai 等（2004）指出，在特殊情况下，当期权的收益函数由模型式（6-5）给出时，期权价值不再直接取决于汇率 X。因此，V = V（S，t）和式（6-10）简化为：

$$\frac{\partial V}{\partial t} + \frac{1}{2}\sigma_S^2 S^2 \frac{\partial^2 V}{\partial S^2} + S\frac{\partial V}{\partial S}(r_f - \delta_f - \rho\sigma_X\sigma_S) - r_d V = 0 \qquad (6\text{-}11)$$

式（6-11）可以解释为具有恒定股息收益率的 Black-Scholes 期权定价模型，因此，Black-Scholes 模型框架内存在闭式解。出于本节的研究目的，我们需确定在双币种期权定价时要对基础资产使用哪些动态。Kwok 和 Wong（2000）指出，风险中性漂移率是第三项 $r_f-\delta_f-\rho\sigma_X\sigma_S$ 的系数。因此，当对支付股息的股票进行双币种期权定价时，收益函数如式（6-5）所示，可以使用以下方差式：

$$dS=(r_f-\delta_f-\rho\sigma_X\sigma_S)Sdt+\sigma_SSdW_S$$

资产价值 S 可以作为时间的函数进行求解，如式（6-6）和式（6-7）所述：

$$S(t)=S(0)e^{(r_f-\delta_f-\rho\sigma_X\sigma_S-\frac{1}{2}\sigma_S^2)t+\sigma_SW(t)} \tag{6-12}$$

式（6-12）给出的结论也应适用于其他形式的收益函数，包括路径依赖型期权的双币种期权定价。

总结前面的结果，并定义路径依赖型双币种期权的定价框架，该定价框架将用作蒙特卡罗模拟的基础，并在稍后的近似讨论中使用。设 $S_i=\{S_i(t):t\geq0\}$ 为以货币 $X_i$ 计价的股票价格；$X_i=\{X_i(t):t\geq0\}$ 为标的资产 i 的货币与期权收益支付货币之间的汇率；$u_i$ 为标的资产 i 的风险中性漂移率；$\sigma_i$ 为标的资产 i 的波动性；$\rho$ 为描述标的资产 $S_i$，$i\in\{1,2,\cdots,m\}$ 和外汇汇率 $X_i$，$i\in\{1,2,\cdots,m\}$ 相关性的相关系数矩阵；$\Sigma$ 为标的资产 i，$i\in\{1,2,\cdots,m\}$ 的相关性矩阵；$r_i$ 为以标的资产 i 的货币计价的无风险利率；$\delta_i$ 为标的资产 i 的连续股息率；$r_d$ 为人民币（CNY）经济中的无风险利率。

假定标的资产 $S_i$ 和汇率 $X_i$ 遵循如下的几何布朗运动：

$$dS_i=\mu_iS_idt+\sigma_iS_idW_i, \quad i\in\{1,2,\cdots,m\}$$

$$dX_i=\mu_{X_i}X_idt+\sigma_iX_idZ_i, \quad i\in\{1,2,\cdots,m\}$$

此外，假定基础标的资产和汇率具有相关性，如下：

$$corr(W_i,W_j)=\Sigma_{i,j}$$

$$corr(Z_i,W_j)=\rho_{i,j}$$

根据前文所获得的结果，对多个资产 $S_i$ 的双币种期权进行定价，对所有基础标的资产使用式（6-12）的调整如下：

$$S_i(t)=S_i(0)e^{(r_i-\delta_i-\rho_{i,i}\sigma_X\sigma_i-\frac{1}{2}\sigma_i^2)t+\sigma_iW_i(t)} \tag{6-13}$$

如前文所述，式 $\rho_{i,i}\sigma_X\sigma_i$ 的产生是由于双币种期权的性质，更确切地说，是由于式（6-8）中展开的 d（SX）。这里得到了一个重要的结论，式（6-13）是可以用于各种基于路径依赖型期权的双币种模型的蒙特卡罗模拟的。

对于多标的路径依赖型期权，以亚式篮子双币种期权（Asian Quanto-Basket Option）的定价为例，对所有基础资产标的使用方程（6-12）。篮子期权是一种奇异期权，其基础资产是一篮子股票、商品或货币。一篮子的价值通常被定义为当时一组基础资产的加权平均值。不同的篮子成分使用不同的权重，投资者可以定制最适合自己兴趣的篮子。篮子期权在到期时的收益函数为：

$$Payoff = \max(0,\ A_B - K_B) \qquad (6-14)$$

其中，$A_B$ 是到期时篮子成分的加权平均值；$K_B$ 是行权价，可以将其设置为发行期权时的篮子价值。如果篮子中的每个基础资产都遵循几何布朗运动，并且所有基础资产都以欧元报价，$A_B$ 则可以写成：

$$A_B = \frac{1}{m} \sum_{i=1}^{m} w_i S_i(0) e^{(\mu_i - \frac{1}{2}\sigma_i^2)T + \sigma_i W_i(T)} \qquad (6-15)$$

其中，$W_i$ 是每个基础资产的权重，总和通常是 1。$S_i(0)$ 是基础资产标的初始价格，$\mu_i$ 是风险中性漂移率，$\sigma_i$ 是基础波动率。$W_i(T)$，$i \in \{1, 2, \cdots, m\}$ 是相关的维纳过程，通过相关矩阵 $\Sigma$ 满足给定的相关结构。可以根据历史数据估算标的资产过程的相关性，也可以使用隐含的相关性。同样，如果 m 为 1，则篮子仅由一项基础资产组成，$A_B$ 的概率密度函数变为对数正态分布。

亚式期权是一种路径依赖型期权，它们的几种变体在交易所和场外市场交易，本书的示例说明着重于使用算术平均的亚式期权，在时间 T 的到期收益为：

$$Pay\ of\ f = \max(0,\ A - K) \qquad (6-16)$$

其中，K 是发行期权合约时设定的固定行权价，A 是标的资产在一些预定义的离散和有限观察点集合上的算术平均值。现在，我们假设标的 $S_i$ 遵循几何布朗运动，然后，$S_i$ 可以作为时间 t 的函数进行求解，使用 Itô 的引理可以正确完成此操作。但是，Wilmott（2006）、Luenberger 和 Posner（1998）建议在 Taylor 扩展二阶项后，收集所有一阶项作为实用工具。使用这种方法时，涉及的术语 $dW^2$ 需要替换为 dt。正如 Wilmott 解释的那样，该方法在数学上是不正确的，但是会产生正确的结果。我们获得 S 的表达式作为 t 的函数：

$$S(t) = S(0)e^{\left(\mu - \frac{1}{2}\sigma^2\right)\,t + \sigma W(t)} = S(0)e^{\left(r_d - \delta_d - \frac{1}{2}\sigma^2\right)\,t + \sigma W(t)}$$

其中，W（t）是标准的维纳过程。现在可以写出等式（6-16）的算术平均值，公式如下：

$$A = \frac{1}{n}\sum_{\tau=1}^{n} S(t_\tau) = \frac{S(0)}{n}\sum_{\tau=1}^{n} e^{\left(r_d - \delta_d - \frac{1}{2}\sigma^2\right)\,t_\tau + \sigma W(t_\tau)} \tag{6-17}$$

如果 n 为 1，如欧式看涨期权，则 A 在到期时的概率密度函数为对数正态分布。Milevsky（1998）在论文中提到，当 n 大于 1 时，A 的概率密度函数表现出更多的对数正态行为。因此，结合方程（6-17）、方程（6-15）和方程（6-13），我们得到：

$$A_{AQB} = \frac{1}{n}\sum_{\tau=1}^{n} A_B(t_\tau) = \frac{1}{n}\sum_{\tau=1}^{n}\sum_{i=1}^{m} w_i S_i(0)e^{\left(r_i - \delta_i - \rho_{i,i}\sigma_X\sigma_i - \frac{1}{2}\sigma_i^2\right)\,\tau + \sigma_i w_i(\tau)} \tag{6-18}$$

由于标的资产 $A_{AQB}$ 平均数的概率分布不是对数正态的，因此，不存在用于定价算术平均的亚式期权的双币种篮子期权的闭式解析解。这个实例证明了，本节介绍的蒙特卡罗技术可以解决多标的资产组合的基于路径依赖的双币种期权。

# 第三节　定价检验与结果分析

在本节中，我们分析汇率相关性的自动赎回结构的定价，依然采用前面章节用到的实验用例，一张一年期雪球型自动赎回票据。不同的是，其最终支付币种为 USD，而标的资产华泰证券的计价币种为 CNY。另外，该票据的最终收益不受汇率变动的影响，即需要锁定在合约期初预定的 USD-CNY 汇率。在这种情况下，该路径依赖型期权进一步奇异化和复杂化，需要借助前文提到的路径依赖型结构的 Quanto 模型的定价理论。与前文非 Quanto 模型的实验结果进行比较分析，除了结算货币不同，其他票据要素保持一致（见表6-1）。

表 6-1 一张一年期雪球型自动赎回票据 Quanto 合约

| 标的资产 | 华泰证券 | 票面金额 | 1000 万 |
|---|---|---|---|
| 到期时间 | 1 年 | 结算货币 | 美元 |
| 自动赎回水平 | 103% | 自动赎回频率 | 每月 |
| 票息水平 | 100% | 票息频率 | 每月 |
| 敲入水平 | 70% | 敲入频率 | 每日 |
| 票息率 | 24.0%年化 | 本金保障 | 否 |

首先，考虑汇率固定不变的 Quanto 模型与非 Quanto 模型，在其他定价参数和合约要素都相同的情况下，比较价格变化对其期权定价的影响，具体如图 6-1 所示。纵轴表示票据价值与名义本金的比例，横轴代表标的价格与期初的价格的比例。可以发现，两者之间的价差十分接近，路径依赖型自动赎回结构的 Quanto 模型的价值始终略高一点。

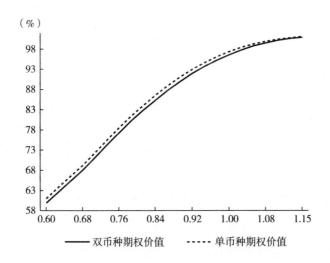

图 6-1 自动赎回结构的 Quanto 模型标的价格和 NPV 关系

其次，在图 6-1 所示的相同情景下，图 6-2 给出标的资产价格变化与 Delta 数值的关系，其纵坐标表示 Cash Delta 与名义本金的比例，横坐标相同。结论是相似的，自动赎回结构的 Quanto 模型与非 Quanto 模型之间的 Delta 差异在大部分的价格区间内都是较小的。两者差异较小的主要原因是，在蒙特卡罗模拟中，我们确定了汇率的数值，在汇率的波动率和汇率相关性不变的情景下，汇率对定价和敏感性的计算的整体影响较小。

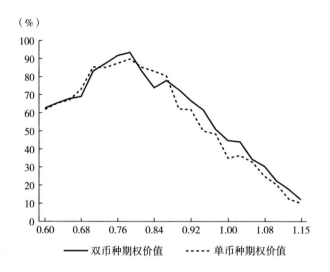

**图 6-2　自动赎回结构的 Quanto 模型标的价格和 Delta 关系**

　　再次，本节分析了 CNY-USD 汇率变化情况下，自动赎回票据的 Quanto 模型的定价。假设 CNY-USD 汇率的变化范围为单位 CNY 可以兑换 0.13~0.165USD，外汇的波动率为常数波动率 5.65%，外汇与标的资产华泰证券价格之间的相关性为 0.1410。这里的相关性采用的是常量，是根据一段时间内两者价格计算的结果。表 6-2 给出雪球型自动赎回票据 Quanto 合约的持有者在不同汇率下的定价结果和敏感性分析，这里假设标的华泰证券的价格固定为期初的价格不变。表 6-2 分别计算出了两个币种的利率敏感性 RhoCNY 和 RhoUSD，票据 NPV 同样为其与名义本金的比例；不同的是，本部分将其计算出的人民币票据价值按照对应的 CNYUSD 汇率转换为美元票据价值，并与 USD 计量的名义本金相除得到比例。此外，DeltaCNY 表述的定义是，人民币计价的 Cash Delta 数值除以 100，标的资产华泰证券的波动率敏感性 Vega 和时间敏感性 Theta 同样是人民币计价的金额。

表6-2 雪球型自动赎回票据 Quanto 合约定价结果

| CNYUSD | NPV（%） | DeltaCNY | Vega | Theta | RhoCNY | RhoUSD |
|--------|---------|----------|------|-------|--------|--------|
| 0.13 | 96.72 | 344992 | −294911 | 49828 | 231131 | −281774 |
| 0.135 | 96.72 | 332215 | −283988 | 47983 | 222570 | −271337 |
| 0.14 | 96.72 | 320350 | −273846 | 46269 | 214621 | −261647 |
| 0.141 | 96.72 | 318078 | −271020 | 45792 | 212407 | −258947 |
| 0.145 | 96.72 | 309303 | −264403 | 44674 | 207221 | −252624 |
| 0.15 | 96.72 | 298993 | −291192 | 43185 | 200313 | −244204 |
| 0.155 | 96.72 | 289348 | −247345 | 41791 | 193852 | −236326 |
| 0.16 | 96.72 | 280306 | −239615 | 40485 | 187794 | −228941 |
| 0.165 | 96.72 | 271812 | −232354 | 39259 | 182103 | −222003 |

由表6-2的实验结果可以明显看出，无论 CNY-USD 的汇率怎样变化，票据价值始终不变，这与 Quanto 模型的目的，期权价值不受汇率变化影响的结论是一致的。自动赎回结构的发行者其敏感性与持有者是相反的，发行者仍然与非 Quanto 模型持有相同方向的头寸，即持有股票资产的多头且做多波动率。自动赎回结构的 Quanto 模型的 FX 价格变化关系如图6-3所示。

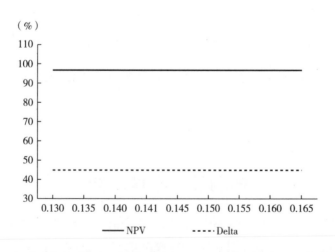

图6-3 自动赎回结构的 Quanto 模型的 FX 价格变化关系（USD 计量）

由此可见，Delta 的比例不随汇率的变化而变化，变化的是以 CNY 计价的名义本金。这一点与之前分析的普通香草期权的特征是一致的。这一基本特性也为对冲者分析自动赎回结构和其他路径依赖型期权提供了比较方便的直接结论。

最后，给出自动赎回结构 Quanto 模型的定价与外汇股价相关系数的关系变化（见图 6-4）。在相关系数从 -1 到 1 的过程中，自动赎回结构的票据价值是逐步降低的，即持有者是做空相关性的。图 6-4 也给出了转换 USD 计量的 Delta 数值与 USD 计量的名义本金的比例，相较于标的资产价格和波动率数值的影响，外汇股价相关系数对 Delta 影响较小。

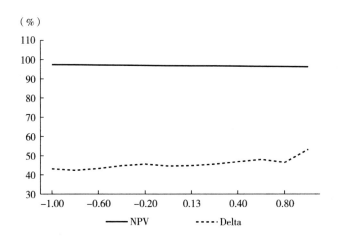

图 6-4　自动赎回结构的 Quanto 模型的相关系数变化关系

# 第四节　本章小结

外汇是期权定价的重要参数，也是路径依赖型期权除了在收益函数方面的复杂多变外，标的资产在更多维度上的进一步延伸。标的资产维度可以是多个同类标的，如股票资产；也可以是不同类的资产，如股票和外汇的结合。考虑汇率相关性的双币种期权，是将一种基础资产的价格以固定的汇率转换为另一种基础资产，支付货币与基础金融资产的货币不同，其主要目的是在不承担相应汇率风险的情况下提供资产的敞口。使用与路径依赖相关的双币种期权的情景，实际应用与学界的场景非常多，但是逐个分析路径依赖相关的双币种期权的定价方法可能不太有效。在固定外汇汇率的情况，针对具有路径依赖特征的期权定价，以及标的资产在多个资产维度上的扩展，本章给出一种系统化的框架，设计了一个通用的蒙特卡罗定价方案。该方案不会受到相似性结构变化的影响，可以满足引入外汇和多个同类标的资产的定价选择。

实验结果证明，无论 CNY-USD 汇率怎样变化，路径依赖型自动赎回期权的票据价值始终不变。这与 Quanto 模型的目的，期权价值不受汇率变化影响的结论是一致的。同样的期权结构，双币种期权和非双币种期权之间的价差十分接近，路径依赖型自动赎回结构的 Quanto 模型的价值始终略高一点。两者之间的 Delta 差异在确定汇率和汇率相关性的情况下，在大部分的价格区间内都是较小的。自动赎回结构 Quanto 模型在外汇价格的变化中，Delta 的比例不随汇率的变化而变化；变化的是以 CNY 计价的名义本金，这一点与本章分析的普通香草期权的特征是一致的。这一基本特性也为对冲者分析自动赎回结构和其他路径依赖型期权提供了比较方便的直接结论。

# 第七章　路径依赖型期权的
# 风险价值度分析

专心管理好风险，收益自己会上门的（Focus on the downside and upside will take care of itself）。

——大卫·斯文森（David F. Schwenson）

由于交易结构的专业性，定价原理的复杂性，风险管理成为场外期权定价的核心。前文对路径依赖型期权定价参数的选择、定价模型的方法论进行了系统研究，本章重点分析路径依赖型期权定价的风险度量，即期权定价在各种可能情景下的最大损失。在对路径依赖型期权的定价风险进行研究之前，有必要对场外期权的风险类型进行分类和识别，对不同风险产生的原因进行总结。本章首先介绍各类风险的分类和成因，其次重点分析风险价值的理论机制和基于VaR方法的市场风险的度量，最后对路径依赖型期权的定价风险进行深入探讨。

# 第一节　场外期权风险类型的影响因素

## 一、信用风险

信用风险是指由于场外衍生品交易对手的违约，而对衍生品发行者造成损失的风险。在场外衍生品业务中，信用风险主要是场外衍生品交易对手未能履行协议中约定的义务而对交易商直接造成经济损失的风险。为了应对衍生品交易中的交易对手方信用风险，需要建立完备的交易对手审批流程、交易限额、授信限额管理方法和履约保障品管理。通过确定交易对手评级、设置交易限额、每日监控交易限额使用情况，对交易对手风险敞口和履约保障品进行监控，以有效管控场外衍生品交易的信用风险。

与交易对手进行交易前，应初步与交易对手讨论交易事项，收集交易对手的基本信息（包括股权结构、主要业务等）和财务报告，并对交易对手进行信用分析和评估，对交易对手进行信用评级。评估内容主要包括交易对手的财务情况、管理能力、资本结构、信用记录、交易经验等。交易对手的信用评级每年至少需要重检一次，在交易对手情况发生变化时进行调整。交易限额包括根据交易对手、产品类型、风险类型、期限等不同维度设置的交易额度或限制。具体限额的设定需考虑交易对手的信用级别和违约概率，公司净资本管理的要求，公司业务规模和资金安排等。

交易商通过每日盯市来计算交易对手风险敞口和履约保障品价值，并按照履约保障品协议相应追收交易对手履约保障品。一般情况下，由交易对手方向交易商提供履约保障品，交易商以自身信用对交易对手提供履约担保，不提供信用担保或履约保障品。如果交易对手为大型金融机构或其他信用度较高的非金融机构时，则可采取双方互相提供信用担保或履约保障品的方式进行交易。合格的履约保障品可由交易双方协商确定，并通过《场外衍生品交易履约保障协议》进行明确规定。目前，合格的履约保障品主要是现金和国债，其他证券资产（如在交易所交易的股票、信用债券、基金，或在银行间市场交易的企业债、金融债、中期票据、短期融资券和超级短期融资券等）也可以接受为保障品。可被接受的履约保障品需要考虑其流动性、安全性以及价格波动，并随时根据市场情况进行调整。

交易对手通过质押或转让履约担保品的方式提供履约保障。根据协议或保障品的不同，履约保障品分为质押式和转让式。对于现金担保品，交易商采用转让式，交易对手需根据金融衍生品的交易协议，向交易商现金担保托管账户划入相应的资金，交易商严格按照监管规定管理或使用保证金。对证券担保品采取质押式，交易对手持有的交易所市场或者银行间市场的证券需要在中国证券登记结算有限公司或者中央国债登记结算有限责任公司办理质押登记。

## 二、市场风险

市场风险是指由于股票市场价格、波动率或相关性等因素的变化而导致的场外衍生品产品价值的潜在损失，使衍生品发行者自有资金受到损失的风险。控制市场风险需要以限额为主的风险指标体系。风险限额既是风险控制手段，又是交易商的风险偏好和风险容忍度的表现。风险限额是根据场外衍生品业务的资本规模、风险偏好和风险容忍度而制定的。风险限额指标主要包括风险价值、风险敏感性指标（Greeks）、各类产品持仓总量限额、分散投资限额、止损限额、可投资产品品种限制和其他市场风险限额。

在场外期权业务中，虽然交易会进行了 Delta 对冲，并根据市场和交易情况调整了对冲持仓，但是面临着期权类产品的 Gamma 和 Vega 敞口仍然无法对冲，即有可能要承受一定的市场波动风险。另外，对于一些奇异的路径依赖型期权（如自动赎回期权、障碍期权等），在特定的市场情况下，其 Delta 可能因为较大而无法全部对冲。当非线性的场外期权的名义金额相对较大或者市场变动较大时，对冲或平仓对应交易量较大，会受到市场流动性的影响，可能会导致相关交易较大的市场冲击成本，影响对冲的整体损益。上述风险可以通过风险敏感性等限额监控、交易规模控制等进行降低。场外期权的风险管理也使用了风险价值，并配有其他定量分析方法，如压力测试和情景分析等。

产品的风险对冲可采取动态对冲和静态对冲两种策略。常见的动态对冲包括Delta 对冲、Gamma 对冲和 Vega 对冲。由于国内没有场内个股期权市场，现阶段只能通过 Delta 对冲复杂奇异期权结构的衍生品，交易商会承担一定的波动率风险，对冲的成本较高。单向交易产品只能采取小规模多批次的产品发行方式降低定价和交易风险。静态对冲是指不同的权益类衍生产品结构之间具有风险对冲关系，无须采用动态对冲策略就可保持组合 Gamma 和 Vega 风险中性，具有交易成本低、交易风险可控的优点。在建立期权交易组合和定价时，需要评估产品之间是否具有对冲关系，优先考虑能够实现静态对冲的期权产品结构。

### 三、法律风险和合规风险

法律风险是指交易商签署的合同等法律文件存在违反有关法律或法规的可能性，或因其他原因导致未能得到部分或全部履行，从而使交易商蒙受经济或声誉损失的风险。合规风险是指交易商开展场外期权业务时发生违反法律、法规或准则的情况，从而使交易商受到法律制裁、被采取监管措施、遭受财产损失或声誉损失的风险。严格进行客户适当性管理，这直接关系着风险控制和合规管理，是场外期权业务中最为重视的环节之一。签署 SAC 协议，根据交易对手的信用和资产情况，限定交易对手可交易的结构，并设定可交易总额度以及各类结构可交易额度上限。需要提交交易对手尽职调查的材料，包括交易对手背景、交易动机、交易计划等内部报告，并签署合规声明。

在交易法律文件的条款设定方面，现有的 SAC 协议和补充协议对于特别事件发生的处理方式没有清楚定义。针对个股场外期权交易，这些处理事件包括：①股票停牌，期权合约如何调整定价或处理；②股票价格遇到涨停或跌停，给对冲交易带来的影响如何处理；③股票到期跌停，无法卖出终止交易，期权结算收益该如何计算；④股票发生分红、送股、配股等公司事件，期权定价的合约参数该如何调整。在这一系列问题中，最难以解决的就是"股票停牌，期权合约如何调整定价或处理"。股票停牌往往跟内幕信息紧密相连，如何解决这个问题就变成了如何防范内幕交易或者降低客户内幕交易带来的损失。针对不同期权结构的标的发生停牌，需制定不同的处理条款，如香草看涨期权，期权合约的到期日延期到股票复牌第一个跌停日，其目的是，①如果复牌后股票连续涨停，期权在复牌当日了结，股票涨停导致的损失会控制在 5%～10%（假设 Delta 数值为 50%，股价涨幅在 10%～20%）；②如果复牌后股票连续跌停，期权延期直到股票跌停打开，下跌的风险由交易对手先行承担。以上是针对中国股市特有的停牌制度的期权调整条款，目的是提高交易对手内幕交易的成本，降低交易对手内幕交易对交易商带来的损失。

# 第二节　风险价值度的理论机制

风险价值是指在一定的置信水平下，资产价值变化的最大值，该资产可以是证券或者具有复杂结构的期权，如路径依赖型期权。VaR 试图为投资者提供一个关于资产价值的全部风险，且用单一数字来量化风险。这种度量作为一种金融风险度量与管理的工具，弥补了以往市场风险衡量技术的不足。风险值是指在给定的概率水平下，某金融工具或投资组合在未来特定的时间内的最大可能损失。用数学公式可表示为：

P $\{\Delta p > VaR\}$ ＝$1-\alpha$ 或 P $\{\Delta p \leqslant VaR\}$ ＝$\alpha$

其中，$\Delta p$ 为投资组合在持有期内的价值改变量，$1-\alpha$ 为置信水平。VaR 本质上是对投资组合价值波动的测量，计算 VaR 的关键在于构造出投资组合价值变化的概率分布。VaR 与持有期间、置信水平和资产组合价值的概率分布三个因素有关。

持有期是指计算出风险值的适用期，持有期越短，重新计算风险值的次数就必须越频繁。不同的置信水平在一定程度上反映了不同的金融机构对于承担风险的不同偏好。较小的置信区间意味着模型在对极端事件的发生进行预测时，失败的可能性相对较大。置信度水平是计算风险值的临界值，常见的置信度水平为90%、95%和99%。风险规避程度越高，或交易损失超过风险值所需付出的代价越大，越会选择较高信赖水平。

考虑一个资产的投资组合，假定 $P_0$ 为资产的初始价值，R 是持有期内的资产收益率，在期末时，该投资组合的价值为：

$$P = P_0(1+R) \tag{7-1}$$

假定资产收益率 R 的数学期望和波动率分别为 μ 与 σ。如果在某一置信水平 $(1-\alpha)$ 下，资产投资组合的最低价值为：

$$P^* = P_0(1+R^*) \tag{7-2}$$

其中，$R^*$ 为资产投资组合的最低收益率。VaR 是在一定的置信水平下，资产在未来特定时间内的最大可能损失，因此，定义投资组合价值的期望收益率的 VaR，即相对 VaR 为：

$$VaR = E(P) - P^* = -P_0(R^* - \mu) \tag{7-3}$$

如果不以投资组合价值的均值（期望收益率）为基准，则可以定义该资产的绝对 VaR 为：

$$VaR = E(P) - P^* = -P_0(R^* - \mu) \tag{7-4}$$

由于 VaR 是指在正常的市场条件下，在给定的置信水平和持有时间内，资产投资组合可能发生的最大损失。因此，VaR 数值是一个负数，通常取绝对值，计算 VaR 相当于计算组合的最低价值 $P^*$ 或最低收益率 $R^*$。主流的风险值 VaR 的计算方法有历史模拟（Historical Simulation）和蒙特卡罗模拟（Monte Carlo Simulation）。

历史模拟假设资产过去的价格变化会在未来的评估期间重现，采用过去某段期间的历史数据，用模拟方式重新构建资产未来的损益分布，并对风险值 VaR 进行计算。历史模拟法不再对分布特征做特定的假设，将过去一段时间内受市场风险影响的期权头寸的价值表示为其风险因素的函数，利用现在的价格水平与历史价格变动特征进行模拟。得到投资组合损益的分布后，找到既定置信区间下的最低损益进行 VaR 值计算。蒙特卡罗模拟法是基于资产价格既定分布下的参数特征，假设资产价格的变化路径符合特定的随机过程，利用随机模拟方式测算不同情境下资产的损益情况，从而可描绘出资产的损益分布图，以确定某个置信区间下的 VaR 值。蒙特卡罗模拟法与历史模拟法的最大区别在于虚构的产品价值变化来源于随机过程，而不是利用历史数据得出的。不仅可以计算非线性资产风险，还可以处理信用风险以及损益分布呈现的"尖峰"和"厚尾"现象、极端事件等。

## 第三节　基于 VaR 方法的市场风险的模型构建

本章第二节介绍了风险价值度的理论，本节给出一套综合的计算路径依赖型期权定价的市场风险和信用风险的设计方案。计算交易对手保证金时，整体设计思路结合了芝加哥商品交易所（Chicago Mercantile Exchange，CME）的标准资产组合风险分析（Standard Portfolio Analysis of Risk，SPAN），即对任意一个交易对手的一组交易进行多种情境压力测试，根据情景压力测试计算值和初始保证金计算客户最低所需的保证金金额。目前，在金融衍生品市场中，最成熟的衡量投资组合风险值的系统是 SPAN，其核心理念与 VaR 具有异曲同工之妙。芝加哥商品交易所（2004）说明了方法论的细节。经过多年的检验与改进，SPAN 得到了市场的广泛认可。SPAN 计算风险值的假设是，不同资产组合的变化方向是独立的，单一资产组合的价格风险值是考虑其中所有资产组合最大损失的情况，所以，要将各资产组合的价格风险值相加。不同资产组合的价格波动会有某种程度的相关性。因此，SPAN 将单一资产组合的价格风险值扣除不同资产组合间可以抵扣的风险值，经过抵扣后的风险值再加上各资产组合的风险值。

关于期权定价的风险管理的研究，Levin、Chesir 和 Biolsi（2010）提供了一种系统和方法，将金融投资组合的风险价值 VaR 应用于履约保证金，并将风险价值 VaR 与传统的基于场景的履约保证金要求进行比较，如风险标准投资组合 SPAN 系统。他们的研究提到，通过期权定价模型计算出的整个投资组合的整体风险，随着期权定价参数的变化，期货和期权价值增加或减少。SPAN 使用这些定价参数来计算最坏的情况，并在此基础上保证整个投资组合的收益。但是，SPAN 在价差方面存在某些缺陷，有时候难以适应某些复杂且相对奇异的产品。Golembiovsky 和 Abramov（2018）研究了一种替代方法，该方法将一个风险中性的世界作为市场模型，任何期权投资组合的预期收益与无风险利率相对应，可以动态地构建和管理投资组合，使其以给定的极低概率提供较高的收益或较低的收益。为了优化投资组合，开发了具有近似安全优先准则的期权投资组合的随机程序以及相应的多项式情景树，并介绍了投资组合管理的蒙特卡罗模拟结果，可以将其用作构建期权市场交易策略的基础。

Eldor、Hauser 和 Yaari（2011）使用独特的数据来研究修改 SPAN 保证金制度对期权交易效率的影响。论文提到，将风险情景的数量从 16 种增加到 44 种，修改了计算期权保证金的基础，希望计算违约风险的准确性能够提高，降低违约概率，且不会产生不利影响和影响流动性。扩展了 Kupiec 和 White（1996）的研究，对给定 SPAN 中保证金准确性的提高对交易效率的影响进行模拟和经验评估。通过使用五个代理变量来比较不同保证金制度的效率，结果发现，提高保证金准确度可以提高效率，具体体现为：①显著降低了隐含的价格波动性；②与看涨期权平价的偏差较小；③交易量没有系统地减少或买入/卖出价差没有增加，尽管利润率经常增加。

## 一、构建多层级的保证金体系

对交易对手的存续合约进行汇总，并按不同标的资产进行分类，根据标的资产信息（历史股价、已开展交易规模和上市日期等）计算 VaR 值及其调整参数。对于任一标的资产，按对应标的已规定的压力测试情境集合和 VaR 值进行压力测试，并测算出所有情境下交易对手该标的最低合约净值 V，同时维持保证金额

M 取大①。在所有压力测试的情境下得到计算值，该标的需预留最低保证金，标的最低所需保证金 A 为②：

A＝Max（标的最低合约净值 V，Σ 该交易对手的对应标的涉及保证金合约的维持保证金额 M）

对交易对手全部涉及标的重复上述计算步骤后求和，即可得到交易对手的压力测试金额 B。压力测试金额为：

B＝Sum（标的最低所需保证金 A）

根据压力测试金额，与交易对手存续合约初始保证金之和进行比较，计算交易对手的最低保证金金额。最低保证金金额 Margin 为：

Margin＝Max（压力测试金额 B，Σ 对手的初始保证金的总和）

场外期权的保证金规则是从合约层级、标的层级和交易账户层级逐层进行汇总的，具体说明如图 7-1 所示。保证金统计是按交易对手层级进行汇总的，根据

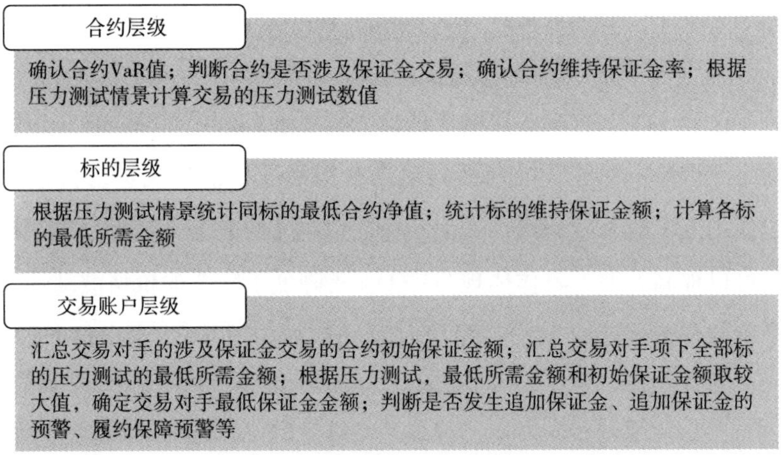

**合约层级**

确认合约VaR值；判断合约是否涉及保证金交易；确认合约维持保证金率；根据压力测试情景计算交易的压力测试数值

**标的层级**

根据压力测试情景统计同标的最低合约净值；统计标的维持保证金额；计算各标的最低所需金额

**交易账户层级**

汇总交易对手的涉及保证金交易的合约初始保证金额；汇总交易对手项下全部标的压力测试的最低所需金额；根据压力测试，最低所需金额和初始保证金额取较大值，确定交易对手最低保证金金额；判断是否发生追加保证金、追加保证金的预警、履约保障预警等

**图 7-1　场外期权交易保证金规则层级计算**

---

① 标的维持保证金为该标的的所需保证金的下限，对于指数标的，维持保证金率为10%。对于个股标的，若标的名义本金累计规模小于等于其 40 日平均交易量，维持保证金比例为15%；若标的名义本金累计规模大于其 40 日平均交易量，维持保证金比例为20%。

② 当标的最低合约净值 V 小于 0，即从交易对手角度，该标的在所有压力测试的情景下均盈利，此时，标的最低所需保证金 A 为 0。

其账户信息对交易对手最低的保证金金额和已缴纳的保证金总额①进行比较，得到可用保证金②。

追加保证金（Margin Call）可以设计为三种情景：

（1）追加保证金的通知：当可用保证金为负数且小于-5万元时，发送追加保证金的通知，要求交易对手按履约保障协议及时足额缴纳保证金。

（2）追加保证金的预警：当可用保证金为负数且大于-5万元时，发送追加保证金的预警，提醒交易对手做好追加保证金的准备。

（3）履约保障预警：当可用保证金为正数且小于压力测试最低所需金额5%时，发送履约保障预警，用于提醒交易对手标的变化可能会发生追加保证金，要提前做好资金准备。

### 二、风险价值度指标和数据的选择与说明

风险价值是保证金规则的核心部分，该参数受到诸多因素的影响（如标的资产历史价格、标的资产类型、存续合约名义本金规模、上市日期、40日平均成交量等）。标的VaR值的定义为，在给定时间区间（所需历史回报率数据的时长）和特定置信水平下，标的在某个持有区间（VaR天数）内由于价格变动所导致的最大预期损失程度。

具体参数设置如下：标的历史数据选取5年（若标的上市时间不到5年，取标的全部市场数据），不剔除股票的停牌期，历史数据根据标的所属交易市场的交易日历确定。置信水平为99%，若99%分位点对应的值不是整数，进行向下取整操作。例如，计算某标的5年5天99% VaR值，该标的过去5年共有810个回报率数据，理论上，VaR方法将取第$810 \times 0.01 = 8.1$个回报率。但是由于不是整数，文章采取向下取整的方法，即在最差的回报率排序中选择第8个回报率。标的收盘价统一使用后复权价格。回报率r选取算术回报率，即标的k日回报

---

①　已缴纳保证金总额=客户实际支付保证金+保证金利息+min（待结算科目，0）+应收期权费+未支付期权费。

②　可用保证金=已缴纳保证金总额-最低保证金金额。

率为：

$$r=S_t/S_{t-k}-1 \tag{7-5}$$

VaR 天数选取 5~10 天，根据标的流动性指标来确定 VaR 的天数。基于标的流动性指标和标的上市时间的惩罚系数的规则（见表 7-1）。风险价值度 VaR 指标和数据的选择与计算规则总结在图 7-2 中。

表 7-1　VaR 天数的设置规则

| 标的存续本金规模与 40 日均交易量比例 | VaR 天数 | 标的上市时间 | 惩罚系数 |
|---|---|---|---|
| 小于等于 1 | 5 | 小于 1 年 | 1.5 |
| 大于 1，小于等于 1.2 | 6 | 1~2 年 | 1.4 |
| 大于 1.2，小于等于 1.4 | 7 | 2~3 年 | 1.3 |
| 大于 1.4，小于等于 1.6 | 8 | 3~4 年 | 1.2 |
| 大于 1.6，小于等于 1.8 | 9 | 4~5 年 | 1.1 |
| 大于 1.8 | 10 | 5 年以上 | 1 |

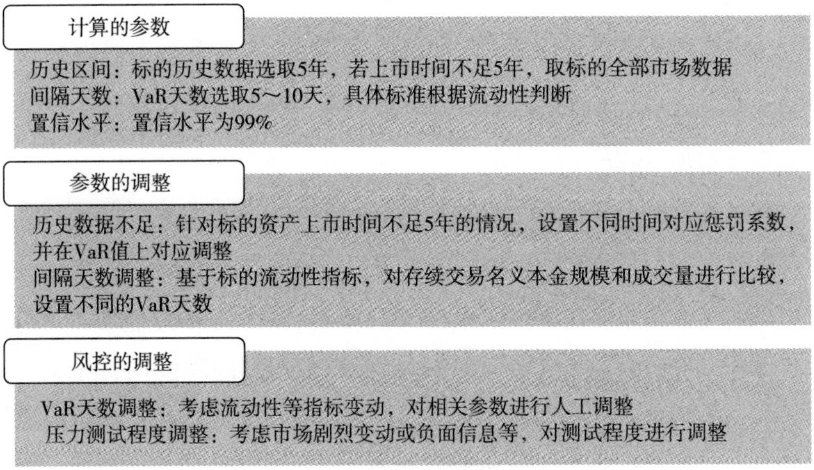

**计算的参数**

历史区间：标的历史数据选取5年，若上市时间不足5年，取标的全部市场数据
间隔天数：VaR天数选取5~10天，具体标准根据流动性判断
置信水平：置信水平为99%

**参数的调整**

历史数据不足：针对标的资产上市时间不足5年的情况，设置不同时间对应惩罚系数，并在VaR值上对应调整
间隔天数调整：基于标的流动性指标，对存续交易名义本金规模和成交量进行比较，设置不同的VaR天数

**风控的调整**

VaR天数调整：考虑流动性等指标变动，对相关参数进行人工调整
压力测试程度调整：考虑市场剧烈变动或负面信息等，对测试程度进行调整

图 7-2　风险价值度 VaR 计算规则

对于新交易的合约，其标的使用的 VaR 天数和目前存续规模以及 40 日平均交易量有关。标的流动性越差，对应 VaR 天数越长。标的上市时间不足 5 年，按

上市时长配置不同惩罚系数。计算时，该笔合约的 VaR 值等于根据历史数据确定的 VaR 值乘以惩罚系数。标的上市时间越短，惩罚系数越大。根据上述规则，对于同一交易对手的同一标的，其不同合约的 VaR 值仍可能存在差异。理论上，合约的 VaR 参数（惩罚系数、VaR 天数、VaR 值）在交易新开时便已确定，在交易存续期内维持不变。若由于市场剧烈变动、标的负面信息等导致该标的风险增加，可以根据实际情况对压力测试程度进行调整。

表 7-2 给出了不同标的资产的 VaR 数值在前文所述规则下的实际计算结果，标的资产涉及不同领域的个股和指数。关于数据的选择，计算的时间点是 2020年 4 月及过去五年的历史股票价格数据，这里设置的置信水平为 99%，分别给出了 5~10 天的 VaR 数值。我们发现，大市值的权重股标的风险价值度可能较小，在遇到市场大跌的时候相对于成长股的回撤程度较低。同时，天数的增加，同一个标的资产的 VaR 数值也会增加，这意味着在更长的观察期内，风险的不确定性也会增加。因此，对于更强的风险厌恶，可以通过提高天数、增加惩罚系数的方法来限制极端情况下可能发生的市场风险。

表 7-2　不同标的资产的 VaR 值的计算结果　　　　单位:%

| 标的代码 | 标的名称 | 5 天 | 6 天 | 7 天 | 8 天 | 9 天 | 10 天 |
|---|---|---|---|---|---|---|---|
| 601398. SH | 工商银行 | −8.5 | −8.6 | −8.7 | −9.3 | −9.6 | −10.1 |
| 000333. SZ | 美的集团 | −10.9 | −12.2 | −12.5 | −13.3 | −13.4 | −13.5 |
| 600276. SH | 恒瑞医药 | −11.4 | −11.4 | −11.3 | −11.7 | −12.6 | −14.2 |
| 600887. SH | 伊利股份 | −12.0 | −12.8 | −13.4 | −14.7 | −15.0 | −15.3 |
| 000858. SZ | 五粮液 | −13.1 | −13.5 | −13.9 | −15.8 | −14.6 | −16.3 |
| 300015. SZ | 爱尔眼科 | −12.7 | −13.4 | −13.4 | −15.6 | −16.0 | −16.3 |
| 601088. SH | 中国神华 | −14.0 | −14.8 | −14.7 | −14.8 | −15.3 | −17.2 |
| 000651. SZ | 格力电器 | −13.6 | −13.2 | −15.1 | −15.2 | −15.6 | −17.9 |
| 601668. SH | 中国建筑 | −13.8 | −14.9 | −14.8 | −15.3 | −16.0 | −19.3 |
| 000876. SZ | 新希望 | −15.2 | −16.5 | −17.9 | −20.0 | −20.5 | −21.3 |
| 601688. SH | 华泰证券 | −15.6 | −17.9 | −18.6 | −22.6 | −23.0 | −24.1 |
| 000905. SH | 中证 500 | −15.4 | −18.2 | −19.4 | −21.6 | −23.9 | −24.4 |
| 300347. SZ | 泰格医药 | −18.9 | −19.1 | −22.3 | −24.6 | −25.4 | −26.3 |

| 标的代码 | 标的名称 | 5 天 | 6 天 | 7 天 | 8 天 | 9 天 | 10 天 |
|---|---|---|---|---|---|---|---|
| 002024. SZ | 苏宁易购 | −17.9 | −18.8 | −21.2 | −22.7 | −25.9 | −27.0 |
| 002466. SZ | 天齐锂业 | −22.5 | −26.3 | −27.1 | −28.9 | −29.8 | −30.7 |
| 000793. SZ | 华闻集团 | −24.9 | −30.0 | −34.3 | −37.3 | −40.4 | −41.8 |

### 三、压力测试分析

压力测试（Stress Testing）是指将整个金融机构或资产组合置于某一特定的极端市场情况下，测试该金融机构或资产组合在这些关键市场变量突变的压力下的表现状况，判断其能否经受得起这种市场突变。压力测试的方法可归纳为两大类：第一类为敏感性分析（Sensitive Analysis），利用某一特定风险因子或一组风险因子，在因子所认定的极端变动范围内，分析资产组合的影响效果。第二类是情景分析（Scenario Analysis），将一组风险因子定义为某种情景，分析在个别情景下的压力损失。

情景分析的事件设计方法有两种：历史情景分析和假设性情景分析。历史情景分析（Historical Scenario Analysis），利用过去某个时期市场发生的剧烈变动，评估其对资产组合产生的影响。仅以历史情景分析进行压力测试，有其自身情景不够多样化的限制。如果参考历史事件，汇总对于每个风险因子可能产生的极端事件，可使压力测试更具完整性，这就是假设情景分析（Hypothetical Scenario Analysis）。这种分析方法可自行设计各种可能的价格、波动及相关系数等情景。本章采用的设计思路是，利用假设性情景的压力测试方法来计算路径依赖型期权的价值最大的损失程度。压力测试情境基于合约标的 VaR 值，具体情境集合见表 7-3，该表分别给出了指数和个股在 13 种不同情景下的压力测试场景。

表 7-3　情景压力测试

| 编号 | 个股类 | 指数类 |
|---|---|---|
| 情景 1 | 当前 NPV | 当前 NPV |

续表

| 编号 | 个股类 | 指数类 |
|---|---|---|
| 情景 2 | S× （1+1/3×VR） | S× （1+1/3×VR） |
| 情景 3 | S× （1+2/3×VR） | S× （1+2/3×VR） |
| 情景 4 | S× （1+VR） | S× （1+VR） |
| 情景 5 | S× （1−1/3VR） | S× （1−1/3VR） |
| 情景 6 | S× （1−2/3VR） | S× （1−2/3VR） |
| 情景 7 | S× （1−VR） | S× （1−VR） |
| 情景 8 | S× （1+VR） & vol+7% | S× （1+VR） & vol+3% |
| 情景 9 | S× （1+VR） & vol−7% | S× （1+VR） & vol−3% |
| 情景 10 | S× （1−VR） & vol+7% | S× （1−VR） & vol+3% |
| 情景 11 | S× （1−VR） & vol−7% | S× （1−VR） & vol−3% |
| 情景 12 | S× （1+3×VR） | S× （1+3×VR） |
| 情景 13 | S× （1−3×VR） | S× （1−3×VR） |

注：这里 VR 代表 VaR 值，通过标的历史数据计算，并根据交易对手资质、标的流动性等指标进行调整，同一标的不同合约的 VR 值可能不同。

场景 12 和场景 13 为极端压力场景，压测后估值需再乘以 0.3。

若标的 VR 值大于 33.3%，情景 13 中取标的估值日当天收盘价×0.001。

维持保证金率按标的类型和流动性指标进行确认，标的类型可以分为个股和指数。对于挂钩个股的标的资产，即单一标的名义本金累计规模在 40 日平均成交量 1 倍以内的，VaR 按照 "5 年历史，5 天 99% VaR" 计算，维持保证金比例下限为 15%。单一标的名义本金累计规模超过 40 日平均成交量在 1 倍以上、2 倍以内的，VaR 按照 "5 年历史，5~10 天 99% VaR" 计算，维持保证金比例下限为 20%。对于挂钩指数标的，VaR 按照 "5 年历史，5 天 99% VaR" 计算，维持保证金比例下限为 10%，指数的风险要相对小于个股，因此，保证金比例的数值可以相对较低。对于多个资产标的情况，如挂钩篮子标的，按照权重将名义本金拆分到单票，与个股期权汇总统计。按照篮子成分股中最差标的 VaR 进行计算，维持保证金比例下限为 15%。

# 第四节　自动赎回结构的风险价值度的
# 实验与结果分析

本节继承前文重点介绍的路径依赖型期权，对自动赎回结构进行风险价值度分析。本章仍然以其中最为常见的雪球型自动赎回期权为实验案例，但是与之前的情况不同，前文的实验用例为自动赎回票据，即交易对手的支付票面金额的100%，这样发行商自身不会因交易对手的信用问题产生风险。本节实验的案例是保证金模式下的自动赎回结构的定价，即交易对手支付一定比例的初始保证金，当标的资产下跌时追加保证金。

在本节中，尽管保证金模式下的自动赎回票据和票据在交易要素上没有差别，但是在最终收益上还是有差别的。票据的定价在蒙特卡罗模拟中最终需要返还100%的本金，或者减掉敲入后损失的金融；保证金模式最终没有本金的返还。这里会造成定价结果的细微差别，在相同要素下，保证金模式的定价会更高，这是因为交易商需要更多的资金成本去对冲交易；票据可以使交易商用票据金额直接购买标的资产，节省了大量资金成本，在定价中可以减少无风险利率的数值。保证金模式的自动赎回票据具体如表7-4所示。

**表7-4　一张一年期雪球型自动赎回期权票据**

| 标的资产 | 中兴通讯 | 票面金额 | 1000万元 |
|---|---|---|---|
| 到期时间 | 6个月 | 结算货币 | 人民币 |
| 自动赎回水平 | 103% | 自动赎回频率 | 每月 |
| 票息水平 | 100% | 票息频率 | 每月 |
| 敲入水平 | 85% | 敲入频率 | 每日 |
| 票息率 | 32.1%年化 | 本金保障 | 否 |

在本节的实验数据选择中，为了取消其他变量的影响，本节确定常量历史波动率35%和常数无风险利率4.45%，该标的暂无股息率发生。这里取自中兴通讯的历史收盘价格，计算的时间点是2020年4月及过去五年的历史股价的数据，数据来自Wind数据库，计算的10天VaR数值是-36.45%。假定在合约开始日，对表7-4中的合约进行定价，这里我们依旧对标的资产现价按照合约在期初的价格比例进行归一化。在其他条件不变的情况下，由大到小调整标的资产价格，采用SPAN在13种不同的情景压力测试下，可自动赎回结构的价值可能造成的最大损失。表7-5给出了13种情景下最大损失。

表7-5　自动赎回结构标的资产价格与最大损失的关系　　　　单位:%

| 现价 | 0.80 | 0.83 | 0.86 | 0.90 | 0.93 | 0.96 | 1.00 | 1.03 |
|---|---|---|---|---|---|---|---|---|
| 最大值 | 47.14 | 45.03 | 42.91 | 40.79 | 38.67 | 36.53 | 34.40 | 32.27 |
| 情景1 | 17.95 | 14.82 | 11.74 | 8.82 | 6.18 | 3.92 | 2.03 | 0.55 |
| 情景2 | 9.07 | 6.10 | 3.58 | 1.58 | 0.09 | -0.96 | -1.67 | -2.13 |
| 情景3 | 2.32 | 0.45 | -0.80 | -1.63 | -2.14 | -2.40 | -2.54 | -2.61 |
| 情景4 | -1.12 | -1.90 | -2.30 | -2.50 | -2.59 | -2.63 | -2.66 | -2.66 |
| 情景5 | 27.59 | 24.65 | 21.70 | 18.85 | 16.07 | 13.37 | 10.68 | 8.18 |
| 情景6 | 37.39 | 34.85 | 32.32 | 29.78 | 27.21 | 24.68 | 22.15 | 19.66 |
| 情景7 | 47.14 | 45.02 | 42.91 | 40.78 | 38.65 | 36.52 | 34.38 | 32.26 |
| 情景8 | -0.67 | -1.55 | -2.11 | -2.37 | -2.54 | -2.60 | -2.64 | -2.66 |
| 情景9 | -1.60 | -2.19 | -2.47 | -2.59 | -2.63 | -2.65 | -2.66 | -2.67 |
| 情景10 | 47.13 | 45.02 | 42.89 | 40.76 | 38.63 | 36.51 | 34.40 | 32.27 |
| 情景11 | 47.14 | 45.03 | 42.91 | 40.79 | 38.67 | 36.53 | 34.39 | 32.26 |
| 情景12 | -0.80 | -0.80 | -0.80 | -0.80 | -0.80 | -0.80 | -0.80 | -0.80 |
| 情景13 | 29.34 | 29.34 | 29.34 | 29.34 | 29.34 | 29.34 | 29.34 | 29.34 |

由表7-5可以看出，对于自动赎回结构，第11种情景的损失是最大的，即标的资产价格下跌一个VaR数值，同时标的资产的波动率数值减小，本节的方法论的设计是个股为7%。对于自动赎回结构的发行者，其本身是做多波动率，结合资产的下跌，即发生99%之外的可能性事件，得出该情景下的损失可能是最

大的。此外，第 7 种和第 10 种情景的损失同样值得关注，第 7 种情景是标的资产价格下跌一个 VaR 数值，波动率没有变化；第 10 种情景是价格下跌一个 VaR 数值，市场波动率数值进一步增加。

图 7-3 给出了表 7-5 的图形化结果，横轴表示资产价格与期初的价格的归一化，纵轴表示最大的损失值。由于第 11 种情景占据了自动赎回结构最大损失情况的大部分价格区间，而该情景又主要和价格下降一个 VaR 数值和波动率下降一个常量有关，因此，在关系图中，两者呈现出直观的线性变化特征。

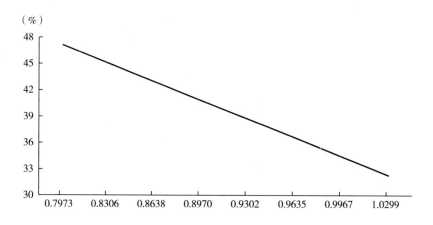

图7-3 自动赎回结构标的资产价格与最大损失的关系

接下来，我们固定标的资产价格为期初的价格，让初始的波动率、股息率和无风险利率的数值相同，不断变化 VaR 数值，来看自动赎回结构价值的最大损失变化（见表7-6）。

表7-6 自动赎回结构 VaR 值与最大损失的关系　　　　单位:%

| VaR | 14.00 | 18.00 | 22.00 | 26.00 | 30.00 | 34.00 | 38.00 | 42.00 |
|---|---|---|---|---|---|---|---|---|
| 最大值 | 12.71 | 16.30 | 20.04 | 23.92 | 27.91 | 31.94 | 35.96 | 39.99 |
| 情景1 | 2.03 | 2.03 | 2.03 | 2.03 | 2.03 | 2.03 | 2.03 | 2.03 |
| 情景2 | 0.09 | −0.33 | −0.70 | −1.01 | −1.32 | −1.55 | −1.74 | −1.94 |

续表

| VaR | 14.00 | 18.00 | 22.00 | 26.00 | 30.00 | 34.00 | 38.00 | 42.00 |
|---|---|---|---|---|---|---|---|---|
| 情景3 | -1.16 | -1.65 | -2.00 | -2.25 | -2.39 | -2.49 | -2.56 | -2.60 |
| 情景4 | -1.94 | -2.28 | -2.47 | -2.57 | -2.62 | -2.64 | -2.66 | -2.66 |
| 情景5 | 4.77 | 5.70 | 6.70 | 7.72 | 8.82 | 9.97 | 11.13 | 12.35 |
| 情景6 | 8.28 | 10.54 | 12.95 | 15.44 | 17.95 | 20.51 | 23.18 | 25.87 |
| 情景7 | 12.35 | 16.07 | 19.87 | 23.86 | 27.88 | 31.93 | 35.94 | 39.97 |
| 情景8 | -1.60 | -2.08 | -2.34 | -2.50 | -2.58 | -2.62 | -2.64 | -2.66 |
| 情景9 | -2.21 | -2.46 | -2.57 | -2.63 | -2.65 | -2.66 | -2.66 | -2.67 |
| 情景10 | 12.71 | 16.30 | 20.04 | 23.92 | 27.91 | 31.94 | 35.94 | 39.96 |
| 情景11 | 11.98 | 15.86 | 19.76 | 23.82 | 27.89 | 31.92 | 35.96 | 39.99 |
| 情景12 | -0.80 | -0.80 | -0.80 | -0.80 | -0.80 | -0.80 | -0.80 | -0.80 |
| 情景13 | 11.99 | 15.59 | 19.18 | 22.77 | 26.35 | 29.34 | 29.34 | 29.34 |

在这组实验中，不同 VaR 数值下，第 10 种情景的损失最大，主要是因为标的资产价格下降，第 7 种和第 11 种情景可能造成的自动赎回结构的价值损失的情况也同样不能忽视。图 7-4 给出了自动赎回结构 VaR 数值与期权价值的最大损失的关系，可以明显看出，随着 VaR 数值增大，损失情况呈现合理的线性关系。

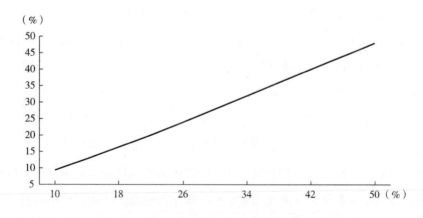

图 7-4 自动赎回结构 VaR 值与最大损失的关系

通过前面的两个实验分析，路径依赖型结构的最大损失可能性分析的核心因素还是确定风险资产的 VaR 数值，但是找到该标的资产的 VaR 数值需要合理的且具备实际操作可能性的方法论，这也是本节重点研究内容之一。风险价值理论合理地给出了在确定的置信区间和天数情况下唯一的数值解释。而且，投资组合的持有人可以通过调整置信区间、天数、惩罚系数，或者设置更多灵活变化的极端市场情景，如参数的变化、标的资产的变化，来组合推出期权价值的最大风险损失。

# 第五节　本章小结

由于路径依赖型期权定价原理的复杂性，风险管理成为路径依赖型期权定价的核心论题之一。风险价值是在一定的置信水平下资产价值变化的最大值，该资产可以是证券，也可以是具有复杂结构的期权。风险价值度试图为投资者提供一个关于资产价值的全部风险，且用单一数字来量化风险。本章讨论了风险价值度的三个相关因素，持有期间、置信水平的和资产组合价值的概率分布。风险规避程度越高，或交易损失超过风险值所需付出的代价越大，越会选择较高信赖水平。随着天数的增加，同一个标的资产的 VaR 数值也会增加，这意味着在更长的观察期内，风险的不确定性会增加。因此，可以通过增加天数或者惩罚系数的方法来限制极端情况下可能发生的市场风险。

结合风险价值理论，本章给出了一套综合的计算路径依赖型期权价值的市场风险和信用风险的设计方案。对任意一个交易对手的一组交易进行多种情境压力测试，根据压力测试情景的计算值和初始保证金，计算交易对手的最低所需保证金金额。本章方法论的最大优势是，在不同的压力测试情景下，不同的风险资产之间可以在内部互相抵消，避免多余的额外资金的浪费，从而用较小的资金锁定极端的市场风险，帮助路径依赖型期权的发行者在定价过程中量化市场风险和交易对手的信用风险，从而确定该期权价值的最大损失及其可能性。

# 第八章　场外期权的发展和政策建议

天行健，君子以自强不息；地势坤，君子以厚德载物。

——孔子，《周易·象传》

## 第一节　境外模式的启示与借鉴

在境外，场外衍生品的基本监管架构经历了不同的发展阶段，以次贷危机为界，呈现出逐步完善的趋势。次贷危机之前，美国实行混业经营下的"双重多头"的监管体制。其中，"双重"是指联邦和各州均有金融监管的权力，"多头"是指有多个可以履行金融监管职能的机构。在这种监管体制下，最突出的弊端是，各部门、各产品的监管标准不统一。这导致每家金融机构接受多家监管机构的管理，在监管上存在明显的重叠和错配。

次贷危机发生之后，美国迅速进行了一系列的金融监管改革，扩充和改革现有的"双重多头"监管体系。在联邦监管机构层面，增设了金融稳定监管委员会（Financial Stability Oversight Council, FSOC）。该委员会由财政部牵头，包括其他九家监管机构，该机构的主要职责是防范和识别系统性金融风险，进行金融监管协调，以改变现有监管模式的效率和有效性问题，补充并加强美国联邦储备系统的作用。这样一方面提高了宏观审慎监管水平，另一方面协调了各种监管机构之间的矛盾和冲突，降低了金融机构的运营成本。

我国通过"一带一路"倡议等深入参与全球治理，产业与资本的全球配置需求不断提升。中国作为当前全球第二大经济体，境外机构在中国股市长期处于低配状态。随着 A 股纳入 MSCI、富时指数、罗素指数，境外投资者"走进来"的需求逐步提升。2002 年，我国推出的 QFII 制度，得到了逐步深化与拓宽。2014 年推出的沪港通以及 2016 年推出的深港通①，极大地满足了境外投资者配置与交易 A 股的需求。在境外权益类衍生品在过去几十年中快速发展和有效监管的背景下，境外场外衍生品发展的成熟模式和历史发展的经验对我国权益类衍生品业务的发展有着重要的启示和借鉴意义。

## 一、美国场外衍生品的监管理念与要求

根据交易品种的不同，美国场外衍生品市场由美国商品期货委员会（Commodity Futures Trading Commission，CFTC）和美国证券交易委员会（Securities and Exchange Commission，SEC）共同监管。一般来讲，SEC 负责监管证券类相关场外衍生品，CFTC 负责监管其他交易品种的场外衍生品。此外，美国全国证券交易商协会（NASD）和纽约证券交易所监管局还合并发起成立了美国金融业监管局（The Financial Industry Regulatory Authority，FINRA）。

作为新的证券业自律监管机构，FINRA 是美国负责场外市场监管的最大的非营利性组织，类似于中国证券业协会，其主要职责是制定场外市场规章制度、防止操纵市场行为发生，通过严格的监管，促进诚信市场的建立，充分保护投资者的权益。FINRA 的监管对象主要包括经纪公司、分公司和注册证券代表。如果要对经纪人或者做市商的行为进行投诉，可以向 FINRA 和 SEC 反馈。2008 年以前，所有在美国从事场内及场外证券交易业务的经纪商和交易商须在 SEC 取得牌照，

---

① 深港通是深港股票市场交易互联互通机制的简称，指深圳证券交易所和香港联合交易所有限公司建立技术连接，使内地和香港投资者可以通过当地证券公司或经纪商买卖规定范围内的对方交易所上市的股票。

并在 FINRA 注册。SEC 发放的牌照大多没有明确区分场内和场外业务，仅在经纪商的交易商牌照中的子业务项下，包含部分场外业务。2008 年金融危机后，SEC 开始对场外衍生品交易商实行统一的市场分层管理，突出对核心交易商的监管，并新增两类场外业务牌照，即证券类互换交易商和主要证券类互换参与者，两者均须在 SEC 注册，已获得经纪商和交易商牌照的金融机构也须进行注册。场外市场上的所有行为和证券经纪商的所有活动都受 SEC 和 FINRA 的监管。

监管缺失引发的过度投机是美国金融危机的导火索和催化剂。在此背景下，美国政府于 2010 年 7 月通过了专门针对场外衍生品的《华尔街透明度和责任法》，将场外金融衍生品按品种功能和交易功能进行分类，并将监管权限在不同主体间进行分配，同时强调协调和合作，通过强制性的磋商和协调机制来达到统一的监管目标。依据交易功能及其可能造成的风险大小，《华尔街透明度和责任法》将场外金融衍生品参与者分为交易商、主要参与者和终端用户三类，并分别对其实施注册登记、资本控制、头寸控制等不同程度的监管。交易商作为市场主体是监管的主要对象，交易商包括为市场提供头寸的交易中介或者做市商，也包括作为公司正常经营的组成部分，定期进入市场的自营交易商，以及因其交易活动被市场广泛认为属于交易商范围的参与者。自身账户交易的个人不能被认定为交易商。主要参与者虽然是不定期进入市场的自营交易商，但是由于其对主要互换持有头寸高，对手方的风险大，可能影响金融系统的稳定，因而，也是 CFTC 或 SEC 监管的重点。终端用户按规定不能是金融实体，因其进入市场的目的是套期保值或转移风险，因而，往往可以获得监管豁免。《华尔街透明度和责任法》要求 CFTC 和 SEC 为交易商和主要参与者制定详细的商业行为准则和有关反欺诈、反垄断和禁止滥用等规则，规定交易商和主要参与者应区分交易对手是否为合格的市场参与者，分别披露交易的实质和交易风险。

在信息披露方面，SEC 规定，持股 5% 以上的股东应进行信息披露，之后，当其增持或减持的比例超过 1% 时，应进行持续的信息披露。其中，持股方式分为直接持股与间接持股。间接持股的方式一般是持有实物交割的权益类衍生品，包括可转换债、期权等，并拥有在 60 日内将其转换为股份的选择权。持有现金结算的权益类衍生品，因其没有实物交割和投票权，并不受信息披露规则的限制。信息披露时间为自有关事件发生起的 10 个工作日内。

在交易商对冲交易方面，2013 年通过的"沃尔克规则"（Volcker Rule）规定，对冲必须与具体的持仓应当减少该具体持仓风险，而且不能引入新的风险。同时，应当清楚地计算和记录此对冲需求。交易商的关联分析需要显示该对冲交易行为明显地降低或者显著减缓了具体的、可以确认的风险。除了场内对冲交易外，交易商也可以在场外通过专门的金融机构，即交易商间的经纪商（Inter Dealer Broker，IDB）进行交易商间的对冲交易。其中，交易商间的经纪商是主要服务交易商进行交易的撮合中介，受到 FINRA 监管。

### 二、中国香港场外衍生品的监管理念与要求

2008 年金融危机以来，中国香港一直处于完善场外衍生品监管体系的进程之中。新的监管框架由香港金融管理局（Hong Kong Monetary Authority，HKMA）和证券及期货事务监察委员会（Securities and Futures Commission of Hong Kong，SFC）共同制定和执行，主要适用法规为《银行业条例》和《证券及期货条例》。具体而言，香港金融管理局负责监管一般监管范围内的认可财务机构和核准货币经纪；证券及期货事务监察委员会负责监管持牌法团和其他市场参与者。在中国香港从事银行业务的本地及境外机构须在香港金融管理局获得认可财务机构牌照；认可财务机构一般作为交易商参与场外衍生品交易，交易商业务是其主流业务之一。除此之外，从事货币经纪业务的机构也须获得香港金融管理局颁发的核准货币经纪牌照，核准货币经纪主要从事中介服务，一般不持有任何衍生品仓位。两者均受香港金融管理局的监管。

在新的监管框架下，非认可财务机构或核准货币经纪的本地机构如果从事场外衍生品的交易中介、咨询、结算业务，均须获得证券及期货事务监察委员会颁发的牌照，并受其监管。境外机构在正常情况下不会获得相应牌照。根据 2014 年 3 月颁布的《2014 年证券及期货（修订）条例》规定，以上市场参与者在从事场外衍生品交易时，须对交易细节进行汇报，并及时备存记录。

在信息披露方面，香港证券及期货事务监察委员会规定，持有香港上市公司已发行股份资本的5%以上时，须进行披露。如该上市公司的股份多于一种类别，对每种股份比例分别进行计算。具体而言，需要披露的情况如下：①当个人首次持有上市公司股份权益5%或以上时；②当个人持有股份权益低于5%时；③当持有股份权益5%以上的个人股份权益增加或减少而导致其百分率水平变动时。持股方式分为直接持股和间接持股。任何股份资本衍生工具的持有人如凭借持有、售卖或发行该工具而实现对该股份的增持与减持，则被视为间接持股，应按照披露原则进行披露。披露时间为自相关事件发生之日起的10个工作日内。

目前，金融稳定委员会（Financial Stability Board，FSB）在大部分成员（包括美国、日本、中国香港等）的交易信息报告要求已经实施，能够覆盖其90%以上的场外衍生品交易。目前，在FSB成员中，有12个国家或地区拥有被授权并投入使用的交易报告库。为了符合有关国际标准，香港金融管理局在2010年12月宣布就香港的场外衍生工具交易设立本地交易资料储存库（储存库），用于支持场外衍生品的交易汇报。强制性汇报目前已适用于所有种类的衍生品和大部分市场参与者。当前，国际清算银行把场外权益类衍生品分为远期/互换和场外期权。但从具体衍生品结构来看，股票场外期权的结构还可以细分为：股票收益互换；股票期权；股票方差互换、波动率互换和股息互换；奇异股票衍生品。前三类产品的标准化程度较高，可以制定标准的报备模板，如标的、期限、执行价格、名义本金、重置频率等。第四类奇异股票衍生品由于拥有高度定制化和复杂性的特点，很难利用标准的模板报备，应当制定特定的模板来描述除了标的、期限、名义本金等要素之外的特性，如预期期限、敲入/敲出价格、最大收益、最大损失等。以上四类产品的交易在报备时均须指明交易对手的名称和分类（金融服务机构或终端投资者），以区分金融服务机构之间的交易及其可能引起的连锁反应。对于每一个交易对手，需要定期汇报和更新保证金制度情况，如单向抵押或双向抵押、有无免追保限额、免追保限额的使用情况及保证金用途。

### 三、境外机构在我国 A 股的场外衍生品布局

沪深港通①的推出，使香港交易所成为境外投资者交易 A 股最重要的港口和通道，也使在香港开展业务的国际投资银行（简称"国际投行"）成为沪深港通最大的受益者。凭借中国香港以及境外成熟的金融衍生品业务模式和金融监管制度，国际投行通过融资型收益互换及场外期权为境外机构投资者提供配置 A 股的一揽子服务。其中包括：①利用国际投行充裕的资产负债表和低廉的融资成本为国际投资者配置 A 股的需求降低了融资成本；②国际投行利用主经纪商业务出借 A 股股票带来券息，为配置 A 股的投资者提高收益；③相对松散的监管环境（没有窗口指导、卖出限制等措施）使投资者的投资和交易效率提高，摩擦减少，成本降低。

凭借离岸人民币（结算）、沪深港通（场内）、融资（场外）、融券（场外）以及其他结构化产品，国际投行在香港离岸市场形成了近乎完整的 A 股生态圈。这个生态圈从存量规模到发展潜力都要比现阶段的境内融资融券市场、衍生品市场活跃得多。因为境内融资仅可通过场内融资，证券公司无法通过收益互换向机构投资者融资，场内融券市场存量仅 1000 亿元左右（截至 2022 年 1 月）。收益互换、场外期权、结构化票据等衍生品业务的开展也受到了巨大限制。境内外监管和业务的反差直接导致大量境内投资者通过各种办法南下在香港交易 A 股，而境外投资者也更倾向于利用沪深港通交易，而不是通过 QFII 来交易 A 股。自沪深港通开通后，通过香港交易及结算所有限公司（简称"港交所"）北上净流入资金额与 A 股走势的相关程度越来越高。也就是说，由于境外投资者的参与，A 股股票的定价权慢慢向境外投资者转移，而这种转移不是通过 QFII 等境内直接投资等方式进行的，而是通过香港这个互联互通的港口进行的。另外，场外融券市场的主要券源为投资银行（或证券公司）收益互换和场外期权的对冲持仓。由于在境内证券公司无法正常开展该类业务，对冲持仓相对较少。

---

① 沪深港通是对沪港通、深港通的统称。沪港通又包括沪股通和港股通；深港通包括深股通和港股通。

国际投行在香港离岸市场形成了近乎完整的 A 股生态圈，这个生态圈唯一欠缺的是场内衍生工具，而这一环在慢慢地被补足。2004 年，富时集团（FTSE）通过新华财经取得数据授权，推出了 A50 指数。2006 年，新加坡交易所在国内没有任何股指期货的前提下，在数据授权尚存争议的情况下，抢先推出了 A50 股指期货，以美元进行结算。凭借着交易时间更长（存在夜盘市场）、涨跌幅限制更为宽松、结算价格确定方式更为合理等特点，在上市之初即受到境外投资者的广泛欢迎。2015 年底，对股指期货限仓（提高交易费用、限制仓位、严格期现匹配）导致股指期货交易量一落千丈，其中，沪深 300 指数期货从限制前的每日成交超过 1 万亿元人民币名义规模，减少到限制后的每日成交 300 亿元人民币名义规模。2019 年伊始，随着市场的回暖，股指期货交易限制基本放开，成交量至今的名义规模才反弹至 1000 亿元~2000 亿元人民币。2016 年初，A 股市场熔断导致流动性枯竭，境内投资者无法通过 A 股市场或中金所期货交易避险，而新加坡交易所的 A50 股指期货的持续交易很好地帮助境外投资者规避了风险。

　　富时中国 A50 指数是以沪深两所上市的最大 50 只股票编制成的指数，该指数对于 A 股全市场的代表意义相对有限。港交所在 2019 年 3 月 11 日宣布与 MS-CI 签署授权协议，拟在获得香港证券及期货事务监察委员会批准后推出的 MSCI 中国 A 股指数的期货合约。MSCI 中国 A 股指数涵盖可通过沪深港通交易的大中型 A 股股票，在 2019 年 11 月完成整个纳入 A 股程序后，共包含 421 只 A 股股票，比广泛认可的、跨市场的沪深 300 指数更为全面。MSCI 中国 A 股指数期货的推出将帮助境外投资者（无论是通过 QFII 交易，还是沪深港通交易）更有效地管理风险，也将进一步提升中国香港作为互联互通窗口的核心竞争力。MSCI 中国 A 股指数期货将为中国香港这个离岸市场补足 A 股生态圈，从离岸人民币（结算）、沪深港通（交易）、股指期货（避险、投机、套利）、融资（杠杆与成本优化）、融券（多空策略的空头，以期获得超额收益）以及其他结构化产品等交易工具，构成一个完整的香港离岸市场的 A 股生态圈。

　　由于境外市场具备更多的交易工具和境内外投资者结构的不同，当更丰富的 A 股交易工具在离岸市场被补足后，境外市场会更加吸引专业投资者参与离岸的

A 股交易，间接地，A 股的定价权也受到了境外影响。随着股票和期货交易向境外转移，场外衍生品业务也将迅速向境外转移。场外衍生品业务是国际投行的核心竞争力，也是国际投行业务收入中占比最大的部分。如果境内证券公司丧失这个发展的机会，将会直接导致国内证券公司在未来的业务中，无法在境内的 A 股市场与国际投行展开直接的竞争。

### 四、境外经验对中国衍生品的发展建议

中国正处于金融体制改革的关键时期，金融监管要适应中国的特殊情况。与美国等发达市场相比，中国场外衍生品市场刚刚起步，无论是产品种类、投资者结构还是交易规模都相对较小。因而，针对中国这样的场外衍生品市场状况，如果采取过于严苛的监管理念，不利于处于发展初期的场外衍生品市场的良性发展。在场外衍生品监管中，我国的资本市场发展既应该严格贯彻宏观审慎的监管理念，又应该在坚持这一理念的前提下体现监管的包容性，确立宽严有度的场外衍生品监管理念，对不同的场外衍生品进行有区别的监管。对于风险小、合法和符合经济规律的场外衍生品，应该给予宽松的监管环境，并引导其健康发展；对于风险较大，但仍然合法的场外产品，则要进行相对严格的监管。在宽严有度的监管理念指引下，场外衍生品才不会因为缺乏监管而野蛮发展，也不会因为监管过度而失去活力。

在适当性（尤其是大股东信息披露）方面，我们应积极借鉴境外监管机构的经验，对场外衍生品交易的大股东实行直接持股和间接持股的事前报备披露制度。因场外衍生品具有复杂性，其对持股比例的影响可能不会被所有投资者（尤其是个人投资者）正确理解，为避免对公众造成误导，间接持股的披露可先从向监管机构披露开始。

此外，应结合中国市场的特点，允许自然人合格投资者进行场外衍生品交易。与此同时，适当提高自然人合格投资者进行场外衍生品交易的准入门槛。中国的大股东多为自然人而非机构，如果完全禁止个人投资者进行场外期权交易，则会间接增加大股东增减持股票成本，降低社会资源利用效率。相反，如果能将

合格的个人投资者或其资管计划纳入场外期权交易监管，严格遵守事前报备披露原则，一方面可以使大股东的持股变动情况更加透明，易于监管机构监督管理；另一方面也可以更好地利用社会存量资金，从而更好地服务实体经济。

在场外衍生品投资标的方面，境外监管机构一般对投资标的没有限制。通过对中国股票市场的长期观察可知，总市值和流通市值较小的股票因流动性较差，在市场波动时容易暴涨或暴跌，既不利于交易商建立对冲头寸，又容易产生踩踏效应，损害中小投资者的利益。为避免对小市值股票价格产生影响，应对场外股票衍生品的标的进行限制。建议将标的范围控制在融资融券标的、沪股通标的、深股通标的和在主板上市时间超过一年且流通市值大于30亿元的股票标的，从流动性方面考虑较为合理。

除对投资标的进行限制之外，场外股票衍生品市场也应建立严格的市场禁入机制。监管机构应该对在场外衍生品市场有违法违规行为（包括内幕交易、操纵标的价格等）的机构和个人建立衍生品的限制交易黑名单，并与所有场外股票衍生品交易商分享，禁止交易商为其提供场外股票衍生品交易服务。同时，要求合规部门调查其他交易对手方与被限制机构或个人的关联情况，避免黑名单上的机构与个人通过关联人进行场外股票衍生品交易。

中央结算机制有利于提高结算效率，减少结算需求资金量，降低对手延迟交付或违约的风险。但中央结算机制适用于规模较大的场外市场，我国目前的场外衍生品市场规模仍较小，尤其是权益类衍生品，现阶段并不具备推行集中清算机制的条件，但可以提前进行调研，做好准备。在交易汇报方面，我国可积极借鉴境外监管机构的经验，针对不同的资产类别建立交易储存库，对场外衍生品的交易活动进行报备和记录，从而提高场外市场交易的透明度。

## 第二节 场内期权和场外期权市场的监管比较

从全球经验来看，场外衍生品市场和场内衍生品市场与一级市场、二级市场相互配合，构成完善的资本市场体系。完善和完备的资本市场有利于更好地服务实体经济，满足企业的融资需求，促进资源的有效配置。衍生品市场为风险管理市场，包括场内衍生品和场外衍生品，为投资者提供有效的市场风险管理工具，对冲系统性风险等，有利于投资者优化投资的风险收益特征，从而促进直接融资有效进行。

### 一、场内期权制度可为场外期权借鉴

从国内衍生品市场的发展历程来看，2010 年 4 月 16 日，沪深 300 股指期货上市，国内市场具备了权益类期货工具；2015 年 2 月 9 日，上证 50ETF 期权上市，国内市场具备了权益类期权工具；2013 年以来，多家券商取得收益互换和场外期权资质，场外衍生品市场开始发展。上证 50ETF 期权作为国内第一只场内股指期权，其方案经过了监管方、交易所、各类市场参与主体的多次讨论和充分论证，其在制度设计、条款设计等方面非常严格，值得场外期权加以借鉴。

（一）上交所①场内期权准入要求细则

期权投资者适当性规定包括投资者的资金实力、证券投资相关经历、相关知识等方面的要求。在资金实力方面，要求个人投资者的资金账户可用余额不低于 50 万元；普通机构投资者的资金账户可用余额、净资产不低于 100 万元；对于证券投资基金等专业投资者，则无资金方面的要求。

（二）上交所场内期权交易持仓限额

上交所期权对于持仓上限有一定的要求，从总体上看，持有金额超过 500 万的合格投资者可以申请到 5000 张的权利仓上限。按照目前上证 50ETF 对应 3.10 元的市场价格，期权合约对应单位为 1 万，则 1 张期权合约名义金额为 3.1 万元；满足 500 万元的合格投资者，权利仓对应的期权名义金额最大可以为 1.55 亿元。

（三）上交所场内期权保证金比例

上交所期权对投资者的期权交易权限进行分级管理。其中，一级交易权限可

---

① 上海证券交易所，简称"上交所"。

以买入备兑开仓；二级交易权限可以买入开仓和卖出平仓；三级交易权限最高，可以卖出开仓。换言之，从投资者角度来言，一级交易、二级交易的最大亏损是预先支付的期权费；三级交易由于投资者是期权的出售方，需要预先支付保证金，最大亏损可能超过其支付的保证金水平，从而隐含着信用风险。

上交所要求期权出售方有一定的保证金水平，有一个严格的计算公式，其保证金水平与标的收盘价、执行价格等密切相关。总体来说，期权出售方需要预先支付保证金来规避信用风险。当市场发生不利的变动，在2个10%涨跌停板以内时，现有保证金可以不发生信用风险。以2018年1月23日的情况为例，上证50ETF的价格约为3.15元，而2018年3月28日到期执行价格为3.14元的认购期权价格约为0.12元。对于期权的卖出方，1张期权合约对应的保证金为4750元。也就是说，对于上证50ETF的2个月平值看涨期权，期权费约为3.8%，期权卖出方支付的保证金比例约为15%。2018年3月28日到期执行价格为2.455元的认购期权价格约为0.73元，对于期权卖出方，一张期权合约对应的保证金为10944元。也就是说，对于上证50ETF的2个月78%的实值看涨期权，期权费约为23%，期权卖出方支付的保证金比例约为35%。该期权是深度实值期权，其中22%为实值部分。

## 二、场外期权投资者适当性建议

结合场内衍生品的现有制度设计，建议对场外期权参与者进行分类，设置比场内衍生品更高的准入门槛，允许合格的投资者参与场外衍生品市场。

对于个人投资者，不允许个人跟券商直接签订SAC协议参与场外期权交易。建议个人投资者作为委托人参与定向资产管理计划，间接与券商进行场外期权交易。建议要求个人委托人的金融资产不低于1000万元，证券交易经验不低于两年，期权费和卖出期权的保证金不高于产品净值的50%，如表8-1所示。

表8-1 个人投资者适当性建议

| 个人投资者 | 50ETF 场内期权制度 | 场外期权制度建议 |
| --- | --- | --- |
| 金融资产 | 证券市值与资金账户可用余额不低于 50 万元 | 不低于 1000 万元 |

| 个人投资者 | 50ETF 场内期权制度 | 场外期权制度建议 |
|---|---|---|
| 交易经验 | 指定交易在证券公司 6 个月以上，并具备融资融券业务参与资格或者具有 6 个月以上的金融期货交易经历；或者在期货公司开户 6 个月以上，并具有金融期货交易经历 | 交易经验不低于两年 |
| 持仓限额 | 最多 5000 张 | 通过期权费来限制最大持仓，期权费和卖出期权的保证金不高于产品净值的 50% |
| 限购 | 期权买入金额限额提高至不超过该客户托管在该期权经营机构的自有资产余额的 20% | 期权费不高于个人金融资产的 50% |

对于机构投资者，可以跟券商直接签订 SAC 协议参与场外期权。建议要求金融资产不低于 2000 万元，净资产不低于 2000 万元，交易经验不低于两年，期权费和卖出期权的保证金不高于该机构投资者的金融资产，如表 8-2 所示。

表 8-2　机构投资者适当性建议

| 机构投资者 | 50ETF 场内期权制度 | 场外期权制度建议 |
|---|---|---|
| 净资产 | 不低于 100 万元 | 不低于 2000 万元 |
| 金融资产 | 无最低要求 | 不低于 2000 万元 |
| 交易经验 | 无限制 | 交易经验不低于两年 |
| 持仓限额 | 最多 5000 张 | 通过期权费来限制最大持仓，期权费和卖出期权的保证金不高于该机构投资者的金融资产 |
| 限购 | 对于期权费和保证金占净资产的比例无上限要求 | 通过期权费来限制最大持仓，期权费和卖出期权的保证金不高于该机构投资者的金融资产 |

对于专业投资者（如私募基金、集合资管产品），可以跟券商直接签订 SAC 协议参与场外期权。建议要求该基金产品的金融资产不低于 1000 万元，管理人的净资产不低于 1000 万元，交易经验不低于两年，期权费和卖出期权的保证金不高于该投资者的金融资产，如表 8-3 所示。

表 8-3　专业投资者适当性建议

| 专业投资者 | 50ETF 场内期权制度 | 场外期权制度建议 |
|---|---|---|
| 管理人净资产 | 无最低要求 | 不低于 1000 万元 |

续表

| 专业投资者 | 50ETF 场内期权制度 | 场外期权制度建议 |
|---|---|---|
| 产品金融资产 | 无最低要求 | 不低于 1000 万元 |
| 交易经验 | 无限制 | 交易经验不低于两年 |
| 持仓限额 | 最多 5000 张 | 通过限制期权费的形式限制最大持仓，期权费和卖出期权的保证金不高于该产品的金融资产 |
| 限购 | 对于期权费和保证金占净资产的比例无上限要求 | 通过限制期权费的形式限制最大持仓，期权费和卖出期权的保证金不高于该产品的金融资产 |

一般而言，场外期权的发展要领先于场内期权（场外期权交易中的标准化合约会慢慢演变为交易所交易的场内期权）。此外，场外期权的标的范围更加广泛，结构创新层出不穷，统一场外衍生品市场和场内衍生品市场的监管标准存在很大难度，有可能因为监管标准更新滞后导致场外期权创新和发展受到制约。所以，建议采用美国衍生品监管的经验，场内期权由中国证券监督管理委员会制定的法规来规范，交易所对该交易所交易的衍生品进行管理和监督，场外期权市场在中国证券业协会的监督和规范下发展。为了使场外期权能够有序良好发展，中国证券业协会应集合各券商的支持，努力完善 SAC 主协议，编制定义文件，起草履约保障协议。在纠纷解决的机制建立方面，应当积极建立法律和仲裁途径，确保纠纷能够迅速、有效、公正地解决。场外期权投资者适当性要求在《投资者适当性管理办法》的基础上应结合上证 50ETF 期权现有的制度设计，可以有更高的准入门槛，但应在合理的范围内。

# 第三节　场外期权规定对现有市场业务发展的影响

当前的场外权益类衍生品的监管制度规定主要来自 2018 年的场外期权监管新规。其内容包含，对于法人机构，要求最近一年末净资产不低于 5000 万元，金融资产不低于 2000 万元（金融资产包括股票、期货、黄金、外汇等），具有年以上证券、期货、黄金、外汇等相关投资经验。对于资产管理机构代表的产品，要求管理人满足近一年末管理的金融资产规模不低于 5 亿元，且具备两年以上金融产品管理经验，产品规模不低于 5000 万元。穿透后的产品委托人中，单一投资者在产品中权益超过 20%的，应当符合近一年末金融资产不低于 2000 万元，且具有三年以上证券、期货、黄金、外汇等投资经验。购买场外期权的期权费以及缴纳的初始保证金合计不超过产品规模的 30%。

**一、场外期权规定对投资者准入过于严格**

2017 年，个股场外期权的交易量呈整体上涨的趋势，并于 2017 年 1 月创下新高，当月新增名义本金超过 500 亿元。2018 年，场外期权新规对投资者准入等方面的限制，以及 2018 年下半年市场低迷等因素，导致场外期权市场规模缩水严重。

严格的监管规定，从投资者准入门槛、期权挂钩标的、交易商分级管理等方面对场外期权进行规范，这对整个市场的良性发展起到了非常积极的作用。期权新规发布以来，场外期权市场发展平稳，未出现影响市场运行的重大负面事件。在投资者方面，严格限制个人及风险管理能力较差的机构投资者参与场外期权，有效避免了场外期权异化为中小投资者的杠杆工具。在期权标的方面，根据股票流通市值等因素，定期筛选并发布场外期权标的名单，可降低场外期权对冲对流动性较差股票的价格干扰。在交易商分级管理方面，可以避免部分中小券商，尤其是在系统、人员、制度等方面准备不充分的券商盲目涌入场外期权市场，通过变相突破合规底线、降低风控标准等方式干扰市场的健康发展。

期权新规对客户准入的要求显著提高，仅有 20%达到新规的要求；同时，个股期权挂钩标的减少了近 70%，交易结构有了一定限制，因此，客户的规模和交易量都有显著下降。监管机构对场外期权投资者提出更高的适当性要求，但应在合理范围内，且符合市场实际运行情况。上述投资者适当性要求过于严厉，在多项指标叠加的前提下，场外期权交易规模在当年一度锐减 80%以上。

## 二、场外期权的发展需求受到抑制

关于产品的适当性要求，2000 万元以上规模有 30% 的投资比例限制，这将造成市场需求大幅萎缩，很多正常的产品需求、策略需求和风险管理需求被扼杀。监管机构在产品层面限制比例的初衷是担心投资者过度投机。2000 万元以上的金融资产不是一个小数目，拥有这个资产级别以上的机构或个人（定向资管）比较理性，极少以全部资产购买期权，场外期权工具只是其资产配置的小部分。假设某客户拥有 2000 万元金融资产，他出资 2000 万元成立产品参与期权，这意味着他拥有的金融资产将远高于 2000 万元。2000 万元的产品规模要求意味着客户资产的实际门槛远远高于 2000 万元。此外，很多产品是专门为了某种期权策略而成立的，如果产品中只有 30% 可以参与期权交易，那么资金效率会大大降低。这两项要求将导致市场的需求极大萎缩。

投资者参与 50ETF 场内期权的风险在本质上与参与场外期权没有量级上的区别，但在投资者适当性要求方面，则相差甚远。场内市场提供标准化交易合约和有限投资标的，但是定价更为有效；场外市场为投资者的多元策略提供定制化期权结构和多样化标的。两者在风险定价和对冲上是相互依存的，需要协同的发展，共同形成有效的市场层次。当前的场外期权新规的适当性要求极大地限制了券商或资产管理机构利用期权工具构建具备"有限保本"特征的产品或者具备高息票特征的路径依赖型自动赎回的产品，这类策略是银行理财等中风险偏好的资金非常需求的，也是市场稀缺的。

在境外市场通行的期权结构，除香草型期权以外，相当部分是奇异期权。奇异期权是券商结合标的特性、投资者需求和市场观点等因素，为投资者量身定制的场外期权解决方案，以满足投资者更为复杂的需求，包括保本结构（如鲨鱼鳍结构）、收益优化结构（如凤凰型自动赎回结构）、收益增强结构（如向下保护指数投资产品）、资产配置结构（如混合型结构）等。其中很多结构的风险收益是介于股票和债券之间的，具有较低风险、较高收益的特性。限制参与期权工具的比例不得超过 30%，这将极大地限制专业投资机构使用奇异期权工具来构建上述高风险收益比的投资策略，不利于资本市场投资策略多元化的诉求。2018 年出台的《商业银行理财业务监督管理办法》，也被业界称之为"资管新规"，对资管行业有着重大的影响。其中，第二章分类管理第九条，关于理财产品分类中提及商品及金融衍生品类的产品，"商品及金融衍生品类理财产品投资于商品及金融衍生品的比例不低于 80%"，说明监管层面承认商品及金融衍生品类产品属于正常的资产管理产品，有其市场地位及存在的合理性。

此外，资管新规导致商业银行理财资产向主动管理和净值型转化，而银行理财终端客户绝大部分是中低风险偏好的客户，不可能将大部分资产配置到权益类产品中去，因此，对"有限保本"特征的产品或类固收特征的产品存在大量的需求。与此同时，券商设计的某些期权结构恰恰满足了此类需求，其交易结构类似于境外私人银行主流的理财产品、挂钩股票或者股票篮子的结构化票据，即通过集合资产管理计划的形式参与场外期权交易，场外期权结构设计用以帮助其在承担较小的市场风险前提下实现投资收益。银行募集的集合资产管理计划的资金用途是单一且事先约定的。专门募集来参与场外期权交易的集合资产管理计划，在参与场外期权交易的时候，其初始期权费或保证金比例往往接近 100%，主要原因是：①降低了交易商所承担的资产管理计划违约带来的信用风险；②资金最大限度地使用提高了集合资产管理计划的收益。只允许产品中的 30%参与此类期权，将扼杀银行理财资金的正常需求。

**三、场外期权交易商的发展受到制约**

场外期权的新规提高了客户准入标准，但在无法满足新规的情况下，投资者对场外期权的需求依然旺盛，这导致这些需求存在向标准更低，甚至不合法，不合规的机构转移的可能性。随着交易商的客户资源流失，风险收益比下降，资产负债表优化能力下降，证券公司出于风险考虑，场外期权业务的定价较新规之前的情况变差，这导致场外期权市场的流动性变差，相应地，现货市场交易的流动性也会变差。中国香港作为境外资金进出中国金融市场的窗口，无论是投资者的适当性要求还是场外业务本身，标准都相对较低。期权新规自颁布以来，境外投行 A 股收益互换和场外期权规模大幅增长。A 股交易的生态圈转向境外，境内券商相比境外投行创新式持续发展的优势相对较弱，从而有可能会影响中国资本市场的国际竞争力。

场外期权业务的实质是，证券公司作为风险中介，通过场外期权匹配，撮合不同风险偏好和投资观点的投资者群体的需求，在不承担很大市场风险的基础上，赚取差价和部分风险溢价。场外期权新规限制了投机性比较大的客户群体参与，证券公司的风险容易单向积累，导致无法很有效地对冲期权合约。在赚取同样风险溢价的情况下，证券公司承担的市场风险较期权新规之前有显著增大的趋势。

场外期权新规对标的范围进行了明确划分，可交易个股标的从 2018 年当年的 3500 多只降低到场外期权新规之前的 1/3 左右。导致证券公司场外期权业务的标的集中度大幅提高，难以实现风险分散化，致使优化资产负债表的能力下降。另外，除了对个股标的限制，非中证指数公司编制的指数、非场内 ETF 基金均被排除在场外期权标的范围之外，客观上压缩了创新型业务的开展空间，限制了证券公司作为资本中介、风险中介的功能发挥。

在场外衍生品市场中实现期权的双向流动，即买和卖是构建健康、有序市场的重要步骤。场外衍生品交易有轧差效应，交易商仅需对冲买卖轧差后的风险敞口，这个风险敞口与期权交易量相比要小一个数量级，对冲的风险对市场的影响远小于同等规模的股票买卖。此外，除现货买卖外，交易商也可以利用期货、场内期权等品种实现对冲目的，减小对股票市场的冲击。如果过度限制场外权益类衍生品的交易，市场自然会向某些奇异期权交易倾斜。部分奇异期权虽然在结构上具有缓冲市场涨跌的特点，但结构更复杂、非标准化、风险跳跃性强，导致买卖间的轧差效果减弱，在对冲时对市场的影响并不一定比香草期权更有益。过多限制香草期权会造成奇异期权过度发展，不利于市场长期、健康、有效发展。

# 第四节　完善客户管理与投资者教育

衍生品交易具有产品结构相对复杂、风险相对较高的特点，对交易对手方的衍生品知识和交易经验有较高要求。因此，严格遵循投资者适当性要求，从资产规模、专业知识、交易经验、风险承受能力等方面充分评估交易对手方开展场外衍生品交易的合格适当性。仅接受风险承受能力、资产规模、交易经验、衍生品知识均达到标准的合格投资者参与场外衍生品交易，是场外期权交易的首要前提。

## 一、建立客户准入审核机制

销售人员在进行客户准入初步审核时需要审核客户的资质，并以此判定客户从事场外期权交易涉及的合规和信用风险，审核内容包括客户诚信情况、从事衍生品业务的适当性、从事具体交易类型资质等。客户准入标准符合中国证券监督管理委员会、中国证券业协会等监管机构对场外衍生品业务的相关规定和要求。业务部门中台人员对销售人员所提交材料的完整性、规范性和真实性进行复查。风险管理部对投资者准入证明、适当性调查材料及结果等进行查验、复核，核实投资者诚信状况，结合投资者的具体情况评定其信用等级。法律合规部反洗钱审核人员对投资者是否属于反洗钱黑名单进行筛查；对投资者反洗钱风险等级进行判定；对投资者基本信息填写和受益所有人穿透识别情况的完整性进行审核。

（一）机构客户准入审核

机构客户基本信息：了解客户的基本信息（包括法人信息、企业信息、股东情况）。

机构客户诚信信息：确认客户是否涉及违规记录和行政处罚，不允许涉及违规记录和行政处罚的客户进行交易。

机构经营范围审核：确认客户经营范围（包括场外金融衍生品交易）。

机构客户资产规模审核：核实客户资产和金融资产，确认客户资产规模满足适当性要求，并足够应对高风险金融衍生品的交易风险。对于拟进行高风险、可能存在交易亏损的客户，根据资产状况进行风险提示，业务规模控制。不允许资产状况差的客户进行高风险交易。

机构客户投资经验审核：了解客户投资经验和交易经验。

（二）产品客户准入审核

产品基本信息审核：了解产品名称、产品成立日期、产品期限、实际委托人等信息。

产品范围审核：确认产品客户投资范围（包括场外衍生品交易）。

产品规模审核：核实客户产品规模，以产品规模核定客户从事业务规模和控制客户可从事的交易类型。

## 二、建立投资者适当性核查机制

### （一）交易对手类型复核

根据适当性制度对所有交易对手每年进行一次复核，复核内容包括但不限于衍生品交易经验、专业能力、风险承受能力等方面。评估结果产生后，通知相应的销售人员、合规人员、风控人员。销售人员收到通知后，及时反馈客户，并请客户在有效期届满之前更新适当性评估资料，电子版提交至系统，相关原件材料提交和存档。普通投资者未按期更新适当性评估资料的，不得向其销售新产品或提供新服务。

### （二）交易对手回访

根据适当性制度，每年抽取不低于上一年度末存续交易客户总数的10%进行回访。每年初抽取相应客户进行回访。在回访过程中，回访人员应通过录音电话、邮件或书面形式进行留痕，填写回访问卷，于每年第一季度完成交易对手回访。

### （三）合规监测

法律合规部场外期权合规专岗对场外期权交易对手准入审核工作进行合规审

查。每周对上周通过审核的交易对手材料进行抽查，抽查比例不低于上周通过审核的50%，并做好相应的审查记录。审查中若发现不符合要求的情况，应及时要求业务部门在规定时间内重新进行核查，并补充提交相关材料。业务部门不能在规定时间内完成核查，或者核查结果发现交易对手不符合准入要求的，应当停止与该交易对手新开交易。

# 第五节 场外期权不是传统意义的杠杆融资工具

市场上存在对场外期权业务的误解，认为场外期权业务是 10～20 倍的杠杆配资业务，这是市场对场外期权基本概念和定价原理缺乏认知的表现，是对场外期权业务的严重误解。本节从业务性质、定价机制、风险对冲方式、盈利模式等几个方面来说明为什么不能将场外期权业务理解为传统意义上的杠杆融资业务。

## 一、场外期权的本质是风险买卖和转移

杠杆融资业务的法律关系本质是资金借贷关系，即券商向客户提供融资买股票，约定融资期限、融资利率、保证金比例等交易要素，并根据资金成本进行定价。场外期权业务的本质是风险的买卖转移，场外期权定价主要基于风险发生概率对潜在风险损失进行度量。客户通过杠杆配资只是放大了自身投资的风险和收益，并没有将风险进行任何形式的转移，当股票下跌的时候其风险和损失是不可确定的、无法预期的。但期权不一样，如果股票下跌，低于执行价格，投资者风险是既定的、可预期的，损失的是期权费。因为投资者通过期权交易事先把风险转移了，锁定了潜在的最大损失。因此，场外期权交易中的期权费，类似于买保险的保费，不是杠杆融资概念下的保证金，这是两种业务本质的差异。

## 二、期权定价的核心因素是对波动率的风险度量

这里采用 Black-Scholes 期权定价模型进行期权定价。在行权价确定的情况

下，期权定价的决定因素为标的股票的预期波动率。挂钩股票的预期波动率越大，潜在风险的损失就越大，此时，期权买方需要支付更多的期权费以规避风险，从而使期权定价更高。这一点同保费与保额的关系相似，即越是高危人群（挂钩股票预期波动率更大），所需缴纳的保费就越贵（期初的期权定价越高）。此外，影响期权定价的因素除波动率外还有很多，如合约期限、股息率、市场利率、交易成本等。相应杠杆融资业务的核心定价因素是资金成本/市场利率水平。

以中国平安一个月的看涨期权为例（见表 8-4）。

**表 8-4 期权价值实验要素**

| 期权类型 | 美式看涨期权 | 期权行权价 | 50.00 元 |
|---|---|---|---|
| 交易时间 | 2017 年 11 月 22 日 | 期权期限 | 1 个月 |
| 预期波动率 | 37% | 资金成本利率 | 4.45%（年化） |
| 名义本金 | 1000 万元 | 期初期权费 | 4.41%，441000 元 |

假设执行价格为 100%，由模型计算结果（见表 8-5、表 8-6）可知：

（1）挂钩股票预期波动率的变化对于期权价格的影响远远大于资金成本利率，即挂钩预期波动率增长 1 倍，期权费增长 0.95 倍；而资金成本利率增长 1 倍，期权费仅增长 0.04 倍。

（2）在相对于名义本金占地 4.41% 的期权费中，期初对冲 Delta 所占用的资金成本仅为 0.18%，在期权费中的占比仅为 4.08%；潜在风险损失为 4.23%，占比达 95.92%。这更加说明，期权定价更多体现的是对风险的度量和补偿。

**表 8-5 期权价值实验结果（1）** 单位：%

| 波动率 | 期权费价值 | 资金成本利率 | 期权费价值 |
|---|---|---|---|
| 37.00 | 4.41 | 4.45 | 4.41 |
| 55.50 | 6.52 | 6.68 | 4.50 |
| 74.00 | 8.62 | 8.90 | 4.59 |

表 8-6　期权价值实验结果（2）　　　　　　　单位：%

| 100%行权价/期限 | 1 个月 | 2 个月 | 3 个月 |
|---|---|---|---|
| 期权费价值 | 4.41 | 7.47 | 10.62 |
| 期权费中资金成本 | 0.18 | 0.55 | 1.12 |
| 期权费中潜在风险损失 | 4.23 | 6.92 | 9.50 |
| 期权费中资金成本占比 | 4.08 | 7.36 | 10.55 |

### 三、场外期权的盈利取决于对冲成本

场外期权相比于传统杠杆融资业务，盈利模式不同，风险管理方式不同。场外期权需要券商以风险中性为目的，根据模型动态调整持仓、对冲风险，其能否盈利取决于期权对冲的成本是否低于收取的期权费用。场外期权交易的盈利取决于券商的风险度量能力、定价能力和对冲管理能力。一旦与客户进入场外期权交易，就会依据国际标准的 Black-Scholes 期权定价模型或衍生品定价模型进行风险敞口度量和动态的风险对冲，即根据希腊字母 Greeks 进行风险管理，以实现风险中性的目标。

以看涨期权为例，到期时如果股价上涨，需要支付客户股价的涨幅部分，且必须买入股票对冲风险；到期时如果股价下跌，客户名义本金不会亏损，需自行承担之前买入的对冲现货的下跌损失。因此，对冲者不能简单地按照名义本金的额度买入现货，而是依据挂钩股票预期波动率，通过模型计算未来合约风险损失的概率，得出理论对冲的仓位（即希腊字母 Delta）进行现货对冲。随着现货价格的变化，合约的风险损失概率会改变，理论对冲的股票仓位也会改变。希腊字母 Delta 的计算公式如下：

$$\text{Delta} = e^{-q\tau} N(d_1)$$

$$d_1 = \frac{\ln\left(\dfrac{S}{X}\right) + \tau\left(r - q + \dfrac{\sigma^2}{2}\right)}{\sigma\sqrt{\tau}}$$

其中，N 标准正态分布的累计概率分布函数；X 为执行价格；S 为标的资产停牌前一交易日的收盘价；r 为无风险利率；$\tau$ 为剩余的期限；q 为标的资产股息

率；σ 为标的资产的波动率。

以中国平安一个月的平价看涨期权为例，行权价为 78.7945 元，名义本金为 1000 万元（约合 12.7 万股）。假设第一天，中国平安的收盘价为 77.45 元，按照模型的理论计算，期权对冲者应买入 6.3 万股进行现货对冲，而不是根据名义本金折合的 12.7 万股买入。第二天，中国平安的收盘价为 79.77 元，按照模型的理论计算，应额外买入 1.4 万股现货对冲股价继续上涨的风险。第三天，中国平安的收盘价回到 77.45 元，按照模型，期权对冲者应将第二天额外买入的 1.4 万股全部卖出。此时，期权对冲者的对冲成本为（79.77 − 77.45）× 14000 = 32480 元。

期权对冲者会每日连续平滑地进行风险对冲，同时产生对冲成本。根据期权定价原理，如果在到期时中国平安的实际波动率小于定价时的预期波动率 37%，则期权对冲者的总体对冲成本小于期初的期权费 441000 元，期权对冲者会盈利；如果在到期时中国平安的实际波动率大于预期的波动率 37%，则期权对冲者的总体对冲成本将大于期初期权费 441000 元，期权对冲者会亏损。

需要注意的是，场外期权业务的对冲是连续平滑的，不会对市场造成巨大的冲击。当市场连续下跌时，期权对冲者会根据模型逐日对冲，调整标的股票持仓，不断降低杠杆水平，不会出现集中平仓行为，对市场造成冲击。场外期权业务的损益来源为总体的对冲成本与期权费用之差，因此，期权业务可能会出现亏损。

对于传统杠杆融资业务，其盈利来源于融资费用，只要不出现违约风险就可以盈利。其风险管理主要体现在保证金比例、预警线、追保线、平仓线的设置方面。交易商在期初会按照名义本金量买入标的股票，之后就静态持有股票，即使在股票下跌时也不做动态的风险管理。如果股票下跌触发客户的追保，且客户不能追保，则通过平仓控制风险，减少损失。这样的风险管理模式会造成对某只股票的集中减持，进而形成对市场的冲击。

# 第六节 健全场外期权的法律制度和监管对策

衍生品市场需要大力发展，构建兼顾国际化和本土化的监管框架。金融市场是现代市场经济体系的重要组成部分，金融资源是现代经济的核心资源，塑造金融开放发展的新体制，提高金融系统的资源配置效率具备时代性意义，需要更好地支持实体经济发展，发挥其在资产价格中的调剂与传导作用，提升中国在国际资本市场中的议价乃至定价能力，防范系统性金融风险等。因此，衍生品市场的监管需要优化，进一步强化分层监管。建议进一步关注客户适当性，区分机构和散户，区分产品性质；既管机构，又管产品，维护市场规范的同时，培育具有国际竞争力的核心金融机构。

## 一、对冲服务和对冲工具的建议

第一，增加场内期权品种，推出更多场内指数、ETF 和个股期权，为场外期权提供定价基准，同时，更有针对性地降低场外期权的市场风险积累。第二，将场外期权与纯自营业务区别对待，在风险资本准备、表内外资产、权益类持仓等监管指标等方面进行优化，使监管指标能更加准确地衡量持有资产的风险。第三，期权对冲专用账户的管理也应与自营账户有所区别，交易所降低对于对冲专用账户异常交易监控的标准。

缺乏场内个股期权的对冲工具。场外个股期权的对冲仅局限于 Delta 对冲，而 Delta 对冲无法消除或者降低波动率变化带来的风险，所以，交易商希望从投资者处买入期权来降低波动率变化带来的风险。如果标的、期限、行权价格都与交易商卖出的期权一致，那市场风险完全对冲；如果标的相同，期限或者行权价格不同，波动率风险也会有所降低，交易商只需要管理期限和行权价格上的不匹配带来的风险。虽然标的不相同，但两只股票之间的波动率变化仍呈现显著的正相关性，特别是在市场暴涨或者暴跌的极端状态下，这种正相关性可以有效降低整体期权组合的风险。

## 二、场外期权的清算建议

权益类衍生品在结构上的个性化设计比较多，建议采用 OTC 柜台清算的方式，不建议采用集中清算的方式。境外市场采用集中清算的 OTC 产品一般为利率类和外汇类。国际清算银行将场外权益类衍生品分为以下两个类别：远期/互换和场外期权。场外权益类衍生品在各资产类别的所有场外衍生品中占比较低，只占 1.67%。以上数据包含美国、欧洲、日本、中国香港等成熟金融市场的数据。因此，中央清算会导致在对场外股票期权进行中央结算时，难以实施或者成本过高，原因如下：

（1）为了满足终端投资者在投资、风险管理等方面的需求，大部分场外期权具有非常强的定制化特点，并且有着复杂而非标准化的调整方法。由于高度定制化，这类场外期权极度缺乏流动性，中央对手方缺乏足够的市场数据、参数、模型和估值工具对场外期权进行估值、生命周期管理和保证金收取与管理。所以，大多数衍生品市场的监管机构都规定场外权益类衍生品免除中央结算。

（2）对场外衍生品进行中央结算是为了降低信用风险，提高透明度，使监管机构能够更迅速地量化实际头寸，并进行压力测试。但对于场外权益类衍生品，通过中央结算达到以上两个目的效果有限。因为大部分场外期权交易发生在证券公司与终端投资者之间（占所有交易的 60% 以上），而不是在有系统重要性的金融服务公司之间。针对每笔交易或者每个终端投资者（交易对手），证券公司已经收取了适当比例的保证金来防范信用风险，但通过中央结算来结算和收取保证金并不能有效降低信用风险。因为这个问题，欧洲豁免了与终端投资者之间的场外衍生品交易所需要的中央结算。

由于大部分场外期权交易发生在证券公司与终端投资者之间，证券公司向监管机构汇报的针对场外期权的压力测试数据是没有重复和叠加且比较全面的。为了提高透明性，需要强制要求证券公司向中央数据报备所有场外权益类衍生品的交易。

### 三、交易对手方的管理建议

降低私募机构准入门槛，加强对互联网平台类公司的监控。加强投资者教育，合理引导投资者的融资需求，避免融资需求转移至非法平台。监管规定，场外期权参与机构"最近 1 年管理金融资产规模在 5 亿元以上，有超过 2 年的金融产品管理经验"，"以产品形式参与场外期权交易的，规模在 5000 万元以上"，"产品参与交易的期权费和初始保证金比例不应超过产品规模的 30%"。以上规定较《证券期货投资者适当性管理办法》对专业机构投资者的要求更高。从吸引真正的专业机构投资者积极、有序参与场外期权交易，共同培育和建设健康、持续发展的场外衍生品市场的角度出发，在目前公募基金和保险公司无法参与场外权益类衍生品交易的情况下，风险管理能力强、投资决策理性的私募证券投资基金理应是场外期权交易和创新的主力，对其门槛要求太高将会影响真正合适的衍生品交易参与方。

### 四、场外期权标的范围与境外适度统一

监管机构目前将场外股票期权标的范围限定于两融标的中非注册制股票，即核准制股票。但相比于境外的若干机构，高盛和瑞银集团已经在香港地区开展 A 股场外期权交易，标的范围包括全部的沪深港通标的。如果境内监管机构限制股票标的为两融标的中的核准制股票，会大幅减少符合标准的股票标的。在此情况下，境内券商将逐渐丧失对 A 股场外衍生品的定价权，也将在与投行的境内外竞争中处于劣势地位。因此，建议在充分考虑流动性的前提下，将标的股票的流通市值门槛适当调整至 50 亿元以上，即上市超过 6 个月、流通市值在 50 亿元以上、非 ST、*ST 的沪深港通股票。证券公司积极配合中国证券监督管理委员会以及相关监管部门，各参与方共同培育好、发展好场外衍生品市场，为健康、平稳、有序地建设境内场外衍生品市场贡献自己的力量，促进整个证券行业发展。

个股场外期权对冲，除了简单的 Delta 对冲，重要的一点就是如何管理波动率风险。本章提到的凤凰型自动赎回结构在波动率方面可以部分对冲卖出的香草型看涨期权，能有效地降低当前市场上证券公司卖出香草型看涨期权的交易合约带来的风险积累。要做到看涨期权和自动赎回结构在标的上一一对应是不可能的，所以应尽量放宽股票标的范围，以便投资者可以更多地选择股票标的资产，同时，也有利于证券公司根据自身风险积累灵活调整期权结构、期权报价，以降低组合风险。

# 第七节　本章小结

场外权益类衍生品市场发展尚处于初级阶段。经过多年的市场教育，越来越多的投资者和金融从业者开始了解期权工具，并尝试运用衍生品工具提升策略效率，降低风险，提升收益。市场需要金融工具来满足资本市场日益增长的风险管理需求，以及产品多元化、策略多元化的发展需求。场外期权市场是场内期权市场的有益补充，场内期权市场提供标准化交易合约和有限投资标的；场外期权市场为投资者的多元策略提供定制化期权结构和多样标的。两者在风险定价和对冲上是相互依存的，共同形成有效的市场层次，共同发展。因此，场内外期权是建设多层次资本市场密不可分的部分，不应以当前的、静态的市场结构、产品结构、策略结构作为制度设计的依据，也不应以局部的问题来抑制市场健康需求的发展。

随着我国金融市场化的不断推进，我国场外期权市场近年来取得了较快发展。为了使我国衍生品市场得到健康发展，应充分利用中国资本市场在国际化进程中的机遇，从产品品种、市场结构、流动性、基础性建设等方面促进场外衍生品市场的发展。目前，权益类和商品类的场外衍生品的品种仍有很大的完善空间。因此，在充分考虑市场多样化需求的前提下，可从股指期货市场和商品期货市场等基础性的衍生产品方面开始逐步推出国际化的金融工具，以满足各类市场参与者的风险管理需求；同时，逐步完善交易结算系统、资金清算系统和托管系统，以提供基础支持。发展过程中也应注重对市场参与主体的管理，加强各参与机构的内部控制，不断完善法律法规，以促进场外衍生品市场健康发展。

# 参考文献

［1］ Ahn D H, Boudoukh J, Richardson M, et al. Optimal risk management using options ［J］. The Journal of Finance, 1999, 54 （1）: 359-375.

［2］ Alm T, Harrach B, Harrach D, et al. A Monte Carlo pricing algorithm for autocallables that allows for stable differentiation ［J］. Journal of Computational Finance, 2013, 17 （1）: 43-70.

［3］ Avellaneda M, Friedman C, Holmes R, et al. Calibrating volatility surfaces via relative-entropy minimization ［J］. Applied Mathematical Finance, 1997, 4 （1）: 37-64.

［4］ Babbs S. Binomial valuation of lookback options ［J］. Journal of Economic Dynamics and Control, 2000, 24 （11-12）: 1499-1525.

［5］ Bacmann J F, Gawron G. Fat tail risk in portfolios of hedge funds and traditional investments ［J］. Available at SSRN 492643, 2004.

［6］ Bakshi G, Kapadia N, Madan D. Stock return characteristics, skew laws, and the differential pricing of individual equity options ［J］. The Review of Financial Studies, 2003, 16 （1）: 101-143.

［7］ Ballestra L V, Pacelli G, Zirilli F. A numerical method to price exotic path-dependent options on an underlying described by the Heston stochastic volatility model ［J］. Journal of Banking and Finance, 2007, 31 （11）: 3420-3437.

［8］ Barberis N, Huang M. Stocks as lotteries: The implications of probability weighting for security prices ［J］. American Economic Review, 2008, 98 (5): 2066-2100.

［9］ Barraquand J, Martineau D. Numerical valuation of high dimensional multivariate American securities ［J］. Journal of Financial and Quantitative Analysis, 1995, 30 (3): 383-405.

［10］ Barty K, Girardeau P, Strugarek C, et al. Application of kernel-based stochastic gradient algorithms to option pricing ［J］. Monte Carlo Methods and Applications, 2008, 14 (2): 99-127.

［11］ Beckers S. Standard deviations implied in option prices as predictors of future stock price variability ［J］. Journal of Banking and Finance, 1981, 5 (3): 363-381.

［12］ Benson R, Daniel N. Up, over and out ［J］. Risk, 1991, 4 (6).

［13］ Berestycki H, Busca J, Florent I. An inverse parabolic problem arising in finance ［J］. Comptes Rendus de l'Académie des Sciences-Series I-Mathematics, 2000, 331 (12): 965-969.

［14］ Black F, Scholes M. The pricing of options and corporate liabilities ［J］. Journal of Political Economy, 1973, 81 (3): 637-654.

［15］ Blattberg R C, Gonedes N J. A comparison of the stable and student distributions as statistical models for stock prices ［J］. The Journal of Business, 1974, 47 (2): 244-280.

［16］ Bouzoubaa M, Osseiran A. Exotic options and hybrids: A guide to structuring, pricing and trading ［M］. New Jersey: John Wiley and Sons, 2010.

［17］ Boyle P P, Ananthanarayanan A L. The impact of variance estimation in option valuation models ［J］. Journal of Financial Economics, 1977, 5 (3): 375-387.

［18］ Boyle P P, Tse Y K. An algorithm for computing values of options on the maximum or minimum of several assets ［J］. Journal of Financial and Quantitative Analysis, 1990, 25 (2): 215-227.

[19] Boyle P P. Options: A monte carlo approach [J]. Journal of Financial Economics, 1977, 4 (3): 323-338.

[20] Boyle P, Broadie M, Glasserman P. Simulation methods for security pricing [J]. Journal of Economic Dynamics and Control, 1997, 21 (8): 1267-1321.

[21] Brandimarte P. Numerical methods in finance and economics: A MATLAB-based introduction [M]. New Jersey: John Wiley & Sons, 2013.

[22] Breeden D T, Litzenberger R H. Prices of state-contingent claims implicit in option prices [J]. Journal of Business, 1978, 51 (4): 621-651.

[23] Brennan M J, Schwartz E S. Finite difference methods and jump processes arising in the pricing of contingent claims: A synthesis [J]. Journal of Financial and Quantitative Analysis, 1978, 13 (3): 461-474.

[24] Brenner M, Subrahmanyam M G, Uno J. Arbitrage in the Japanese Stock Index Futures Markets [R]. Graduate School of Business, New York University, 1988.

[25] Brigo D, Mercurio F. Lognormal-mixture dynamics and calibration to market volatility smiles [J]. International Journal of Theoretical and Applied Finance, 2002, 5 (4): 427-446.

[26] Broadie M, Glasserman P, Kou S G. Connecting discrete and continuous path-dependent options [J]. Finance and Stochastics, 1999, 3 (1): 55-82.

[27] Broadie M, Glasserman P. Estimating security price derivatives using simulation [J]. Management Science, 1996, 42 (2): 269-285.

[28] Butler J S. Improving Value-at-Risk Estimates by Combining Kernal Estimation with Historical Simulation [J]. Review of Research Derivatives, 1997 (1): 371-390.

[29] Campbell R, Huisman R, Koedijk K. Optimal portfolio selection in a Value-at-Risk framework [J]. Journal of Banking and Finance, 2001, 25 (9): 1789-1804.

[30] Castellacci G, Siclari M J. The practice of Delta-Gamma VaR: Implementing the quadratic portfolio model [J]. European Journal of Operational Research,

2003, 150 (3): 529-545.

[31] Chen H C J, Magdon-Ismail M. NN-OPT: Neural network for option pricing using multinomial tree [C]. Berlin, Heidelberg: Springer, 2006.

[32] Chen S N, Chiang M H, Hsu P P, et al. Valuation of quanto options in a Markovian regime - switching market: A Markov - modulated Gaussian HJM model [J]. Finance Research Letters, 2014, 11 (2): 161-172.

[33] Christie A A. The stochastic behavior of common stock variances: Value, leverage and interest rate effects [J]. Journal of financial Economics, 1982, 10 (4): 407-432.

[34] Clément E, Lamberton D, Protter P. An analysis of a least squares regression method for American option pricing [J]. Finance and Stochastics, 2002, 6 (4): 449-471.

[35] Cont R, Tankov P. Nonparametric calibration of jump-diffusion option pricing models [J]. The Journal of Computational Finance, 2004 (7): 1-49.

[36] Conze A. Path dependent options: The case of lookback options [J]. The Journal of Finance, 1991, 46 (5): 1893-1907.

[37] Cootner P H. The random character of stock market prices [M]. Cambridge: The MIT Press, 1964.

[38] Corrado C J, Miller, Jr T W. The forecast quality of CBOE implied volatility indexes [J]. Journal of Futures Markets: Futures, Options, and Other Derivative Products, 2005, 25 (4): 339-373.

[39] Corwin J, Boyle Phelim P, Quasi T K S. Monte Carlo Methods in Numerical Finance [working paper] [J]. Canada: Management Science, 1996, 42 (6): 926-938.

[40] Cox A M G, Hobson D G. Local martingales, bubbles and option prices [J]. Finance and Stochastics, 2005, 9 (4): 477-492.

[41] Cox J C, Ingersoll Jr J E, Ross S A. An intertemporal general equilibrium

model of asset prices [J]. Econometrica: Journal of the Econometric Society, 1985, 53 (2): 363-384.

[42] Cox J C, Ross S A, Rubinstein M. Option pricing: A simplified approach [J]. Journal of financial Economics, 1979, 7 (3): 229-263.

[43] Dai M, Wong H Y, Kwok Y K. Quanto lookback options [J]. Mathematical finance: An international journal of mathematics, statistics and financial economics, 2004, 14 (3): 445-467.

[44] Datey J Y, Gauthier G, Simonato J G. The performance of analytical approximations for the computation of asian quanto-basket option prices [J]. Multinational Finance Journal, 2003, 7 (1/2): 55-82.

[45] Davis M H A. Complete-market models of stochastic volatility [J]. Proceedings of the Royal Society of London. Series A: Mathematical, Physical and Engineering Sciences, 2004, 460 (2041): 11-26.

[46] Day T E, Lewis C M. Stock market volatility and the information content of stock index options [J]. Journal of Econometrics, 1992, 52 (1-2): 267-287.

[47] Deelstra G, Ezzine A, Heyman D, et al. Managing value-at-risk for a bond using bond put options [J]. Computational Economics, 2007, 29 (2): 139-149.

[48] Demeterfi K, Derman E, Kamal M, et al. A guide to volatility and variance swaps [J]. The Journal of Derivatives, 1999, 6 (4): 9-32.

[49] Deng G, Mallett J, McCann C. Modeling autocallable structured products [M]. London: Palgrave Macmillan, 2016.

[50] Derman E, Kamal M, Kani I, et al. Valuing contracts with payoffs based on realized volatility [Z]. Global Derivatives Quarterly Review, Goldman Sachs, 1996.

[51] Dias J C, Nunes J P V, Cruz A. A note on options and bubbles under the CEV model: implications for pricing and hedging [J]. Review of Derivatives Research, 2020, 23 (2): 249-272.

[52] Dowd K. Beyond value at risk: the new science of risk management [M]. Chichester: Wiley, 1998.

[53] Draper N R, Smith H. Applied regression analysis [M]. New Jersey: John Wiley and Sons, 1998.

[54] Dravid A R, Richardson M, Sun T. Pricing foreign index contingent claims: An application to Nikkei index warrants [J]. The Journal of Derivatives, 1993, 1 (1): 33-51.

[55] Duffie D, Pan J, Singleton K. Transform analysis and asset pricing for affine jump-diffusions [J]. Econometrica, 2000, 68 (6): 1343-1376.

[56] Dumas B, Fleming J, Whaley R E. Implied volatility functions: Empirical tests [J]. The Journal of Finance, 1998, 53 (6): 2059-2106.

[57] Dupire B. Pricing with a smile [J]. Risk, 1994, 7 (1): 18-20.

[58] Ďurica M. Modification of delta for Chooser Options [J]. CBU International Conference Proceedings, 2015 (3): 123-128.

[59] Eldor R, Hauser S, Yaari U. Safer margins for option trading: How accuracy promotes efficiency [J]. Multinational Finance Journal, 2011, 15 (3-4): 217-234.

[60] Firth N P, Dewynne J N, Chapman S J. An asymptotic analysis of an american call option with small volatility [R]. Oxford Financial Research Centre, 2004.

[61] Forsyth P A, Vetzal K R, Zvan R. A finite element approach to the pricing of discrete lookbacks with stochastic volatility [J]. Applied Mathematical Finance, 1999, 6 (2): 87-106.

[62] Fouque J P, Han C H. Asian options under multiscale stochastic volatility [J]. Contemporary Mathematics, 2004, 351: 125-138.

[63] Fouque J P, Han C H. Variance reduction for Monte Carlo methods to evaluate option prices under multi-factor stochastic volatility models [J]. Quantitative Finance, 2004, 4 (5): 597-606.

[64] Fouque J P, Lorig M J. A fast mean-reverting correction to Heston's stochastic volatility model [J]. SIAM Journal on Financial Mathematics, 2011, 2 (1): 221-254.

[65] Fouque J P, Papanicolaou G, Sircar R, et al. Singular perturbations in option pricing [J]. SIAM Journal on Applied Mathematics, 2003, 63 (5): 1648-1665.

[66] Fouque J P, Tullie T. Variance reduction for Monte Carlo simulation in a stochastic volatility environment [J]. Quantitative Finance, 2002, 2 (1): 24-30.

[67] Fournié E, Lasry J M, Lebuchoux J, et al. Applications of malliavin calculus to monte Carlo methods in finance [J]. Finance and Stochastics, 1999, 3 (4): 391-412.

[68] Frey R, McNeil A J. VaR and expected shortfall in portfolios of dependent credit risks: Conceptual and practical insights [J]. Journal of Banking and Finance, 2002, 26 (7): 1317-1334.

[69] Fries C P, Joshi M S. Conditional analytic Monte-Carlo pricing scheme of auto-callable products [J]. International Journal of Theoretical and Applied Finance, 2011, 14 (2): 197-219.

[70] Galai D. Tests of market efficiency of the Chicago Board Options Exchange [J]. The Journal of Business, 1977, 50 (2): 167-197.

[71] Garman M. Spread the load [J]. Risk, 1992, 5 (11): 68-84.

[72] Gastineau G L. An introduction to special-purpose derivatives: Options with a payout depending on more than one variable [J]. The Journal of Derivatives, 1993, 1 (1): 98-104.

[73] Gastineau G L. An introduction to special-purpose derivatives: options with a payout depending on more than one variable [J]. The Journal of Derivatives, 1993, 1 (1): 98-104.

[74] Gatheral J, Hsu E P, Laurence P, et al. Asymptotics of implied volatility in

local volatility models [J]. Mathematical Finance: An International Journal of Mathematics, Statistics and Financial Economics, 2012, 22 (4): 591–620.

[75] Gavrishchaka V V, Ganguli S B. Volatility forecasting from multiscale and high–dimensional market data [J]. Neurocomputing, 2003, 55 (1–2): 285–305.

[76] Geman H. Commodities and commodity derivatives: Modeling and pricing for agriculturals, metals and energy [M]. New Jersey: John Wiley & Sons, 2009.

[77] Gençay R, Selçuk F, Ulugülyaǧci A. High volatility, thick tails and extreme value theory in value–at–risk estimation [J]. Insurance: Mathematics and Economics, 2003, 33 (2): 337–356.

[78] Giles M, Glasserman P. Smoking adjoints: Fast monte carlo greeks [J]. Risk, 2006, 19 (1): 88–92.

[79] Glasserman P, Staum J. Conditioning on one–step survival for barrier option simulations [J]. Operations Research, 2001, 49 (6): 923–937.

[80] Goldman M B, Sosin H B, Gatto M A. Path dependent options: "Buy at the low, sell at the high" [J]. The Journal of Finance, 1979, 34 (5): 1111–1127.

[81] Golembiovsky D J, Abramov A M. Option portfolio management in a risk–neutral world [J]. Journal of Mathematical Finance, 2018, 8 (4): 710–733.

[82] Harvey C R, Whaley R E. Market volatility prediction and the efficiency of the S and P 100 index option market [J]. Journal of Financial Economics, 1992, 31 (1): 43–73.

[83] Heston S L. A closed–form solution for options with stochastic volatility with applications to bond and currency options [J]. The review of financial studies, 1993, 6 (2): 327–343.

[84] Heynen R C, Kat H M. Lookback options with discrete and partial monitoring of the underlying price [J]. Applied Mathematical Finance, 1995, 2 (4): 273–284.

[85] Ho T S, Stapleton R C, Subrahmanyam M G. Correlation risk, cross–mar-

ket derivative products and portfolio performance [J]. European Financial Management, 1995, 1 (2): 105-124.

[86] Huang J, Subrahmanyam M G, Yu G G. Pricing and hedging American options: A recursive integration method [J]. The Review of Financial Studies, 1996, 9 (1): 277-300.

[87] Hudson M. The value of going out [J]. Risk, 1991, 4 (3): 183-186.

[88] Hull J, White A. Incorporating volatility updating into the historical simulation method for value-at-risk [J]. Journal of Risk, 1998, 1 (1): 5-19.

[89] Hurst S R, Platen E, Rachev S T. Option pricing for a logstable asset price model [J]. Mathematical and Computer Modelling, 1999, 29 (10-12): 105-119.

[90] Jäckel P. Monte Carlo methods in finance [M]. New Jerseg: Wiley, 2002.

[91] Jackwerth J C, Rubinstein M. Recovering probability distributions from option prices [J]. The journal of Finance, 1996, 51 (5): 1611-1631.

[92] Jarrow R A, O'Hara M. Primes and scores: An essay on market imperfections [J]. The Journal of Finance, 1989, 44 (5): 1263-1287.

[93] Johnson H. Options on the maximum or the minimum of several assets [J]. Journal of Financial and Quantitative analysis, 1987, 22 (3): 277-283.

[94] Jorion P. Predicting volatility in the foreign exchange market [J]. The Journal of Finance, 1995, 50 (2): 507-528.

[95] Jorion P. Risk2: Measuring the risk in value at risk [J]. Financial Analysts Journal, 1996, 52 (6): 47-56.

[96] Khaliq A Q M, Voss D A, Yousuf M. Pricing exotic options with L-stable Padé schemes [J]. Journal of Banking and Finance, 2007, 31 (11): 3438-3461.

[97] Kim Y S, Lee J, Mittnik S, et al. Quanto option pricing in the presence of fat tails and asymmetric dependence [J]. Journal of Econometrics, 2015, 187 (2): 512-520.

[98] Kloeden P E, Platen E. Stochastic differential equations [M] //Numerical

solution of stochastic differential equations. Berlin : Springer, Berlin, 1992.

[99] Kon S J. Models of stock returns—a comparison [J] . The Journal of Finance, 1984, 39 (1): 147-165.

[100] Kupiec, White A P. Regulatony competitin and efficienay of alternative derivatire product rgining systems [J] . Joumal of Futures Markets, 1996, 16 (8): 943-968.

[101] Kwok Y K, Wong H Y. Currency - translated foreign equity options with path dependent features and their multi-asset extensions [J] . International Journal of Theoretical and Applied Finance, 2000, 3 (2): 257-278.

[102] Lai T L, Lim T W. Exercise regions and efficient valuation of American lookback options [J] . Mathematical Finance: An International Journal of Mathematics, Statistics and Financial Economics, 2004, 14 (2): 249-269.

[103] Lamoureux C G, Lastrapes W D. Forecasting stock - return variance: Toward an understanding of stochastic implied volatilities [J] . The Review of Financial Studies, 1993, 6 (2): 293-326.

[104] Lee R W. Implied and local volatilities under stochastic volatility [J] . International Journal of Theoretical and Applied Finance, 2001, 4 (1): 45-89.

[105] Lee R W. The moment formula for implied volatility at extreme strikes [J] . Mathematical Finance: An International Journal of Mathematics, Statistics and Financial Economics, 2004, 14 (3): 469-480.

[106] Levin R A, Chesir B M, Biolsi R A. Method and system for determining margin requirements: U. S. Patent 7813988 [P] . 2010-10-12.

[107] Levy H, Yoder J A. A stochastic dominance approach to evaluating alternative estimators of the variance for use in the Black - Scholes option pricing model [J] . Applied Financial Economics, 1996, 6 (4): 377-382.

[108] Longstaff F A, Schwartz E S. Valuing American options by simulation: A simple least - squares approach [J] . The Review of Financial Studies, 2001, 14

(1): 113-147.

[109] Luenberger D G. Investment Science [J]. OUP Catalogue, 1997.

[110] Ma J M, Xu C. An efficient control variate method for pricing variance derivatives [J]. Journal of Computational and Applied Mathematics, 2010, 235 (1): 108-119.

[111] Mandelbrot B B. The variation of certain of certain speculative [J]. Journal of Finance, 1963 (36): 392-417.

[112] Margrabe W. Triangular equilibrium and arbitrade in the market for options to exchange two assets [J]. The Journal of Derivatives, 1993, 1 (1): 60-69.

[113] Mazzoni T. A functional approach to pricing complex barrier options [J]. The European Journal of Finance, 2014, 20 (5): 399-418.

[114] Merton R C. Option pricing when underlying stock returns are discontinuous [J]. Journal of Financial Economics, 1976, 3 (1-2): 125-144.

[115] Merton R C. Theory of rational option pricing [J]. The Bell Journal of Economics and Management Science, 1973: 141-183.

[116] Mikhailov S, Nögel U. Heston's stochastic volatility model: Implementation, calibration and some extensions [M]. New Jersey: John Wiley and Sons, 2004.

[117] Milev M, Tagliani A. Numerical valuation of discrete double barrier options [J]. Journal of Computational and Applied Mathematics, 2010, 233 (10): 2468-2480.

[118] Milevsky M A, Posner S E. Asian options, the sum of lognormals, and the reciprocal gamma distribution [J]. Journal of Financial and Quantitative Analysis, 1998, 33 (3): 409-422.

[119] Moreno M, Navas J F. On the robustness of least-squares Monte Carlo (LSM) for pricing American derivatives [J]. Review of Derivatives Research, 2003, 6 (2): 107-128.

[120] Ndogmo J C, Ntwiga D B. High-order accurate implicit methods for barrier

option pricing [J]. Applied Mathematics and Computation, 2011, 218 (5): 2210-2224.

[121] Nelken I. Square deals [J]. Risk, 1993, 6 (4): 56-59.

[122] Nwozo C R, Fadugba S E. Some numerical methods for options valuation [J]. Communications in Mathematical Finance, 2012, 1 (1): 51-74.

[123] Ökten G, Eastman W. Randomized quasi-Monte Carlo methods in pricing securities [J]. Journal of Economic Dynamics and Control, 2004, 28 (12): 2399-2426.

[124] Oosterlee C W. On multigrid for linear complementarity problems with application to American-style options [J]. Electronic Transactions on Numerical Analysis, 2003, 15 (1): 165-185.

[125] Pearson N D. An efficient approach for pricing spread options [J]. The Journal of Derivatives: The official Publication of the International Association of Financial Engineers, 1995, 3 (1): 76-91.

[126] Penza P, Bansal V K. Measuring market risk with value at risk [M]. New Jersey: John Wiley and Sons, 2001.

[127] Rasmussen N S. Efficient control variates for monte-carlo valuation of american options [R]. University of Aarhus, Aarhus School of Business, Department of Business Studies, 2002.

[128] Ravindran K. Low-fat spreads [J]. Risk, 1993, 6 (10): 56-57.

[129] Raymar S B, Zwecher M J. Monte Carlo estimation of American call options on the maximum of several stocks [J]. Journal of Derivatives, 1997, 5 (1): 7-23.

[130] Reder R. Auto Trigger Securities: Closed-form Solutions [D]. Technische Universität Müchen, 2005.

[131] Reiner E. Quanto mechanics [J]. Risk, 1992, 5 (3): 59-63.

[132] Renault E, Touzi N. Option hedging and implied volatilities in a stochastic

volatility model 1 ［J］. Mathematical Finance, 1996, 6 (3): 279-302.

［133］Romano M, Touzi N. Contingent claims and market completeness in a sto-chastic volatility model ［J］. Mathematical Finance, 1997, 7 (4): 399-412.

［134］Rossi A. The Britten-Jones and Neuberger smile-consistent with stochastic volatility option pricing model: A further analysis ［J］. International Journal of Theo-retical and Applied Finance, 2002, 5 (1): 1-31.

［135］Rubinstein M. Markowitz's "portfolio selection": A fifty-year retrospec-tive ［J］. The Journal of Finance, 2002, 57 (3): 1041-1045.

［136］Rubinstein M. Nonparametric tests of alternative option pricing models u-sing all reported trades and quotes on the 30 most active CBOE option classes from Au-gust 23, 1976 through August 31, 1978 ［J］. The Journal of Finance, 1985, 40 (2): 455-480.

［137］Rubinstein M. Somewhere over the rainbow ［J］. Risk, 1991, 4 (11): 61-63.

［138］Samuelson P A. Proof that properly anticipated prices fluctuate randomly ［J］. Management Review, 1965, 6 (2).

［139］Shevchenko P V, Del Moral P. Valuation of barrier options using sequen-tial Monte Carlo ［J］. Journal of Computational Finance, 2017, 20 (4): 107-135.

［140］Shimko D. Bounds of probability ［J］. Risk, 1993, 6 (4): 33-37.

［141］Sircar K R, Papanicolaou G C. Stochastic volatility, smile and asymptotics ［J］. Applied Mathematical Finance, 1999 (6): 107-145.

［142］Stentoft L. Value function approximation or stopping time approximation: A comparison of two recent numerical methods for American option pricing using simulation and regression ［J］. Journal of Computational Finance, 2014, 18 (1).

［143］Stineman R W. A consistently well-behaved method of interpolation ［J］. Creative Computing, 1980, 6 (7): 54-57.

［144］Stulz R M. Options on the minimum or the maximum of two risky assets:

Analysis and applications [J] . Journal of Financial Economics, 1982, 10 (2): 161-185.

[145] Szakmary A, Ors E, Kim J K, et al. The predictive power of implied volatility: Evidence from 35 futures markets [J] . Journal of Banking & Finance, 2003, 27 (11): 2151-2175.

[146] Tadjouddine E M, Cao Y. An option pricing model calibration using algorithmic differentiation [M] . London: Springer, 2011.

[147] Tilley J A. Valuing American options in a path simulation model [J] . Insurance Moothematics and Econmics, 1995, 2 (16): 169.

[148] Ulyah S M, Lin X C S, Miao D W C. Pricing short-dated foreign equity options with a bivariate jump-diffusion model with correlated fat-tailed jumps [J] . Finance Research Letters, 2018 (24): 113-128.

[149] Vecer J, Xu M. Pricing Asian options in a semimartingale model [J] . Quantitative Finance, 2004, 4 (2): 170-175.

[150] Walsh D M. Some exotic options under symmetric and asymmetric conditional volatility of returns [J] . Journal of Multinational Financial Management, 1999, 9 (3-4): 403-417.

[151] Wilmott P. Paul Wilmott on quantitative finance [M] . New Jersey: John Wiley and Sons, 2013.

[152] Wilmott P. Paul Wilmott on Quantitative Finance [M] . New Jersey: John Wiley and Sons, 2006.

[153] Wong H Y, Chan C M. Lookback options and dynamic fund protection under multiscale stochastic volatility [J] . Insurance: Mathematics and Economics, 2007, 40 (3): 357-385.

[154] Xu a. , Taylor S J The magnitude of implied volatility smiles: Theory and empirical evidence for exchange rates [J] . Review of Futures Markets, 1994, 13: 355-380.

［155］Xu W，Wu C，Li H. Foreign equity option pricing under stochastic volatility model with double jumps ［J］. Economic Modelling，2011，28（4）：1857-1863.

［156］Zhang P G. Exotic options：A guide to second generation options ［M］. World Scientific Publishing Co. Pte. Ltd. ，1996.

［157］巴曙松．大陆场外衍生品市场发展趋势［N］．中国时报，2018-03-26.

［158］陈万义．非风险中性定价意义下的欧式期权定价公式［J］．数学的实践与认识，2004（1）：76-79.

［159］陈占锋，章珂．期权定价原理的数理逻辑探析［J］．中国管理科学，2001（2）：11-16.

［160］谷枫．场外期权监管风暴，封堵证券与私募基金通道［N］.21世纪经济报道，2018-04-11.

［161］郭建果．固定汇率制度下的双币种交换期权［J］．经济数学，2010，27（1）：21-25.

［162］郭培栋，张寄洲．随机利率下双币种期权的定价［J］．上海师范大学学报（自然科学版），2006（6）：25-29.

［163］黄国安，邓国和．国内外利率为随机的双币种重置型期权定价［J］．大学数学，2011，27（2）：125-132.

［164］李亚琼．扩展的欧式期权定价模型研究［D］．湖南大学博士学位论文，2009.

［165］刘海龙，吴冲锋．期权定价方法综述［J］．管理科学学报，2002（2）：67-73.

［166］刘宇飞.VaR模型及其在金融监管中的应用［J］．经济科学，1999（1）：40-51.

［167］柳士峰．具有交易费用的双币种期权定价［D］．湖南大学硕士学位论文，2010.

［168］孙秀明，王玉文．双币种模型下几何平均亚式数字期权的定价

[J]．哈尔滨师范大学自然科学学报，2014，30（3）：33-35.

[169] 王春峰，万海晖，张维．金融市场风险测量模型——VaR [J]．系统工程学报，2000（1）：67-75，85.

[170] 王峰，徐小平，赵炜．布朗运动和泊松过程共同驱动下的欧式期权定价 [J]．纯粹数学与应用数学，2004（1）：79-83.

[171] 王雄．双币种远期契约与双币种障碍期权的定价模型 [D]．湖南师范大学硕士学位论文，2004.

[172] 吴建祖，宣慧玉．美式期权定价的最小二乘蒙特卡洛模拟方法 [J]．统计与决策，2006（1）：155-157.

[173] 杨海军，雷杨．基于加权最小二乘拟蒙特卡罗的美式期权定价 [J]．系统工程学报，2008，23（5）：532-538.

[174] 张彩玉．期权定价的博弈论分析 [J]．西南交通大学学报，2003（3）：367-370.

[175] 证券业协会发布券商金融衍生品柜台交易业务规范 [N]．中国证券报，2013-01-09.

[176] 郑承利，韩立岩．基于偏最小二乘回归的美式期权仿真定价方法 [J]．应用概率统计，2004（3）：295-300.

[177] 郑承利．美式期权的几种蒙特卡罗仿真定价方法比较 [J]．系统仿真学报，2006（10）：2929-2931，2935.

[178] 郑小迎，陈金贤．关于路径依赖型期权定价模型的研究 [J]．西北师范大学学报（自然科学版），2000（2）：15-21.

[179] 中国证券监督管理委员会，中国期货业协会．中国期货市场年鉴（2016）[M]．北京：中国财政经济出版社，2017.

[180] 周媛，李亚琼．使用双币种期权的风险管理 [J]．经济数学，2010，27（4）：81-85.

[181] 朱立芬．VaR 技术在金融风险管理中的应用 [J]．上海金融，2006（4）：76-77.